封面题字：顾廷龙

夏鼐書信集

夏鼐　著

王世民　汤超　编

社会科学文献出版社
SOCIAL SCIENCES ACADEMIC PRESS (CHINA)

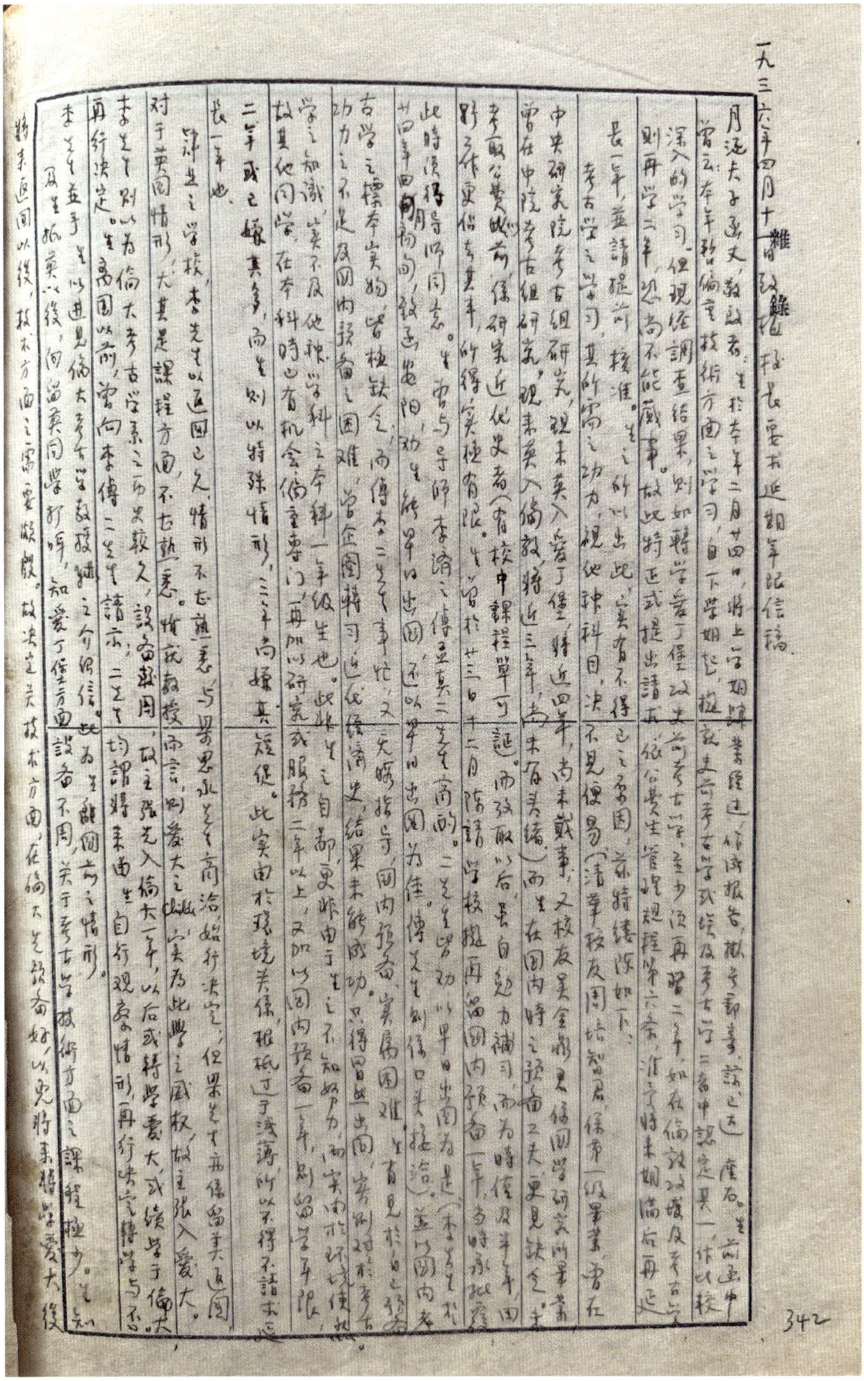

致梅贻琦（1936年4月11日），夏鼐记录在日记中的信稿

中国社会科学院考古研究所藏

孟真先生赐鉴：接奉十六日来示，具悉一切。以次西北之行，本已

束装待发，不幸复患疟疾疾病，以致误及工作，实深愧歉。现

已痊愈，惟体重减轻十磅，身体尚觉无力，故须再加休息

当可完全恢复康健。谨舒锦注。顷间向觉明先生由渝归来

据云潘实君兄已拟春抵兰。关于潘先生之参加西北工作与否，以

事自德 尊裁。惟潘先生既已抵兰，彼虽人地生疏，可否请函

兰州科学教育馆之长素翰青先生代为照拂一切，或转请朱骝先生致

函素先生亦可（又向先生谓生渝时曾面请朱院长增聘请西北所

三后方负责人，朱院长采纳 尊意，拟请李济之先生负责此事。

但李先生迄今尚未接到正式通知，可否请向 朱院长催促

致傅斯年 （1943年10月31日）第1面

台北"中央研究院历史语言研究所"藏

從速致函李先生商定此事，以便致華團出發以前，得與

李先生商酌一切。又李先生最近或將赴渝一行，如朱院長

能與面延請李先生負責此事，自屬更佳。至于考察團

之出發日期，生擬請勾先生去西北，生俟身體快復康健後

當即首途。惟閱孔冬李嚴寒，不能野外作，恐正式開工尚須

俟之明春。此事生當與勾先生再行斟酌的決定，茲請先生

如以訓示俾有遵循。固曾先生明晨首途赴渝之便

勿勿專肅東奉陳，敬請

崇安

生 勞榦 謹上 十月卅一日

致傅斯年（1943年10月31日）第2面

台北"中央研究院歷史語言研究所"藏

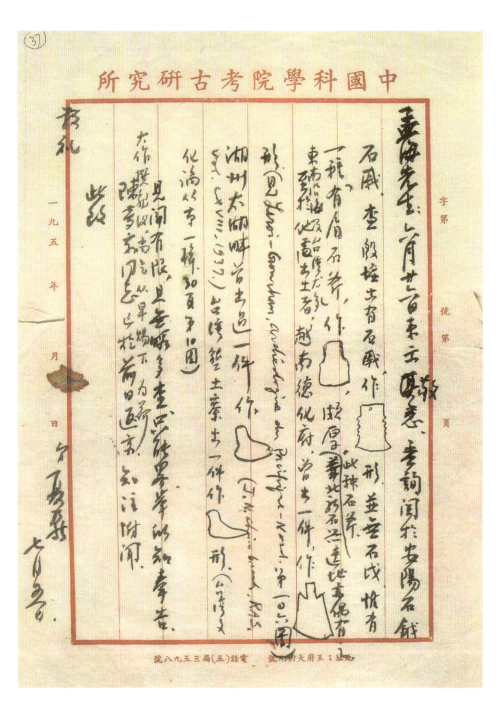

所究研古考院學科國中

第　宇
頁　第　號

孟海先生：頃奉廿一日來示敬悉。李詢問於安陽石砲……

石砲、李般墳土有石砲作……形，並塗石灰、惟有……

一種有眉石砲，作……此抹石灰，……

……他書古土者，越南德化府……當土一件作……

龍（曰 Khoi-Gaonhon, Archéologie du Préfigné-Nord, 第（一○二圖）

……湖州太湖畔菁山出品）一件作……台灣墾土豪土一件作……形……

BEFEO, XXVIII, 1937）

化滿於亭一樣，30頁至圓。

見聞有限，只無暇多查，正待罪峯游知奉告，大作撰寫以話託從早竭下為荷，陳考家同志已於前日返京，知注附聞。

此致

敬禮

一九五五年　月　日

七月五日。

號八九三局(五)話電　地址：王府大街兀號

致沙孟海（1955年7月5日）

据杨仁恺编著《名人书信手迹》

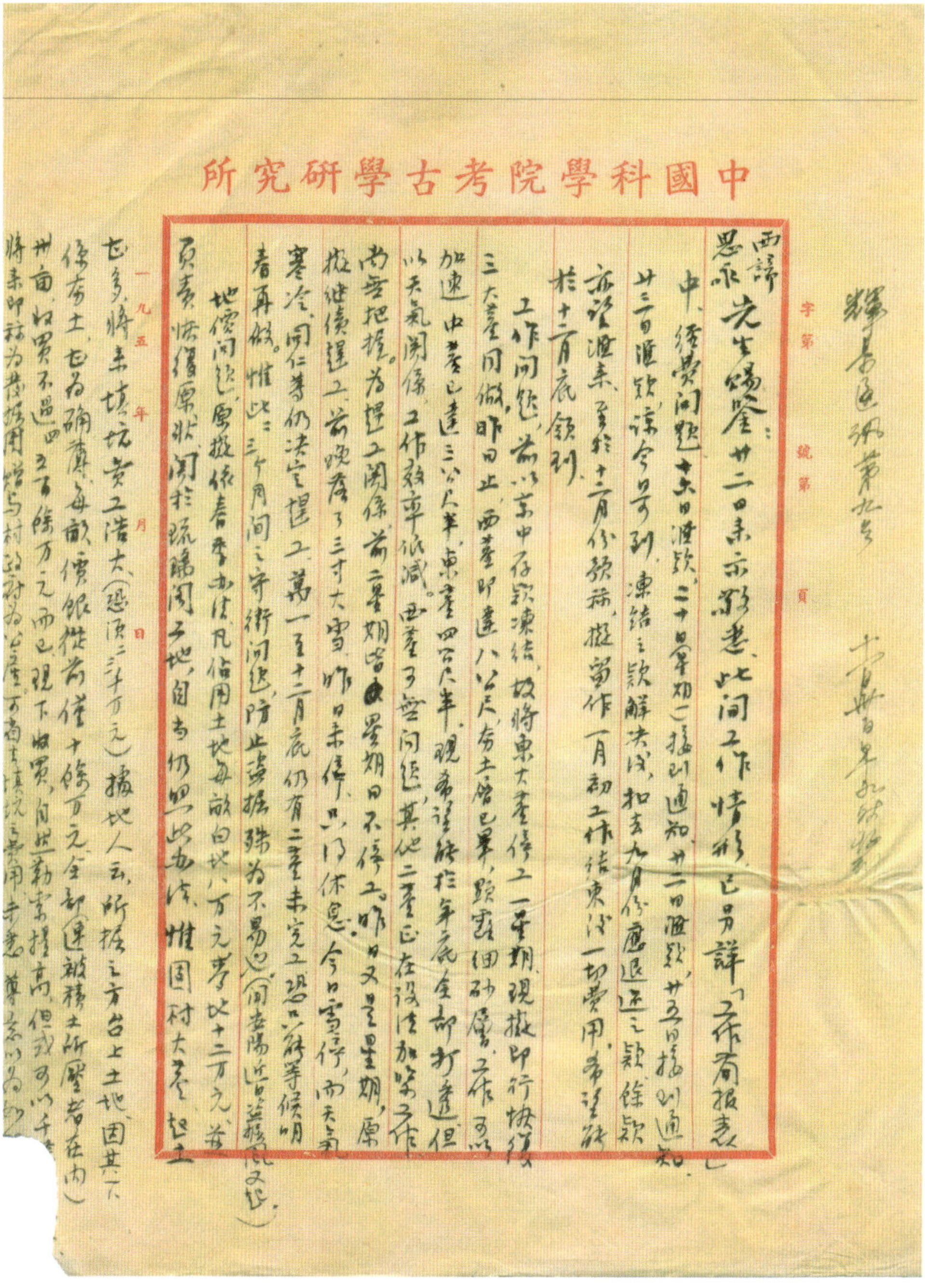

中國科學院考古研究所

辉县通讯第九号

西谛
思永 先生赐鉴：廿二日来示敬悉，此间工作情形已另详「工作简报」中。经费问题，十六日汇款（二十日星期一）接到通知，廿二日汇款，廿五日接到通知，廿三日汇款，谅今日可到。冻结之款解决后，和去九月份应退还之款，余款应设法汇来，至于十二月份经费，拟留作一月初工作结束后一切费用，希望能于十二月底领到。

工作问题，前以本中存款冻结，故将东大基停工一星期，现拟即行恢复三大基同做。昨日止，西基即达八公尺，夯土层已毕，路露细砂层，工作可以加速。中基已达三公尺半，东基四公尺半，现希望能于年底全部打通，但以天气关系，工作效率很减。西基可无问题，其他二基已在设法加紧工作，尚无把握。为赶工关系，前二星期皆星期日不停工。昨日又是星期，原拟继续赶工，前晚落了三寸大雪，昨日未停，只得休息。今日雪停，而天气寒冷，同仁等仍决定提工，万一至十二月底仍有二基未完工，恐只好等候明春再做。惟此二三个月间之守卫问题，防止盗掘殊为不易也（闻安阳近日盗掘又起）。

地价问题，原拟依春季办法，凡借用土地每亩白米八万元，考比十二万元，并负责恢复原状。闻于琉璃阁之地，自当仍照此办法，惟固村大基起土甚多，将来填坑费工浩大（恐须二三千万元），据地人云，所挖之方台上土地，因其下系夯土，甚为确实，每亩价银从前仅十余万元，全部（连被积土所压者在内）卅亩，收买不过四五百余万元而已。现下收买，自然勒索提高，但或可以千……将来即拟为发掘团据点，村民讨为公产，可省去填坑之费用，未悉尊意以为如……

一九五　年　月　日

致郑振铎、梁思永（1950 年 11 月 27 日）第 1 面

中国社会科学院考古研究所藏

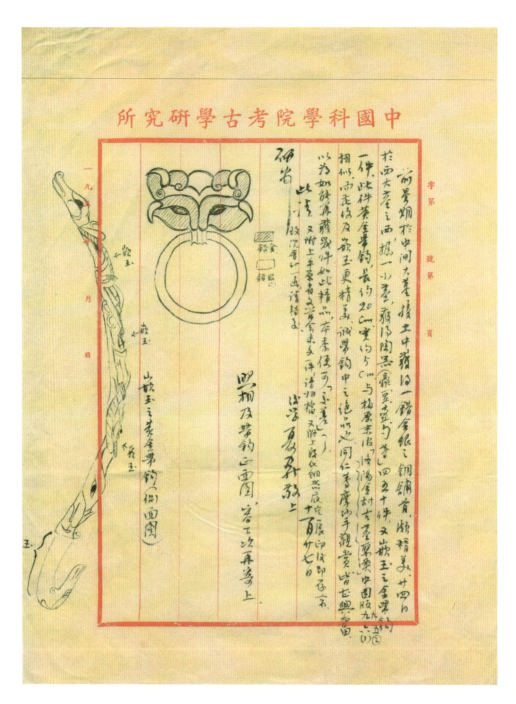

致郑振铎、梁思永（1950 年 11 月 27 日）第 2 面

中国社会科学院考古研究所藏

津華院長同志：

九月廿五日來示敬悉。

古代之桱几，實有二種。

河南信陽楚墓出土有　木几二件

孟子云辟○下，所謂「隱几而臥」，禮記曲禮上：「謀于長者，必操几杖以從之」皆指此數憑几，几面窄狹，僅足以攔置腕，漢墓中似未見，南方六朝墓中尚有閒憑几，几面更為窄狹，几面較寬及以後時期，圓見另紙。一為案几，起源於食案，食案即今之托盤上置杯盤，

古時或下設矮足。急就篇注云：「無足曰槃，有足曰案。東周時　有漆案
（信陽圓表一二四圖竹製物北宜歷傳有之）
信陽楚墓中已有之。漢墓中出土漆案陶案
（見《洛陽燒溝漢墓》頁137及204圖二四）○

但案足皆甚較矮，蓋便以置物，不以攔臂。仲臂取物，案不必高。舉案齊眉，高足反覺費力。至東漢時，案几兼

（圖中右側器物標註）
木削几
漆几
信陽楚墓出土有木雕几
長60.4，高48，潤木削20厘米

另一本几（彩書后）
通高57，長45，潤18.6厘米

（憑几或隱几）
如上圖

二者形制互異，但當為憑几
見圖版一○及二三圖

案面較寬上置杯盤

致郭沫若（1965 年 9 月 30 日）第 1 面，夏鼐自存信稿

中国社会科学院考古研究所藏

作書案之用，形狀而有變化，案足加高，此种書案似

乎東漢晚年至三國時始盛行。但東漢初年文献上

即有述及後漢書劉玄傳云：韓夫人尤嗜酒，每侍飲，

見常侍奏事，輒怒曰音方對我飲，正用此椅持事奏[回]

乎，起抵破書案[四]。東漢末年則有孫权拔刀斫前奏案[回]

(見三國志用瑜傳裴注引江表傳) 之曹公作歃案臥視書(廣韵卷四

[見三國志劉玄傳集字案原注]

高足案几

實物有案几派出土東漢末期之

十九号本案(二百頁圖版七一)江苏起史南东晋葬出土之陶案几圖見

周祖謨挍本403頁案字案原注。

[見三国志裴松之志注引高案几過江張敦身隨进王

男紙)等。圖象則有(己)陽三道壕東漢晚年葬之壁畫(圖見易紙)、山

東沂南西儀石等。此种高足案几(書案)之盛行，或与魏变为

楷書有关。未悉尊意以为如何？至于凳桌之制，到似始

於唐代，而盛於宋至頁。可参閱白沙宋墓頁

夏鼐 六五年九月卅日

(註)此復順祝

節日愉快！

前　言

　　夏鼐书信集的资料积累和整理编纂，经过较长时间。最早是在1997年，我正编辑《夏鼐文集》三册本（社会科学文献出版社，2000）时，台湾"中研院"史语所为筹备建所七十周年纪念活动，约请石兴邦先生撰写关于夏鼐与史语所的文章，向他提供该所傅斯年图书馆藏历史档案中夏鼐致傅斯年、李济书信的复印件。事后，石先生将这批复印件转赠给我（后来我三次访问史语所，承邢义田等先生好意做了补充）。不久，我与夏鼐先生子女一道着手整理夏先生日记，刚接触1936年日记，便发现抄录在日记本末为恳求清华大学准予延长留学年限致梅贻琦校长的长信，以及粘贴在日记本中的致胞姊信。从此我便开始有意识地收集夏鼐先生致友朋书信。

　　广泛收集夏鼐致友朋书信颇为不易，数十年前的许多书信没有保存下来。据《夏鼐日记》记载，他在燕京、清华大学读书时和留学伦敦大学学院时，写给父、兄和友朋的信是很多的，这些早已无处寻觅。二十多年以来，我未能遍访有关单位。许多学者由于历史的原因，未能将所存夏鼐书信保存下来。有的学者虽存有较多夏鼐书信，由于年事已高，难于从所存大量资料中找出。但有许多人主动提供复印件或原信，如谭维四、高至喜、吴铭生、李德清、杨锡璋、曹锦炎、赵丰、朱亮等。南京大学历史系陈得芝教授代为恳请韩朔睽教授，提供了致韩儒林信复印件。提供复印件的还有葛剑雄（致谭其骧）、韩汝玢（致柯俊）、叶永烈（致其本人），以及上海新闻出版博物馆藏品部（致胡道静）和温州市图书馆卢礼阳（致温籍人士多人）。更为难得的是，我本人查获或王兴、裴世东等青年朋友转发，若干旧书网上拍卖的夏鼐书信，例如1935年10月夏鼐刚到伦敦尚待入学时写给傅斯年、李济的信（这类拍品偶或羼杂个别赝品，须注意剔除），是本书收录年代最早的书信之一，弥足珍贵。另外，夏正炎先生提供了夏鼐自存部分信的原稿、生前友好亲属存信的复印件。至于致美籍人士张光直信46通，承主要编者陈星灿同意，全部从《传薪有斯人：李济、凌纯声、高去寻、夏鼐与张光直通信集》（生活·读书·新知　三联书店，2005）一书中转录。特别应该提到的是，今年2月，本人致函台北"中央研究院"历史语言研究所李贞德所长，恳求获得傅斯年图书馆所藏档案中44通夏鼐书信的出版授权，迅速得到慨允，并承核校。近日更提供其中李38-4-1号档致傅斯年函的彩色图档用于出版。凡此，我深表感谢！

值得庆幸的是，汤超女士在2021年9月以后，参加编辑《夏鼐书信集》最后阶段的各项工作。其中包括：她在整理考古所学术档案资料时，发掘出1950～1951年夏鼐致郑振铎、梁思永和致梁思永的36通书信；细心参与对后获书信的补行录入、全部书信的核对原件，以及全部书稿的复校等，进一步保证了本集文稿的质量。

本书共计收录夏鼐致友朋书信311通，另附他人致信11通，合计322通。现将这些书信分为三编。上编收录1935～1949年书信，即留学英国伦敦大学学院和在中研院史语所任职至离去，主要是从事西北考察和代理所务一年。其中，西北考察时期全部书信，与《夏鼐西北考察日记》（社会科学文献出版社，2018）一书相表里，生动地反映西北考察的艰苦经历和重要贡献；代理所务一年选录有代表性的几通书信，则反映了当时夏鼐的远见卓识和办事能力。中编收录

1950～1985 年的书信，即从中国科学院考古研究所成立、任副所长，到任中国社会科学院副院长兼考古所名誉所长时期。除收录致直接与考古所和考古研究相关人士的书信外，将 1974～1985 年致张光直的 46 通信置于中编末尾，体现了夏鼐对新中国考古工作的卓越贡献，谨严、谦逊的工作作风，以及考古学上的中美学术交流情况。下编收录 1950～1985 年致其他方面人士的书信，涉及语言学、科技史、历史地理、中外关系等多种学科，以及乡土人文情况，体现了夏鼐博学多能、交游广泛、一丝不苟的风范。

编辑《夏鼐书信集》，始终得到中国社会科学院考古研究所所长陈星灿先生、社会科学文献出版社首席编辑周丽女士的关怀和支持。责任编辑李淼先生，精心打造本书，付出了巨大的劳动。本书书名，集录夏鼐生前友好顾廷龙先生手迹。书中失误、不足之处，概由本人负责。

王世民

2022 年 8 月 5 日校后记述

时年八十又七

凡　例

一、本集所收信函，基本上按照收信人和写信时间编排。

二、同一收信人的多通来信，按时间进一步排列。不同收信人之间，按其第一封信的时间排序。

三、个别情况下，某一时段的某项工作中，致信二位负责人或其中一人，如 1942～1945 年西北考察筹备和开展期间，致信傅斯年、李济；1951 年辉县发掘期间，致信郑振铎、梁思永，为使资料完整，合编在一起，不按收信人区分。

四、所有信函均按照原信行款，统一用规范简体汉字录入。极个别地方作了删节的，以"……"表示之。原信残损和模糊不清处，以□表示之，残损字数不明的，以▨表示之；明显的误字用括弧（）注出正字；影响理解的缺字用方括弧［］补全，原信中人名、地名、机构名等的常用省称不作复原。原信夹杂的外文，除照录外，用方括弧［］加注楷体中译文。

目　录

下编　102 通

上编

56通

致　李济或兼致傅斯年　3通[*]

（1935 年，1939 年）

一　　　　　　　　元 545-2^{**}

1935 年 4 月 3 日

济之先生：

　　来示已悉。承先生代生熟筹出国计划，无任感激。生对于此事自无异议。惟所顾虑者，恐生对于考古学根柢极浅，即基本科目尚有须出国后再补习者。而留学期限仅定二年（延长一年固为生所渴望，但能否办到，权在学校，殊难预定）。如每校仅住一年，虽可得广聆诸大师之伟论，然在学无根柢之人，恐漫无统绪，所得反少。若专在一校攻读二三年，从一名师游，依其指导，比较有系统的由读基本科目进而深求特殊研究，似反合宜。此系生之愚见，如　先生认为无此种顾虑之必要，则即依　先生来示之计划，作为定论，即请径行函达清

---

　*　李济（1896~1979）和傅斯年（1896~1950）都是清华大学为夏鼐留学聘请的指导老师，分别任中央研究院历史语言研究所考古组主任和该所所长，李济兼任中央博物院筹备处主任。

　**　致李济、傅斯年等信右侧编号，均为台北"中研院"史语所傅斯年图书馆的档案号，下同。

华，告以拟入学校及所以改赴英国之故。如　先生亦认为专读一校为佳，则请于伦敦、爱丁堡、剑桥三校，代为选定一校，亦即请径行函告清华，惟无论如何，望决定后，除函达清华外，同时请即行示知，以便生亦通知校中，托办入学手续。梁〔思永〕先生意见，以为可以在伦敦大学攻人类学，以造成根柢，然后赴爱丁堡从 Childe〔柴尔德〕习考古学，并云此种计划，乃求广涉考古学范围内之各种学识，如欲作有系统之研究，则以从学一校为佳。故梁先生亦未能作确定断语。

梁先生又云：赴国外习考古学之目的，在于（1）学习田野工作及博物院保存古物之技术；（2）浏览西洋考古学之成绩，以便作比较研究，并须注意人类学，以养成远大之眼光；（3）参观流入国外之中国古物。并谓如研究中国之 Historical Archaeology〔历史考古学〕，最好先有相当根柢，然后出国，得益较多。所虑者在于世事莫测，夜长梦多，在中国今日之局面，似以早出国较为安全。此事关于个人前途颇大，他人殊难代为决定云云。生现颇有意留国多预备一年；就常情而论，自以出国愈速愈佳。但为"实事求是"起见，似应先在国内有充分预备，对于国内需要，认识较清楚，然后出国，较为适宜。预备功课之地点，或在清华研究院，或在中央研究院，均无不可。前者优点，在于可以听课（拟选读地质学、人类学，及第三外国语等）；后者优点，在于接近导师，可以随时请教。此点将来再定。所预备者，一方面继续阅读西文考古学书籍，一方面对于中国金石学及文字学等与考古学有关者，加以学习（如有机会，或再参加田野工作，或学习整理材料之方法），同时注意汉时文献，因生将来或即专从事汉代方面之考古也。此项计划，一年之期间内，或许不能皆行达到，但至少比今夏即行出国，似乎较胜。且阅读较多，或可得一特定问题，以为将来出国后研究之对象。不知关于此事，先生能予以忠告否？即请示知，以便生作最后之决定。先生阅历较深，见事较切，谅必能予以忠告。（延长留国预备年限，依定章须由导师提出。）

以上二事，烦　先生代为筹思。渎扰清神，抱歉之至。

专此奉达，敬请

近安

学生

夏鼐　上

四月三日

二*

1935 年 10 月 8 日

孟真，

济之　先生

因为入学的事没有办好，虽然来英了一个多月，到今天才大致决定，这封信续延搁到今日才动笔，非常抱歉。

清华的指定，是依照李先生的意思，要第一年入伦敦大学，但没有指定伦敦大学中那（哪）一个学院。傅先生前次与我谈时，是劝我入 University College［大学学院］，不要入 Courtauld Institute of Art

---

* 此信见于北京某旧书网，不详其现藏处。

[科陶尔德艺术研究所]（即吴禹铭①君肄业之处）。伦敦大学除此二处外，尚有 Institute of Archaeology［考古研究所］，亦可读考古学。

我到伦敦后，遇到曾昭燏②君，系中央大学毕业，上学期刚来伦敦读考古学，现在科陶尔德研究所，亦跟 Prof. Yetts［叶慈教授］研究。我便［将］以上情况，与曾君商榷。她说，叶慈教授对中国学生颇有拉拢之意，如果你尚未决定，还是慢些去见他，见了他以后，他非常客气，使你不好意思拒绝他。我因此便将李先生的介绍信暂作搁置，先到大学学院去接洽，交进证书及请求书。九月十九日，文学院 Senior Tutor［高级教师］ Mr. Solomon［所罗门先生］约我去谈，他问我读过埃及文没有？读过希腊拉丁文没有？我只好模糊说没有，他便说这里是偏重 Egyptology［埃及学］和 Classical Archaeology［古典考古学］，你对于文字方面没有准备，而将来你返国，恐只好弄中国方面的东西，劝你还是入 Collage of Oriental Studies［东方学院］好，我说那地方偏重文字语言，我想学习些考古学的训练，他便说得考古学系主任 Prof. Ashmole［阿什莫尔教授］返校后，再约我接谈，然后决定。但阿什莫尔教授要等开学时始返校，我便不得不去叶慈教授处先行接洽。

九月二十一日，与曾君同至叶慈教授家中，将李先生的介绍信递

---

① 吴金鼎（1901~1948），字禹铭，考古学家。早年就读于清华学校国学研究院，是李济唯一指导的研究生；毕业后为齐鲁大学助教，发现章丘龙山镇城子崖遗址；1930 年进入中研院史语所考古组，参与安阳殷墟等发掘；1933~1937 年留学英国伦敦大学学院，获博士学位；后晋升史语所副研究员，主持苍洱遗址、彭山崖墓、成都王建墓等发掘；又去齐鲁大学，任文学院院长兼历史系教授等职。

② 曾昭燏（1909~1964），女，考古学家，时自费留学伦敦大学，回国后曾任中央博物院总干事，1949 年后任南京博物院副院长、院长。

上，他读到信中提起我要偏重汉代考古学，便说很好，我明年便有汉代考古学的课程，我说学校中已代我向大学学院报名，他说大学学院里没有中国的课程，阿什莫尔教授处我可以写信告诉你的情形，我说我想得到实际的训练，这里的功课偏重美术史，缺少实际训练，他说那我可以设法替你问到，我说得见到阿什莫尔教授后再决定。曾君旁观我们的谈话，不免掩口失笑。

大学学院是十月七日开学上课，阿什莫尔教授约我这天上午十一时半去接谈，同时我接到叶慈教授的信说：I have written to Prof. Ashmole about the（problem?）of your registration, and I understand that there will be a（?）difficulty about you becoming a student here and registing at the Courtauld Institute. Should you still wish to study Chinese archaeology? □□at 10：45 a. m. 10th October. I shall be □□□□ all my student for the forthcoming session, and I shall be very（glad that?）you will come too. ［关于你注册的（问题），我已写信给阿什莫尔教授，得知你注册成为科陶尔德研究所的学生尚有些困难。你是否仍希望学习中国考古？十月十日上午10：45，我将和我的学生们讨论接下来的课程，如你也能前来，我将（不胜欣慰）。］

十月六日吴禹铭先生新由国内返英，我便前往与他商量，他说我只能等明天与叶慈教授谈后再决定，我说现在的问题仅是在那［哪］儿注册的问题，至于功课因为同属一个大学，都可以听讲。

十月七日，往见阿什莫尔教授，他说已接到叶慈教授的来信，我便征求他的意见，说明来英的目的是受考古学的训练及智识，虽然将来返国后只能研究中国考古学，但不一定要读中国考古学，不知道是先读西洋或近东的考古学呢？还是专攻中国考古学？他便说，考古学比较专门化，如果读埃及或希腊罗马的考古学，要先从那种文字起，皆向专门方面发展，恐对于你返国后的工作，帮助不大，还是读叶慈教授。至于一般考古学训练及古代文化史的背景，你都可以来此间听课，我可以尽量帮助。但注册方面，还是科陶尔德研究所为佳，我可以将今日谈话内容，报告叶慈教授，你今年要读的课程，可以与叶慈教授接洽。

英国大学的习惯，能够注册为正式生与否，要看主任教授的意见而定，现在我的情形很清楚，我只能向科陶尔德研究所方面注册，好在听课是两处都可以去听的。

至于考古研究所，是办在伦敦博物院中，我也曾去过。主任是Dr. Wheeler［惠勒博士］，当时尚在田野未遇，无从接洽。这处去年刚开创，听曾、吴二君说，并不见佳，教授除惠勒外，只有教Assyriology［亚述学］的 Mr. Smith［史密斯先生］。假使对之有兴趣，自然可以去听，便不必去那儿注册。所以我后来便没有去。

我也曾想到爱丁堡大学去，Prof. Ogden［奥格登教授］① 曾给我介绍信，介绍 Prof. Childe［柴尔德教授］。我将信寄去后，到现在还没有复信。至于阿什莫尔教授，现在海滨避暑，我尚未见到他。

现在我虽尚未正式注册，但事实上等于在科陶尔德研究所注册。我虽深悔自己以前没有充分的预备，以致现在受到困难，只好将就些办理。但是我仍不灰心，我想努力，仍想好好的（地）利用这机会，假使现在不知道努力，将来受亏最大的还是我自己。

不过有时为学识及经验所限，虽想努力，而不知努力的途径，我过去十年的经过，便是盲跑的例子。我希望二位先生，此后能时常指导我。

现在尚未与叶慈教授再度晤谈过，今年要学的功课，尚未决定，我想与吴禹铭先生商量过。我想除叶慈教授的中国铜器外，再读惠勒

---

① Charles Kay Ogden（1889~1957），英国语言学家、哲学家。

博士的 Archaeology in Museum［博物馆考古学］，aims and methods of archaeological field work［田野考古学的目标与方法］，以及 General Survey［普通测量学］，Physical anthropology［体质人类学］，Demonstration of Rocks and Minerals for archaeological material［考古材料所见岩石与矿物示例］，Early phases of culture［早期阶段的文化］。同时还想开始读俄文或德文（□□）。我想一方面学习技术及工具的学科，同时对于古代社会又想得一相当的概观，不知道我的能力允许我达到目的否？

在这几星期中，我曾参观伦敦的几个博物馆。看过后，只有钦佩他们魄力的伟大。不过英国的习惯不喜更动、各博物馆独立发达，不相统属，因此不免有重复处。对于有系统计划的我［国］，中央博物院虽尚在筹备中，不□令人发生极大的期望。

British Museum［不列颠博物院］及 Victoria and Albert Museum［维多利亚与艾伯特博物馆］内，中国的磁（瓷）器、陶器及铜器□不少，现在又加上 Eumorfopoulos Collection［猷莫福普洛斯藏品］（尚未全部陈列），越发丰富。但审定时代，颇多错误，上季在安阳所掘的东西，此间□有□□之品，但多标为周代，更有标为汉代者。中央研究院将来发表报告后，必可矫正他们的错误不少。中国的考古学，真是一片未开垦的沃土，我只希望将来能做园丁之一员，拿起锄头，将荒土整成花园。

闻李先生有来英讲学消息，未悉确否？

昨阅报知安阳已开工，不知春季收获如何？已修函问候梁先生起居。

所中其余诸先生，望代为问候。

学生夏鼐 上

十月八日

赐教请寄：

Mr Hsia Nai

c/o Chinese

London，England

三　　　　　考　12-3-1

1939 年 11 月 1 日

济之先生：

　　前于七月九日奉上一函，谅已达座右。生当时报告计划，拟勾留英国至明春或明夏返国。不幸九月间欧陆战事爆发，此种计划，成为画饼。

　　战事起后，本拟即行束装返国，但以等候船期及法国过境护照签证，勾留月余，尚无办法。伦敦大学已将伦敦校舍关闭，对于实用科目，移迁至他小城上课，但对于考古学系，决行暂停。Prof. Glanville［格兰维尔教授］① 现在海军部情报司工作；但仍设法代向学校交涉，将生所应得而未领之 Douglas Murray Scholarship ［道格拉斯·默里奖学金］之奖金，仍行领出。结果交涉胜利，但须要在埃及作研究工作。因之生遂于十月廿一日离英，于卅日抵开罗。现拟在此间工作数月，然后返。格兰维尔教授亦正在设法要求政府派遣之来埃及驻军中服务，如能成功，则仍可于此间时常晤面求益，但可不交学费。

　　埃及冬季气候极佳，为欧人避寒之地，但今年以战事关系，游人

―――――――――

　　① 格兰维尔教授（1890~1977），夏鼐撰写学位论文《埃及古珠考》的指导老师。

减少，生活费用，远较伦敦为廉。生之经济情形，如果不购买高价之照相机，则可以维持六个月，然后乘四等舱或货船回国。但如果工作顺利，则或于三个月内，即可离此返国。

结伴此间回教大学，有吾国学生二十余人，生前次来埃时，即已认识几人；此番再来，曾往其寄宿舍晤谈，其中有云南籍者二人，将于明春返国，生或与之返国。虽宗教信仰心过弱，未必改宗回教；但颇希望能接交回教朋友数人，以便将来赴西北考古时，得有方便。

前次启生①兄来信，谓吾　师已商诸傅、梁二师，设法于中研院或中博院为生保留一位置，不知此议现下仍生效否？返国后即有工作之机会否？曾［昭燏］小姐前有来信，谓禹铭兄组织苍洱考查团，将于十月间出发，召生入伙。不知现已出发否？明春仍有考查团及发掘团之组织否？生之故乡（浙江温州），幸尚未入寇手，家人均已避居乡间。但以遭寇方之封锁，交通颇为困难。将来返国，或即径行来滇。不知以何时返国为最合宜？尚请示知！生之计划，拟在 Cairo Museum［开罗博物馆］继续研究 Ancient Egypt Beads［古代埃及的串珠］，俟告一段落后，再行返国。经费方面，必要时可以自行勉强维持六个月。而研究工作之计划，暂定三个月，必要时伸长一两个月。如果格兰维尔教授能够来埃，则一切事务，均可得其襄助，更为佳妙。未悉吾　师尊意如何？

战事发生，已近两月，前途仍属不可知。意大利目前不致加入战争，故埃及暂可相安无事。但明春后变化如何，则殊难逆料也。

---

① 李光宇（？~1991），字启生，时为中央研究院历史语言研究所考古组人员，夏鼐去英国留学前在安阳进行田野考古实习时，共同参加侯家庄西北岗殷代主陵区发掘。1949 年初去台湾。

其余一切，容后再陈。专此即请

研究（安）

所中诸师友，乞代为问候。

生夏鼐　上

十一月一日

致　梅贻琦*

（附梅贻琦、傅斯年、李济复信。1936 年 4 月）

1936 年 4 月 11 日

月涵夫子函丈，径启者：

生于本年二月二十四日，将上学期肄业经过，作成报告，挂号邮寄，谅已达　座右。生前函中曾云：本年暂偏重技术方面之学习，自下学期起，拟就史前考古学或埃及考古学二者中认定其一，作比较深入的学习，但现经调查结果，则如转学爱丁堡［大学］攻史前考古学，至少须再学二年，如在伦敦［大学］攻埃及考古学，则再学二年，恐尚不能蒇事。故此特正式提出请求，依公费生管理规程第六条，准予将来期满后再延长一年，并请提前核准。生之所以出此，实有不得已之原因，兹特缕陈如下。

考古学之学习，其所需之功力，视他种科目，决不见便易。（清华校友周培智君①，系第一级毕业，曾在中央研究院考古组研究，现

---

*　梅贻琦（1889~1962），字月涵，清华大学校长。此信及三通复信，均据夏鼐本人 1936 年日记原件录入。见《夏鼐日记》卷二，华东师范大学出版社，2011，第 27~33 页；又见《夏鼐文集》第四册，社会科学文献出版社，2017，第 436~445 页。

①　周培智（1904~1981），清华大学历史系 1929 年毕业生，当时在爱丁堡大学留学。回国后任中央大学、南开大学教授，1949 年去台湾，曾任淡江大学历史系主任等职。

来英入爱丁堡［大学］，将近四年，尚未蒇事；又校友吴金鼎君系国学研究院毕业，曾在中研院考古组研究，现来英入伦敦［大学］，将近三年，尚未有头绪。）而生在国内时之预备工夫，更见缺乏，未考取公费以前，系研究近代史者（有校中课程单可证）。而考取以后，虽自勉力补习，而为时仅及半年，田野工作更占去其半，所得实极有限。生曾于 12 月 23 日陈请学校拟再留国内预备一年，当时承批复，此事须得导师同意。生曾与导师李济之、傅孟真二先生商酌。二先生皆劝以早日出国为是（李先生于［民国］廿四年 4 月初旬，致函安阳，劝生能早日出国，还以早日出国为佳。傅先生则系口头接洽）。盖以国内考古学之标本实物，皆极缺乏；而傅、李二先生事忙，又无暇指导，国内预备，实属困难。生有见于自己预备功力之不足及国内预备之困难，曾企图转习近代经济史，结果未能成功，只得贸然出国，实则对于考古学之知识，实不及他种学科之本科一年级生也。此非生之自鄙，更非由于生之不知努力，而实由于环境使然。故其他同学，在本科时已有机会偏重专门，再加以研究或服务二年以上，又加以国内预备一年，则留学年限，二年或已嫌其多，而生则以特殊情形，三年尚嫌其短促。此实由于环境关系，根柢过于浅薄，所以不得不请求延长一年也。

肄业之学校，李先生以返国已久，情形不甚熟悉，与梁思永先生商洽，始行决定；但梁先生亦系留美返国，对于英国情形，尤其是课程方面，不甚熟悉。惟就教授而言，则爱大之 Childe［柴尔德］，实为此学之权威，故主张入爱大。李先生则以为伦大考古学系之历史较久，设备较周，故主张先入伦大一年，以后或转学爱大，或续学于伦大，再行决定。生离国以前，曾向李、傅二先生请示；二先生均谓将来由生自行观察情形，再行决定转学与否。李先生并予生以进见伦大考古学教授 Yetts［叶慈］之介绍信。此为生离国前之情形。

及生抵英以后，向留英同学打听，知爱丁堡方面设备不周，关于考古学技术方面之课程极少。生知将来返国以后，技术方面之需要颇殷，故决定关于技术方面，在伦大先预备好，以免将来转学爱大后无从学习。伦大之考古学，则有三处可以学习，一为大学本院（U. C.），分埃及考古学系、考古学系（后者包括希腊罗马考古学），一为艺术所（Courtauld Institute of Art），注重中国方面，李先生介绍之叶慈即为此所之教授；一为考古学院（Institute of Archaeology），注重近东方面，系前年新添设，现无校址，借伦敦博物院（London Museum）上课。最后一处新行创办，设备不周；艺术所之中国考古学，亦不见佳。故生即向大学学院接洽。但以主任教授避暑未返，9月3日抵英，10月7日始见及 Prof. Ashmole［阿什莫尔教授］。据云：如欲学埃及、希腊、罗马考古学，须先学文字，至少须费二年工夫学习文字，否则不必注册。生又携李先生介绍书见叶慈，彼即劝生在彼处注册。生因此间一年以后，或许转学爱丁堡学习史前考古学，则学习埃及、希腊、罗马文字半途而废，殊不合算，不若以全力注意技术方面。伦敦大学之章程，不论在何学院注册，只须导师核准，各学院功课，皆可往读。叶慈因有李先生之介绍关系，比较容易说话，欲偏重技术方面，必可得允许，故生即在其所注册，由校中指定叶慈为导师。此事生于去年10月10日所发之函中，曾经提及。生与导师叶慈商酌功课之结果，决定今年暑假参加田野工作实习。在暑假以前之一年内功课规定如下：

（1）Chinese Bronzes（Yetts）［中国青铜器（叶慈）］。

（2）Pottery and Porcelain［陶瓷］。

（3）Field and Laboratory Treatment of Archaeological Remains［考

古遗存的田野发掘与室内整理]。

以上三者在艺术所上课。

（4）General Surveying［普通测量学］。

（5）Demonstration of Minerals and Rocks［矿物与岩石示例］。

以上二者在大学学院上课。

（6）Museum Archaeology［博物馆考古学］。

（7）Aims and Methods of Archaeological Field Work［田野考古学的目标与方法］。

（8）Archaeological Draftsmanship［考古绘图］。

以上在伦敦博物馆上课。

（9）Bronze Casting［青铜铸造］。

在工艺美术中心学校上课。

（10）Osteology［骨学］（Physical Anthropology［体质人类学］）。
（上学期之功课，已于2月报告中陈明，其他则俟8月中，当再奉上主任教授签字之报告。）以上科目，分四处上课（各处往来，须坐公共汽车，极为不便），更加以（4）（6）（9）有实习钟点，颇为忙碌。生所以不嫌辞费，娓娓缕陈者，欲陈明此一学年内，生已就环境所许可之范围内，努力学习。而所以不得不陈请延长一年者，非由于不知努力旷误时间，而实由于生所从事之科目，以二年之时间，决计不够支配也。

自10月10日上课后，生即觉功课颇过繁重，且偏于技术方面，无暇多行读书，至于写论文以求学位，更属无暇。故11月18日即奉上一函，禀明拟不读学位，实则亦无法读学位也。承批复："公费生在外研究，不必以读得学位为目的。"自当遵谕而行。

关于转学问题，生之原意，本拟暑假后转学爱大从柴尔德教授，因清华校友周培智君从之习考古学已三年半，情况较为熟悉，故修函商洽，周君复信云："爱大方面，现仅有史前考古，即生现所从学者，一切研究材料，太偏重苏格兰方面。"（1月5日来信）又谓："柴尔德教授确为苏格兰考古方面之有著作权威者，语及教法及乐拔外人，可谓一完全不热心者，对于有色人种抱轻视之态度，生在此亦以此与之屡次相左。此间考古科不能成专门，因除柴尔德外无一讲师及助教。……考古学标本很少，因所称考古学室，即在柴尔德房中，有抽屉数个，标本即在其中。……至兄询及搜集古物及发掘工作，在此可谓不轻见之举。"（2月4日来信）周君又寄来章程一册，则史前考古学系中，果仅有柴尔德教授之功课三门。但生以为柴尔德教授为此学权威，纵使设备不周，但从之多读考古学之名著，依其指导努力，亦未尝不可。但依简章及周君来信，则三门不能同时并读。周君来信云："考古学可选三门，每年习一门，因一门比较一门难也。……史前学（Ⅰ）未先考过及格者，不能选读史前学（Ⅱ）。"（2月20日来信）查简章亦有此规定（兹将简章附上呈阅），唯第三年（Course Ⅲ）着重自修，或可不必上课，自己提前修习。但无论如何，至少亦须在爱丁堡学习二年，始能告一段落。因不仅史前学（Ⅰ）及（Ⅱ），不能同时选读，且欲攻史前考古学，对于未曾学习过之地质学及解剖学等，亦不得不补习。是以事实上必须再读二年，以学习基本科目，至于较深之研究尚谈不到。但如不转学爱丁堡，仍在伦敦续学，则此后计划亦成问题。伦大之考古学，以埃及考古学为最出名，亦为最佳。此外则为希腊罗马考古学。但无史前考古学之专科，如欲攻史前考古学，则不得不转学爱丁堡；如欲攻有史以后之考古学，则必须留在伦敦。此二者之选择，据生之意见，以攻有史以后之考古学为佳。因未离国以前，李济之先生曾嘱注意有史考古学，以国人研究考古学者，如李济之、梁思永二先生，皆为研究史前考古学。现在此间之周培智、吴金鼎二君，亦偏重史前。生当时亦以为然，但现下则知学习有史考古学，困难更多。第一，必须依导师意见，先学习其文字，以便以文籍与古物互证。第二，对于发掘及保存古物之技术，更须注意；不若史前之遗物，仅留石器、陶器、骨器，保存较易，技术较简。第三，则以参考书籍较丰富，欲得一眉目，非多费工夫阅读不可。此项情形，不论攻埃及考古学或希腊罗马考古学，皆属相同。惟希腊罗马考古学，着重大理石建筑及雕刻，与中国情形不同，且伦大此科远不及埃及考古学为佳。故生前月往与埃及考古学系主任 Prof. Glanville（格兰维尔教授）接洽。

据氏之意见，如欲从之攻埃及考古学，因生已学习过技术方面之课程几种，故以为再费二年之工夫，或可告一段落。若短于两年，则不如不学；以半途而废，恐毫无用处也。如欲从之学习，一方面可在其博物馆中学习保存古物之技术（伦大仅埃及考古学有博物馆），一方面学习埃及考古学之研究方法。盖生今年所学者，多为田野工作之技术。但发掘后如何整理，采集标本后如何研究，尚未暇顾及。故进一步观其如何就各种古物，依其形制，以探求其发展过程，如何探求其相邻文化交互影响之迹，由古物以证古史，以建设一科学的考古学。凡此种种研究方法，并非听讲空论原则，即可学得，而必须有具体之实物及实例，始能领悟，然后始能以其方法，返国后应用于搜集及整理中国之古物。故欲达此目的，必须先对于其历史、宗教、文字，一切皆有相当知识。因埃及考古学为比较最发达、最完备之考古学。此间埃及考古学系本科生，至少须专习三年始能毕业，故欲从事学习，至少须再学两年。如埃及象形文字，即分一年级课、二年级课，非学习二年，不能直接应用原始史料。以二年之工夫，打成根柢后，以后再赴埃及，参加发掘团，所得必广。埃及之发掘团，规模较大，工作期在 11 月至 4 月之间；吴金鼎君曾参加一次，据吴君云：以事先未学习埃及考古学，参加发掘，获益不多。生本年暑期所拟加入之发掘团，系在英国国内，规模甚小，则为史前之铁器时代。生以为中国将来之考古学，必须以埃及考古学之规模为先范，故中国之考古学界，必须有一人熟悉埃及考古学，以其发掘技术及研究方法，多可借镜。日本考古学界之泰斗滨田青陵①，从前即在此间学习埃及考古学，吾国考古学至少须以日人为竞赛对象。但据格兰维尔云：再学二年为最低限度，系学习基本知识及技术，系选读其埃及考古学本科生所必修之课程。课程方面虽可缩成二年，但能否完全领受，须视各人之学习努力如何而定。故能否藏事，殊不可定，但决不能缩成一年。如作较深研究，则非又加一年不可。

无论转学与否，依生所知，皆非再学习两年不可。且此两年内，仅学习基本课程，不能作研究工作。如校中必欲生作研究工作，或不欲生过于专门，希望广行涉猎西方考古学，则惟有续从艺术所之中国考古学教授叶慈，依其指导，涉猎西方考古学，以研究中西古代之交互影响。但即采用此种办法，亦非再学两年不可。以虽不必学象形文字，但须广涉近东及希腊、罗马之上古史及考古学，始能有所取材。而且与中国最切近之中亚方面考古，成绩多以俄文发表，恐尚须费一年余之工夫学习俄文。清华校友吴金鼎君，即采用此种办法，从叶慈研究中国史前之陶器及其与西方关系，已近三年，尚未完竣。据云，至少作四年计划。生固与吴君之作深高研究者不同，留学年限又至多只能延长

---

① 滨田耕作（1881~1938），字青陵，日本现代考古学的倡导人。日本学士院会员，曾任京都帝国大学校长。在京都大学创设考古研究室，引进英国考古学的理论和方法，从事正规的考古学研究。著有《通论考古学》等书。

一年，故以为不若以全力注意西方者为佳。且从叶慈学，则对其所开之中国考古学课程，不得不敷衍选读，实属费时而无益。但如果离之改从他人，则不得不依导师之指导，专攻一科。英国重专科，如此间之埃及考古学系，即离开〔普通〕考古学系，而自成一系。吾人固不必太重专偏，各方面均须顾及，但至少须圈定一范围，为学习之集中点。

以上所述，为生不得不请求延长一年之原因。但生不待至下学年，而现下即行提出者，以校中核准延长与否，不仅与下学期之选科，有连带关系，且与生暑假中转学与否之问题，亦发生连带关系。如校中不能"提前"核准延长一年，则生对于转系埃及考古学一举，只得绝念。以格兰维尔教授已有再学二年恐尚不能藏事之警告，安敢以一年之期间，贸然从事二年尚难藏事之事，只能于爱丁堡及原来学院，二者择一，半年后依情形决定再行提出请求延长与否。如校中能提前核准，则生可于三者中自由选择，且对于下学年之选课方面，亦方便不少。因可依确定之留学时间，排定学习之科目。去年以转学问题不能确定，选课即成畸形现象。有种科目，两年成一段落（如母校之第二外国语），如果初为一年计划，后来纵使改成二年计划，此种科目，第二年即不能添入。生所读者为补习基本科目，与其他同学之从事研究者不同。研究者研究一年以后，再扩充一年妨碍甚少，补习基本科目无此种方便。

至于生之提出请求延长一年而非半年者，则以生所请者为补习之依班上课之学年学程，一学年始告一结束，非比作研究工作者，半年一年可不必拘，完全依研究工作进程而定也。

现依上述理由，特此陈请校中提前核准延长留学年限一年。

至于转系及转学问题，以及此后学习之方针，如校中能具体地予以指示，则生自当依示遵行。惟生已修函奉达导师李济之先生，陈明此间情形，并表示生意拟专攻埃及考古学，如李先生亦以为然，而校中不加反对，且核准延长年限，生即依此进行。如校中不表示意见，则生与李先生商洽后，即作决定；择定后自当函达校中呈核。惟以途程辽远关系，或许形式上虽为"呈核"，而事实上等于"事后呈请备案"而已，故校中如有何意见，尚以事先示知为佳（李师处或有函致校）。

又此事请校中从速议定示知，于暑假以前抵达此间。以生须于暑假开始时即须将此事决定。因为（1）此间埃及考古学系主任暑假中（7月中）赴埃及，下学年开始时不能赶回，故曾面嘱生至迟于7月初与之商定，以便其代生规定暑假中除田野工作外之作业，以及初开学时之作业。（2）爱丁堡方面，周培智君劝生暑假中亲往一观，以后决定，"以免后悔"。周君仅暑期开始时在爱大，7月中即他往。（3）生接洽好暑期中之田野工作，8月中开始，至开学时始能脱身。故一切事务，均须于暑假开始后，即刻进行，希望校中从速复示，以为指针。

国难日殷，母校又风波迭起，引领东望，忧心如焚，极欲早日返国，为祖国服务。但欲求有益于社会，必须在此间先打定相当基础，生以愚拙，加以预备工夫之不足，纵令延长一年，亦属粗制滥造，难负重任。若即此一年之延长亦不可得，则生实属惶惧万分，不知将来何以应世。盖粗制滥造，亦须有其限度也。专此奉达，敬请

大安

生夏鼐　敬启

1936 年 4 月 11 日

【附一】梅贻琦复信

夏鼐同学左右：

前获来书，获悉一是。所谓延长留学期限一节，足下目前可以努力作去，当无问题，惟正式决定，则当俟走规定时间再行请求也。匆复，即颂

旅祺　不一

梅贻琦　谨启

廿五、六、十八、二

【附二】 傅斯年复信

夏鼐先生：

前接来信，逡巡未果复，歉歉，顷见致李先生书，敢尽其见如下：按，随叶慈学，实无多少意义，此等大事，不可以"不好意思"了之也。此等外国汉学家，每好以收罗中国学生炫人，然我们可以向之学者甚少。兄与禹铭在彼，恐只备他顾问耳。读书作学问，虽不可过分务远，然亦不可不设一高标。二三年中诚未能多学，然窥一科之门径，回头知自己用功即可矣，弟意中国考古学之发达，须有下列专科之研究者，各走一路，合为大成，是此学发达之要也。

（1）Prehistory［史前学］*；

（2）Egyptology［埃及学］；

（3）Assyriology（including Orient，Asia Manor）［亚述学，包括远东、小亚细亚］*；

（4）Classical Arch［古典考古学］；

（5）Byzantine and Arabic Arch［拜占庭与阿拉伯考古学］；

（6）Indian Arch［印度考古学］*；

（7）Oceanic Arch［大洋洲考古学］*；

（8）American Arch［美洲考古学］。

他种地域，在中国虽不能直接应用，然意解与方法，皆可取资。上列加 * 者尤重要，因有直接关系也。其实无论何一行，学好都是好事，只有中国考古，在外国无从学耳。弟意兄不必到爱丁堡，因史前考古，中国已有多人，梁思永先生即其最著者，大家都走一行，亦与此学发展上不便。埃及学诚未如古代西方亚洲考古之可与中国考古发生直接关系，然其意解与方法，可资取证者多矣。故舍叶慈而专学埃及学，弟非常赞成，不必学有所成，即学到半途而返，犹有用处。古文字与语言之补习，暑中可自为之，不必全然了解，亦可上课。至于向清华接洽延长，当由李先生为之，想无问题也。闻曾〔昭燏〕女士亦在叶慈处，弟意乞便中告之。专此 即颂

　　学祺

傅斯年 顿首

5月8日

【附三】李济复信

作民先生：

　　去秋接到来函，事忙至今未复，歉甚。前日又奉到4月13日手示，回诵再四，学勤思深，佩甚羡甚。英国大学情形，弟苦于不知，故不能冒昧建议。昨特以尊函商之于傅孟真先生，傅先生甚感兴趣，并特函奉告一切，今附陈。弟意大致与傅先生相同。外国教授收学生，往往自顾自己兴趣，不顾学生死活，但各人需要，自己知之最切。若认为必需换先生，决不必怕难为情也。博物院学能留心更好。现博物院建筑已开始，开院时需要专门人才处尚甚多，并祈留心代为物色为盼。清华处容专函代为申请，闻梅校长不日来京，届时当再面请之，一切容再陈。专此，即颂

　　学安

弟李济　拜白

5月9日

致　李光宇

（1936 年 7 月）

1936 年 7 月 10 日

光宇先生：

　　来书具悉一切，弟以来书转交吴［金鼎］先生一阅，我们都很庆幸发掘团的佳运，惟以不能躬临其境为憾，且有 Alexander［亚历山大］闻 Philip［菲利普］东征胜利时的感想 "There will be no more world left for me to conquer!"［再没有更多的世界让我去征服了！］虽然我们都很知道中国的古代遗迹是发掘不尽的宝藏。

　　关于弟的转系事，现已办妥，自下学期起，决专心攻埃及学。理由很是简单，因为在此地研究中国考古学，无适当的导师及材料，吴先生学有根柢，名义上跟 Prof. Yetts［叶慈教授］，实际上像傅［斯年］先生所说的，是当叶慈教授的顾问。弟学无根柢，不欲自误，故只好转系。惟叶慈教授颇为客气，弟写信告诉他已决定转系，他反邀弟今天到他家中去吃 Afternoon Tea［下午茶］去，殊觉不好意思耳！

　　来函谓去年掘到一个具有蒙古人特征的面具，不知其情况如何？

此种面具，据弟所知外人所藏者有三个，皆以不知出土地及出土情情（况），无法断定时代。今由殷陵出现，比较研究之下，或可得一结论。

（1）Mr. G. del Drago［德拉戈先生］所藏，图版见 *Burlington Magazine* Oct. 1925. An Unidentified Chinese Mask by R. R. Tatlock。［《一件不明身份的中国面具》，《伯灵顿杂志》1928 年 10 月］

（2）日本京都帝国大学所藏，去年伦敦国际中国美术展览会 N. 442. Gilt Bronze，Han Dynasty。图版见 *Catalogue of Chinese Art Exhibition* 1935［中国美术展览会展品目录（1935 年）］。

（3）Eumorfopoulos［猷莫福普洛斯］所藏 N. 1914. Mask（for dancing?）Catalogue［目录］中未曾收入，现陈列于 Victoria and Albert Museum［维多利亚与阿尔伯特博物馆］。

（1）、（2）二面具，形式极类似，（3）则为另一 Type［类型］。不知去年出土者，属于孰种形式，抑自成一派。

今年发掘成绩如何？山东方面，关于龙山文化之来源去脉，得有线索否？（我不喜欢黑陶文化一名辞，以其过于泛广，远不及龙山文化一名辞之确定）。安阳方面，前阅报谓在高楼庄，据来书谓在小屯，报纸记载，谅有错误。北平研究院之宝鸡县发掘，近仍在进行否？近阅《地质会志》，知广西发现旧石器末期遗址。西南文化，古时自成一系统，其脱离石器时代颇晚，故广西之"雷斧"时常发现见于前人记载。缪凤林氏之《中国通史纲要》，叙述中国文化之石器时代，引广西"雷斧"为证，与前人以苗族盘古神话引入中国古史系统，如出一辙。此辈安得妄谈考古！

前月随此间考古班参观团，至附近 Stonehenge［斯通亨奇］、Avebury［埃夫伯里］、Old Sarum［老萨勒姆］各处，参观史前及史后遗迹，摄得数影，兹寄上斯通亨奇及 Woodhenge［伍德亨奇］二幅。犹记得去年春间，在北极阁下，初次随兄学习照相。今观此二幅照片，亦有进步否？尚乞老师指正！

斯通亨奇系英国最有名之史前遗迹，现归政府保管，进内参观须购门票。伍德亨奇则一九二六年始发现，木柱当然早已消灭，地面上完无痕迹，前人亦从无记载。空军在空中摄影，以地面草色之不同，始发现其迹，发掘后完全证实。现亦归政府保管，以水门汀柱子，标志古代木柱之地位及大小。将来中国复兴后，我们也许有机会坐飞机考古。如果不争气，则华北随东三省之后尘，连黄河流域之中国文化发源地，亦只好让人家去考古了。我以为考古学对于国家的命运，虽不至像戴［传贤］院长所说的使道德沦丧国家衰亡（那是阿Q被钱洋鬼子打了一棒，只好拧小尼姑的大腿出气），然而对于复兴中国的助力，也是极微。不过一个以文明古国自命的国家，不能不有考古一科，有"那么一会事"而已。否则人家研究中国考古学，只好读日人的乐浪报告，俄人的蒙古报告，英、德、法人的新疆报告，岂非丢脸。但是中国的复兴，对于考古事业的助力，却是极大。听说西南又与中央冲突了，令人沮气。

如有什么考古界的新消息，请时常示知。现下虽专攻埃及学，返国后还是弄中国考古学的，决不能与中国考古学绝缘。

暑假已临，不日即赴附近 Maiden Castle［梅登堡］参加发掘，吴先生前年曾参加过。余容后叙。考古组的诸弟兄们，请代为问候。

专此即请

近安

弟夏鼐上

七月十日

致 胞姊[*]

（1936 年 9 月）

1936 年 9 月 13 日

淑贞胞姊妆次：

接诵华翰，具见爱弟之深，使弟感泣，弟久未睹姊之墨泽矣。犹忆姊在闺时，以簪花格录金陵十二钗诗，弟时无知，亦手一卷小说，依姊之旁伴读。临河之窗，虽不如何雅洁，而河畔清风，拂窗而入，轻翻书叶，亦极有佳趣。而河畔小室，前通小衖修墙，夏季最凉，姊弟常聚其间共读。此情此景，仿佛若昨，而人事变迁，令人有隔世之感，姊尚优居家园，享天伦之乐，弟则频年漂泊，客邸为家，近更浪迹异域，只身万里。睹姊手书，回忆往事，不禁黯然魂消（销），此生恐更无此乐矣。往年在国时，虽远客平沪，而假期旋里，尚得稍聚天伦之乐；今则万里远征，归期无定，往事更不堪回首矣。即如宣儿之事，弟去岁在家时，颇觉 堂上大人溺爱过深，恐以娇养之故易成恶习，继思此儿已三岁矣，而父子相聚不及三月，与失怙孤儿更复何异，可怜此豸，更何忍阻止 堂上之含饴垂爱。知弟莫若姊，谅不以

---

* 夏鼐胞姊名夏鸾，字淑贞。此信粘贴在 1936 年的日记本之中。

儿女情长见哂。姊丈前来函谓拟以译书谋生，弟即劝以另觅职业，卖文终非久计，现悉已在首都就事，为之一慰。祖谦甥活泼可喜，文笔亦颇通顺，殊为难得。秋风萧瑟，正去年姊弟江干黯然相别时也，极目天涯，此情何堪！此

　　复，即请

闺安

弟蕭手启

廿五年九月十三日

背后题识：

　　卅一年三月十四日在家中晒书，无意中得此寄姊之信，乃取出贴于日记中。

蕭识

致 傅斯年、李济 22通

（含致傅 8 通，致李 3 通，兼致傅、李 11 通，附阎文儒致傅信 1 通。1942 年 10 月~1945 年 4 月，西北考察时期）

一　　　　　　　　　　　李 14-1-2

1942 年 10 月 24 日

济之先生大鉴：

温州收复后，生曾于八月廿三日奉上一函，报告一切，谅已达座右。接奉十月十三日来电，知已与朱［家骅］① 院长商妥，约生入史语所，并允旅费由所负担，备蒙照拂，铭感之至。生当即电复朱院长，并请其转达　座右，俟生私人研究工作结束后，当即首途赴川。同时以来电中有"如需旅费可向浙省党部书记长徐浩兄处移支由所拨还"一语，故生又函致徐先生，告以明春始能首途，关于旅费一层俟行期决定后再行接洽。生此次返里，拟乘家居之暇，将《埃及古珠考》（*Ancient Egyptian Beads*）一文写完，不幸以日寇骚扰，多所旷误，自日军退出温州后，生即继续工作，现已写至 The First Intermediate Period ［第一中间期］。开始时起例发凡，多

---

① 朱家骅（1893~1963），字骝先，时任中国国民党中央组织部长，兼任国民政府教育部长、中央研究院代理院长。

费斟酌。现下工作较为顺利，大约阴历年关可以竣事。以后将全篇加以修改补正，明春可以脱身赴川。生于此篇论文，已费多年搜集之功夫，不欲功亏一篑。一俟此项工作完毕，此后余生即可用全力从事于中国考古学，决不辜负吾　师提拔后进之苦心，惟恐以不舞之鹤为羊公辱耳。此数月来川康古迹考察团及西北考察团谅必有新发现，不知明年工作已有具体计划否？如能先期示知，俾生有所准备，对于将来工作进行或将有所裨益。闻傅先生血压过高病仍未痊愈，而梁先生肺疾又复发，诚属不幸之至，不知近来如何？尚乞代为问候。温州晚禾丰收，现下白米每元可购一斤六两，惟蔬菜颇昂，猪肉每斤六元，黄鱼每斤四元，然较之川中物价，恐仍是小巫见大巫。生饮食起居自知谨慎，望勿　念。余容后陈，此上，即请

研安

生夏鼐 上

卅一年十月廿四日

二 　　　　　　　　　　　李4-1-15

1943 年 6 月 22 日

孟真先生赐鉴：

去年十月间生接奉朱院长来电，令来历史语言研究所服务，来川旅费由院方负担等语。生当即电复一俟私务结束后即来川候教。今年四月廿八日生由家中动身，五月卅日抵渝，翌日即来总办事处，并晋谒朱院长聆教。六月三日由渝动身，抵李庄镇后即晋谒　台座，面陈一切。关于生此后之工作及薪俸等，尚乞代为规定，一切悉听　尊

裁。专此奉达，敬请

著安

生夏鼐 敬上

卅二年六月二十二日

三   李 38-4-1

1943 年 10 月 31 日

孟真先生赐鉴：

接奉十六日来示，具悉一切。此次西北之行，本已束装待发，不幸生忽罹疾病，以致误及工作，实深愧歉。现已痊愈，惟体重减轻十磅，身体尚觉无力，此后再加休息当可完全恢复康健，望舒锦注。顷间向觉明①先生由渝归来，据云潘实君②兄已携眷抵兰，关于潘兄之参加西北工作与否，此事自听 尊裁；惟潘兄既已抵兰，彼处人地生疏，可否请函兰州科学教育馆馆长袁翰青③先生代为照拂一切（或转请 朱骝先先生致函袁先生亦可）。又向先生谓在渝时曾面请朱院长聘请西北工作之后方负责人，朱院长采纳 尊意拟请李济之先生负责此事，但李先生迄今尚未接到正式通知，可否请向 朱院长催促从速致函李先生商定此事，以便考察团出发之前，得与李先生商酌一切。又李先生最近或将赴渝一行，如 朱院长能当面延请李先生负责此

---

① 向达（1900~1966），字觉明，时任西南联合大学教授、北京大学文科研究所导师，后任北京大学历史系教授兼北大图书馆馆长，又曾任中国科学院学部委员、历史研究第二所副所长。

② 潘悫，字实君，历史语言研究所考古组人员。

③ 袁翰青（1905~1994），化学家，时任甘肃科学教育馆馆长，后任北京大学化学系教授，曾任中国科学院学部委员、中国科学院西北分院秘书长等职。

事，自属更佳。至于考察团之出发日期，_生拟请向先生先去西北，_生俟身体恢复康健后当即首途；惟关外冬季严寒，不能野外工作，恐正式开工，尚须俟之明春。此事_生当与向先生再行斟酌决定，并请 先生加以训示俾有遵循。因曾〔昭燏〕先生明晨首途赴渝之便，匆匆肃柬奉陈，专此敬请

著安

生夏鼐 谨上
十月三十一日

四　　　　李38-4-2
1943 年 11 月 14 日

孟真先生赐鉴：

前因曾先生赴渝之便奉上一函，谅登 记室。顷在璋如①兄处获读实君兄由兰来函，谓由西安至兰州车票一千一百五十元，二整票、一半票，又行李票千五百元，共四千余元，路上食宿又千余元，到兰仅余四千元，现住科学教育馆，系暂许借住性质，如日后不准住即更糟糕云云。潘君之事诚为棘手，据闻由兰州返李庄，其中宝鸡至重庆一段车票，每人即需三千三百余元，将来尚有加价之可能。如令其在兰等候，最好设法请科学教育馆容许其继续居住，至少允许其搭公伙，可以节省费用，俟将来会齐后一同出发河西。总之，此事尚请从速决定，径电兰州潘君处指示一切。至于此间考察团出发日期，曾与觉明先生商酌，贱躯虽渐已恢复康健，但现下关外已经降雪，野外

---

① 石璋如（1902~2004），时为中央研究院历史语言研究所考古组人员，累任至研究员，后去台湾，潜心进行殷墟发掘资料的整理与研究。

工作困难，不若在此间利用所中图书馆多做预备工作，俟年底或明年初再由此间出发，到西北后即可开始工作，是否有当，尚请　示复，俾有遵循实为幸甚。又觉明先生谓教部吴司长曾表示可以资助考察团经费十余万元，觉明先生在渝时曾为此事晋谒商酌，认为考察团经费多多益善，惟此事万不能由中研院出面请求，最好由北大文科研究所或考察团接受此款。现觉明先生已根据　尊意函请北大方面出面向教部请求，同时以西北科学考察团名义草就工作计划大纲，由向先生及生连署径寄吴司长处请求。此事既在渝征得吾师同意，谅可如此进行。肃此敬请

近安

生夏鼐　谨启

十一月十四

五　　　　　李 38-4-3

1944 年 4 月 11 日

孟真
　　　先生赐鉴：
济之

　　此次在渝候机延误多日出人意外，四月四日班机幸得依预定计划飞兰。在兰州机场中即晤及向觉明先生，当即一同前往科学教育馆居住。袁翰青馆长适于是日乘机赴渝受训，仅在机场中匆匆寒暄数语，即行相别。关于考察团工作之进行，抵兰后次日即偕向先生前往省政府，谷［正伦］主席以病未能见客，晤及秘书长李少陵先生，当即请其通知河西拟行工作之数县县政府，请其襄助工作。李秘书长审阅发掘执照后，幸即慨然惠允襄助一切。又往民政厅，持

介绍信晋谒赵龙文厅长，亦蒙其惠允通知敦煌宋县长，如果考察团需要县政府帮忙之事，必可尽量襄助。由兰西行车辆，已与公路局接洽妥当，十三日有班车赴酒泉。至于酒泉以西之车，须赴酒泉后再行接洽。石璋如君存放此间之仪器、文具、药品等，已经点收，并开列清单一纸邮寄与石君，以明责任。虽石君未能面行移交，实即等于移交也。阎文儒①君处曾去数电，前日始有来电谓"请电汇安家旅费即来兰"。向先生已复电云，安家费乞向北大接洽，旅费留兰科教馆，如决心西来，可来兰提取，西赴敦煌。盖受去年之教训，故不敢先行电汇旅费也。生以为工作人员能增添一人亦属佳事，惟阎君之往返旅费，须由教育部资助北大文科研究所经费中报销，在团中工作时期中自与其它团员一律待遇，但薪贴、安家等费概归北大负担，与考察团无涉，此事向先生与生完全同意。至于工作计划，拟先赴敦煌，但如果在酒泉须候车数日，则拟乘机赴金塔附近考察汉代边墙。关于工作计划，如有高见尚乞　示知，俾有遵循。其余一切容后再陈。此上敬请

著安

生夏鼐　敬上

卅三年四月十一日

向达附笔问　安

---

① 阎文儒（1912~1994），字述祖，时为北京大学文科研究所向达指导的"中西交通史"研究生，后任北京大学历史系教授。

六　　　　李 38-4-4

1944 年 4 月 22 日

孟真
　　先生赐鉴：
济之

　　四月十一日曾奉上一函，谓拟于十三日西行。十二日前往车站购票，始知因连日下雪，乌稍（鞘）岭不能通车，星期一（十日）班车尚未能开出，故十三日不能成行，遂决定改乘次班星期一（十七日）班车。于是利用在兰候车之数日，赴兰州附近之十里店及西果园二处调查，捡得彩陶残片十余片。此二处去冬西北师范学院何乐夫①先生皆曾去过，据云兰州附近彩陶遗址颇多，待将来由敦煌东归兰州后，再作详细调查。四月十七日由兰州动身，当晚宿永登，十八日宿武威，十九日宿张掖，二十日抵酒泉，下榻酒泉气象测候所。四日共行七百三十余公里，乘坐公路局班车，无法作调查工作，惟沿途时见明代长城及烽燧遗迹，又时见废城破屋，较大者为张掖西之黑水国遗迹。抵酒泉后拟开始作调查工作。由酒泉赴敦煌之公路局班车，每旬一次，逢一由酒开敦。此班（廿一日）班车，已无法搭乘，现下赴新疆军队征调车辆甚多，故便车亦少，最早须候至五月一日始能起身，拟就近赴文殊口调查佛寺及壁画，传

---

①　何士骥（1893~1984），字乐夫，历史学家，曾在北平研究院史学研究所参
　　与某些考古工作，时任西北师范学院教授，20 世纪 50 年代曾为甘肃省文物
　　管理委员会负责人。

闻其壁画颇古。又拟赴金塔调查汉长城烽燧遗址，斯坦因①之工作花海子至金塔间四十余英里长之一段未曾调查。自金塔以东至额济纳河则柏格曼②氏已曾发掘过，拟不再往，将来由花海子即折回肃州③。此项调查工作约需一星期至二星期，返肃州后再赴敦煌，如有所获当即奉闻。专此

　　敬请
著安

后学　向达

生　夏鼐　谨上

四月二十二日

七　　　　　李38-4-6

1944 年 5 月 28 日

孟真
　　　先生赐鉴：
济之

　　在酒泉时曾奉上一函，谅已登　记室。抵酒泉后曾赴金塔县调查，原拟由金塔北部之三墩西行，越过戈壁至玉门县之花海子。此段

---

① 斯坦因（A. Stein，1862～1943），英籍考古学家，曾三次潜入我国新疆、甘肃地区调查发掘古代遗址，攫取和骗购大量珍贵文物，其中包括汉代简牍和敦煌遗书。

② 柏格曼（F. Bergman），又译贝格曼，瑞典考古学家，中瑞合组"中国西北科学考察团"团员，曾在内蒙古西部地区和新疆罗布泊等地进行考古工作。最重要的成果是在额济纳河流域的汉代烽燧遗址，发现"居延汉简"一万多支。

③ 今甘肃酒泉。

路线斯坦因未曾走过，贺昌群①君处所藏之柏格曼居延海至金塔之汉代烽燧调查图，亦仅至金塔县之三墩为止。前年石、劳②二君亦未曾沿此路线工作，故私意以为或可稍作补阙拾遗之工作。由酒泉行二日抵金塔县城，适值金塔县长为过境军队之连长所枪击受伤，赴酒泉治疗，县事由秘书代理。接洽旅行戈壁应用之物，在县城勾留数日，仅能雇到牛车，城中无法雇到骆驼，以天气已暖，骆驼脱毛，驼队已解。然后北赴三墩，向乡人打听，由此西赴花海子（计程四站）沿途确有古代烽墩，但又云民国十九年左右，有洋人三，骆驼八，沿北山之麓西行赴花海子，沿途测量地形，捡拾石子（新石器？）。似即柏格曼之一队，乡人所言似颇可靠。其后赴三墩附近调查，确有汉代烽台，且有被掘过之痕迹，故遂放弃原来计划，折回酒泉，仅检得汉代绳纹陶片而已。适值赴新军运繁频，西北公路局将酒泉至敦煌十日一次之班车停开，只得另行设法找车。幸得阎文儒君于此时由西安赶来参加工作。阎君于西北军界人士较为熟悉，遂得搭乘赴新军车至安西，由安西雇大车行三日至敦煌。当于五月十九日清晨安抵敦煌，现正筹备开工，大约月底以前可以开始发掘工作。千佛洞现归敦煌艺术研究所管理，最近添筑围墙，入洞参观者须至所登记。故千佛洞附近无法工作。现下所择定工作地点为离城十五里之佛爷庙附近古代墓地，其形制与吐鲁番附近之 Astana［阿斯塔纳］（斯坦因发掘）及雅

---

① 贺昌群（1903~1973），历史学家，时在中央大学历史系任教，后任系主任；1950 年以后，任中国科学院图书馆馆长、历史研究所研究员等职。

② 劳榦（1907~2003），字贞一，秦汉史专家，时为中央研究院历史语言研究所研究员，当时曾去西北考察，致力于居延汉简的考释与研究。

尔崖（即黄仲良①发现高昌墓志处）二处相似，小群坟冢围以砾石排成之方形围墙，墙甚低，与地面平，细察始见，土人称之为"七十二连营"，其时代当为六朝隋唐时，将来开工后收获如何，容后再行奉告。以后拟每月至少奉上发掘工作简略报告一次，至于详细工作计划及预算，俟开工后半个月或一个月，根据实际经验再行草拟，庶几不致离事实过远，等于虚谈。此间雇用工人颇为困难，工价每日须面粉二斤，现钞二三十元。现已托县政府代雇工人及代购粮食，谅日内即可得相当结果。此次考察团经费数目颇大，然以现下物价之高，依现下情形观之，如每日雇用工人十名、厨子一名、警察二名，大约仅可维持六个月（六月至十一月）。此间冬季严寒，十一月后即有经费亦须停工，如果明年经费无着，则停工后即拟结束返川，惟由敦返川之旅费及采集品运费，恐将来尚成问题，尚希预为筹划。如果确无办法，亦望明白示知，以便提早收工。博物院方面闻尚可筹五万元，此款希能代为保留，将来需要时当再函请汇下，此款或即作由敦至兰之旅费及运费。……

其余一切，容后再陈。专此敬请

研安

生夏鼐　敬启

五月二十八日

又启者：向觉明先生前在李庄时即表示，到敦煌后，只能勾留两三个月，现下此意未变，据云拟于此间工作三个月后，即离此返川，如果将来成为事实，则考察团计划是否须要更改？生学识资望俱浅，将来

---

① 黄文弼（1893~1966），字仲良，考古学家，早年曾充"中国西北科学考察团"团员，从事吐鲁番高昌墓地等发掘。后任北平研究院史学所、中国科学院考古研究所研究员。曾四次前往新疆进行考古工作。

向先生离此后，所中能否另派人主持考察团历史考古组事务？向君离此后，将仅余阎文儒君一人，将来必要时，所中能否另派人前来襄助？均请示知！

生夏鼐 又启

八   李 38-4-7

1944 年 6 月 25 日

孟真
　　　　先生赐鉴：
济之

　　抵敦煌后曾于五月二十八日奉上一函，谅登　记室。此间发掘工作于五月卅一日开始，迄今已达四星期。此间招募工人颇为不易，虽供给伙食并每日发工资二十元，尚不肯来，故不得已托县政府襄助，始招到工人十名，工人伙食每人日发面二斤，现已购麦子二十石（老石），计七万余元（此间现下市价每老石四千元），足维持五六个月。现款尚余十四万余元，每月开支（工资在内）现下为二万元左右，亦足以维持至年底，惟将来旅费及运输费或仍须补添若干。发掘工作进行尚属顺利，地点为县城至千佛洞间之戈壁上古坟群，现已清理七墓，另有一墓尚在工作中。此间墓葬多曾盗掘，尤以大墓几皆被盗过，已清理之七墓中仅有二小墓尚完整，其中一小墓棺木尚完好，惟殉葬品甚菲薄，仅有陶器而已，棺中尚有残绢（素绢无彩），已加采取保存。大墓规模颇宏，墓道长十八公尺，深九公尺，墓室以砖砌成；墓门上端之砖，施以五彩绘画，描画人物、禽兽，大部色彩保存尚佳，惟出土后未即拆下，晚间适有狂风，一部分色彩为风砂所刮，殊为可惜。此项彩绘花砖，其作风与千佛洞之魏洞壁画相似，时代当相差不远。墓中出二小陶罐，朱书六十六字，字体据向先生云，与六朝写本相似，其文如下（二罐文句相同，仅第三字第五字不同）：

瞿宗盈　汝自命蚕（蚕）终　寿穷美（算）尽　死见八鬼九坎　太山长闲汝自注（往）应之　苦莫相念　乐莫相思　从别以后　无令死者注于主人　祠腊社伏　徼于郭外　千年万岁　乃复得会　如律令

除此大墓外，尚有三墓亦出朱书或墨书之陶片，皆在棺中，未被扰乱者。此项有字陶器，系置于两腿之间。墓室形制与千佛洞之佛洞相近似，正室略成方形，天花板中央为藻井，主室之旁有耳洞。出土品除上述各项外，尚有五铢钱、鹅眼钱、铁钉、绳纹陶罐、波浪纹（以梳划成）陶罐及陶盆等，一切遗物皆表示其时代在汉唐之间，惟迄今尚未发现墓志，殊为憾事。洛阳出土墓志在墓室中，高昌墓砖在墓道中间，但此间已清理之墓，半数皆兼清理墓道，而墓志仍未发现，此后拟继续留意此事。此间戈壁上颇为炎热，现今午间已达百十度，故工作时间改为六时至十时、三时至七时，中午休息。闻此间以八月为最热，必要时或停工一月。至于工作计划，拟在佛爷庙附近再工作一两月，如收获不佳，则转移至南湖（阳关）及西湖（玉门关）等处工作。将来采集品运输殊成问题，拟于必要时将大部分花砖（仅略带几何纹彩绘者）及破碎陶片整理绘画照相后，即移赠敦煌艺术研究所[①]或县立民众教育馆，是否有当，尚请示知。此间艺术研究

---

① 1944年初为保护和管理敦煌千佛洞成立的机构。1950年改组为敦煌文物研究所，现扩大为敦煌研究院，科研工作更加健全，并兼管天水麦积山、永靖炳灵寺、庆阳北等石窟。

所拟请考察团襄助发掘千相塔（王道士埋葬六朝唐宋塑像残块之处），县政府请考察团发掘敦煌城东十余里，公路上陷落之砖墓二座。此二事拟有暇即允许之，代为发掘，但以所得品一部分归考察团为交换条件，是否可行，亦请示知。此间艺术研究所已呈请教育部，不准其他机关在千佛洞及其附近作发掘工作，并闻将来对于在千佛洞作研究工作或照相者，皆加限制，收取研究费。中央社摄影部罗君等三人在千佛洞照相，计工作一年另五天，现已结束东归。

其余一切，容后再陈。此上敬请

著安

生夏鼐 敬启

六月二十五日

附上花砖照相底片二张，此间无晒相纸，印出后请寄下二张。底片可暂存李启生兄处，不必再寄还。

生鼐 又启

九　　　　李 38-4-11
1944 年 7 月 31 日

孟真
　　先生赐鉴：
济之

七月廿四日接奉　真电，获悉中研院工作费尾数十万已蒙电催总处汇寄，甚感。此间工作费现下尚余十四万余元（包括向先生所得捐款及教育部津贴费），又存粮十三余石（潘实君兄之万元款已汇到）。故可维持至年底，现下并不需款，惟今日各机关多感经费支绌，常挪用他款，故工作费如能早日到手，亦属佳事。至于此项尾数之外，将来返川旅费是否尚能另筹，抑返川旅费即包括在此项尾数之中，尚请示知，以便决定工作计划。现下西北公路局又行涨价，由敦煌赴兰每人约需万元，由兰返川又需二万余元，而采集品之运费尚不在内，总计当在十万元以上，其数匪细，不能不预行考虑，以免将来发生困难。至于此间工作情形，近一月来在佛爷庙附近发掘六朝小墓十所，虽大部分尚属完整，而殉葬品不多，仅获陶罐、五铢钱、残绢、残布，而朱书陶罐亦续有出土，惟文字简单，仅有人名一排，各名之下书一"注"字或"还注"二字，有一片书月日而无年号。又在老爷庙附近发掘唐墓二座，皆系砖墓，砖有植物形花纹，乃未烧前模制，与千佛山唐洞中花砖相同；又有开元钱、铜镜及陶俑。陶俑系带釉红陶，外施彩绘，共有五十余件。其中，天王像二，高逾一公尺，置墓门两侧；人俑大者二，高八公寸，怪兽俑二，亦高八公寸，皆在置棺平台之两侧；驼俑二、马俑一、驼夫及马夫五，高亦达七公寸，置于墓室左右两壁下；又有小马俑二、骑士俑十六、人俑二十余，高三公寸余，罗列于置棺平台之前。此墓虽曾经盗掘，而陶俑之陈列位置，多未被乱，河西似未闻曾有陶俑出土，此似为第一批，姿态生动、色泽如新，又能知其在墓中之原来位置，殊可珍贵。惜墓中淤积土过多过坚，如驼俑庞然大腹中填淤土至满，陶质不佳，已行涨（胀）裂，一经剔土提取即行瓦解，虽每片皆加标志，将来凑合粘补，仍属不易。现下此间天气已热，室内达百度，戈壁上达百二十度，工人不惯于戈壁上盛暑工作，且时届麦子收获之季，刈麦工人每日五餐、工资百元，工人皆欲返乡村工作，故决定暂行停工。昨日搬来千佛山暂住，拟借此机会观光莫高窟，至敦煌而不在千佛山住几天，未免如入宝山而空返。现拟停工一月后，再返佛爷庙继续工作。近在月牙泉附近戈壁上发现古坟颇多，墓前有土墩子二，对立为墓阙，时代或与前所掘者不同，似可一试，惟墓上盗掘之迹甚显，收获或不甚丰。又向觉明先生云，此间民众教育馆有梵夹本之西藏佛经十余捆，系由千佛洞搬去，主持馆务者不甚爱惜，拟由考察团与之接洽，以新出书籍与之交换，此事是否可行，尚请示知。交换之条件如何，亦请指示。余容后陈，专此敬请

著安

生夏鼐　敬上

七月卅一日

十　　　　　　　　　李38-4-13

1944年8月24日

孟真
　　　先生赐鉴：
济之

　　接奉　孟真先生七月十二日来示，敬悉。一是工作费余数十万元，已接总办事处来电，谓已汇兰州袁翰青先生处转交，虽迄今尚未收到兰州通知，谅不久当可汇来。此事承蒙　鼎力襄助，铭感之至。向先生东归一举，经生努力请求之后，现已允许于三个月期满后，再勾留一两个月，拟于十月间东返。生请其延期至年底，工作结束后一同东归，届时如向先生坚持先行返川，则路费自当遵　命由工作费中先行垫出，请　勿念。现下极感困难之问题，为采集标本之无法运输，如寄存此间，则无人负责保管，等于抛弃，且不运回标本，返川后无法写正式报告。向先生之意拟请西南公路局或资源委员会减费或免费运回一部分，不知能办到否？最低限度当先运回兰州，再行设法运川。工作计划拟本月底下山后，在月牙泉附近之戈壁上发掘有土阙之墓，虽已被

盗掘过，或仍有残余之物。南湖（古阳关）曾于前星期前往调查，阳关故垒已无踪迹。故寿昌城则范围过大，积沙过厚，非今日考察团之能力所能胜任。南湖与敦煌之间戈壁上古坟不少，其中亦有于墓前起土阙者。斯坦因曾试掘其一，不得其门而入，中途停止放弃。生觅得斯氏试掘之墓，"探沟"之迹犹甚显明。斯氏当时无掘此项古墓之经验，探沟位置过后，故遂错过墓门及墓道，但其墓于古代亦曾经盗掘，生拟俟月牙泉工作结束后，如收获尚佳，则或再发掘此斯氏中途放弃之古墓。在离敦煌以前，拟赴西湖（古玉门关）及北湖考察汉代烽燧及长城，如无重要发现，则敦煌工作即拟结束。由敦煌东归兰州，沿途考察，必要时稍加发掘，大约明春返川，工作费可无问题，惟运输费及旅费或须另筹。闻博物院尚有西北考察经费若干，不知为数如何，足够供返川旅费及运费否？阎文儒兄参加考察团后，甚为努力，得助不少。阎君为东北人，新疆方面颇多熟人，现正接洽赴新考察，如所费不多，则敦煌工作结束后或赴新一游，考察天山北路古迹。除俄人外，在天山北路考古者甚少，此事俟决定后当再奉告。余容后陈，专此敬请

撰安

生夏鼐　敬上

卅三年八月二十四日

十一　　　　　　　　　　李 38-4-16

1944 年 9 月 21 日

孟真
　　　先生赐鉴：
济之

七月廿二日及八月廿六日来示，均已先后奉到。总办事处汇寄之

工作费十万元，已由袁馆长处转来，潘实君兄之款亦早已收到，生八月廿四日函中均曾提及，现下此间尚剩有十五万余元，兰州尚存有五万元，如博物院之五万元能寄来，则可留出一部分作运输费。生前数次函中询问将来经费情形，并非意求增添经费，实欲预知实际情形，以便量入为出，先行支配，以免结束时亏空过巨，累及　先生筹划弥补。此次西北考察团经费，一切承蒙　二先生鼎力襄助，感谢之至，惟自知才能庸劣，深惧辜负　二先生之期望。此次考察团在外一切行动，皆赖　向先生领导，考察团如稍有成绩，皆　向先生之功也，惟　向先生以家庭关系，急欲返川，虽经生坚留，仅能由八月延展至十月，即拟东归，能否再留殊不可知。如届时　向先生坚欲先返，则路费可由此间拨付。向先生之一切费用，本有胡适之先生之捐款及教育部之津贴，足够支付，惟院方如能为之另筹返途路费，即间接为考察团增加经费，自属更佳。此事　向先生谓将另有函致　傅先生，兹可不赘。关于运输问题，向先生与生皆以为宜竭力设法，至少运回一部分至兰州，春间过兰州时曾往谒西北公路局何局长（竞武），承其照拂，令车站免费运输过重行李，抵敦后曾去函道谢，并告以发现花砖事，近接其来书并附来川连史①数十纸，托拓花砖，幸最近发现唐代模制花砖，拟拓数份寄去，乘便请其予考察团以运输便利，运费扣折计算，能免费更佳，不知能办到否？同时拟将博物馆所筹之款中腾挪一部分作为运费，先运输至兰州，再观情形，或可运回一部分返川，而大部分物品则只能存放兰州，战后再运。史语所借与考察团使用之仪器，亦拟运回李庄，以其须要整理，如放在兰州，无人时常视察，将来或不可用矣。必要时，或可先将考察团结束，而生仍多留兰

---

①　四川生产的连史纸。

州数月，以生之薪贴自行维持，从事于采掘品之初步整理及记录，以便返李庄后可作临时报告。至于存放物品于敦煌，此间无人肯负责保管，政府机关主管人又时常更换，将来恐无法追究，将来起运亦极困难，故不若运往兰州为佳。至于发掘工作，亦知此时期中决不能作大规模发掘，故此次工作工人最多时仅十余人，每一墓地仅发掘数墓（最多时仅十墓），以观各墓地之时代及墓葬性质。九月一日由千佛洞下山，在月牙泉东之戈壁上工作，已发掘五墓，皆经盗掘，墓室以砖砌成，地铺花砖，有二墓壁上亦嵌花砖，砖之花纹为模制，现已得六种，四种为莲花纹，与千佛山唐洞之花砖相同（中央社罗寄梅君有信与向先生，谓有人携千佛洞唐代花砖至兰州出卖，标价二万五千元）。另有二种为动物浮雕，一为骆驼及胡服之驼夫，一为马及二马夫，后者之布局有类昭陵六骏，惟技巧远逊，但此二种似皆为花砖中所未见者。墓中亦出土开元钱及陶俑，陶俑亦有一公尺二之天王像两尊，虽已残碎，尚可凑合，塑法颇佳，与千佛山之唐塑及七月间老佛庙唐墓中出土之天王像相同，但色泽保存极佳，千佛山之唐塑面部氧化变成深赭色，此次出土者尚作肉色。一墓中出金制饰物一，重一钱许，作半月形⬭，似为 Spacing-bead［隔珠］，与埃及、巴比伦出土者相似，千佛山唐洞供养人项链两端亦有作此形者。又有漆片，上有朱书之字，惟过于残破，不能连缀成文。陶器亦出土数个，其中两罐尚完整无缺，平素无文，与六朝陶罐不同。现拟发掘至十月中旬收工，然后赴北湖、西湖等处考察。

　　其余一切，容后再陈。肃此敬请

撰安

生夏鼐　敬上

卅三年九月廿一日

十二   李 38-4-20

1944 年 10 月 25 日

孟真
          先生赐鉴：
济之

　　九月廿一日奉上一函，谅登　记室。此间发掘工作已于十月二十
日结束，月牙泉附近戈壁上之墓葬，一部分为六朝之墓，其殉葬品与
佛爷庙东之六朝墓相同，出完整陶器及陶片（绳纹者、波纹装饰者
皆有之）、漆片（一部分黑地红花）、铁剪刀、金饰［以薄片剪成，
一作树叶形　，一作甲虫形　（109 号墓出土之金饰），后者镂刻颇
工，兹以厚纸依样剪一模型寄上］。另一部分为唐代墓，即墓前有土
阙者，发现模印花砖（莲花纹、唐草纹、驼砖、马砖）、陶俑（与老
爷庙出土者大致相同），亦有天王像、怪兽俑、小僮俑及女俑（女俑
发髻有七八种不同样式，惟老爷庙墓中系淤土，涂彩多被冲洗消灭，
此间则系砂砾，色彩保存较佳，惟多已破碎，盗掘情形较甚）、玻璃
珠及碎片、木俑（亦为碎块，但有数个头部保存尚佳，木质已半朽，
以 Petrie［皮特里］常使用之 Paraffin wax［石蜡］灌浇后始能提
取）、开元钱、有字方块（未烧以前以指刻画者，一为"阴行清左
驉"五字，一为"此身非常／身此身／□□身"十字）、玉簪（和阗玉
所作，一端稍残缺）、金饰（一为半月形，前函中已提及，重一钱二
分；一为金簪，重四钱八分。二者合重逾半两。此间金价现为每两二
万八千元，所惜者，此金簪素朴无文饰，顶部作半球形，长十三公分
三）、完整陶罐、陶片及漆片等。此次未能掘得墓志，殊为怪事。墓

道多未被盗掘，曾清理数个墓道，亦无所得，墓中亦无片纸。若就有文字之物而言，此次收获可谓贫乏，但为博物馆之陈列品而言，则不能谓之失败。陶俑、花砖、陶罐、古绢为中博院所无者颇多，至于为Jewelry Room［珠宝室］添几件金饰，亦出意外。六朝彩绘花砖、唐代木俑似皆罕见，墓之形制亦多为以前所未知者。将来加以整理研究后，对于西北中古时代之文化或稍有所阐发。

发掘工作结束后拟作调查旅行，现已雇好骆驼，下星期出发赴敦煌西北调查汉代长城遗迹，不知亦有机缘碰到汉简否？调查归来即拟东返，沿途亦拟稍作调查旅行，惟西北早寒，入冬后霜雪铺地，调查恐颇困难。此次在关外多在敦煌近郭作发掘工作，不作远处之调查旅行之故，一部分由于欲掘得有文字之物（如墓志之类），以供敦煌学专家向先生之研究；一部分亦由于现下关外地方不靖，旅行殊为困难，南之哈萨常出掠劫。五月中旬考察团抵敦煌时，千佛山研究所诸人即为哈萨问题避难进城，最近敦煌附近尚发生哈萨抢劫牲口数十匹之事。六月初又发"蒙哈联军"在西北公路玉门至安西地段，埋地雷炸车辆事。最近在玉门、哈密间又发生于公路炸地雷之事，且以机关枪扫射旅客，闻地雷上有RCCC字样，为某国所接济者，故近日酒泉、哈密间汽车皆结队而行，有军队警戒车护送。此次雇驼，驼主皆不肯出雇，惧遭哈萨劫去，幸此间驻军营长系阎文儒君之同乡及少年同学，允派兵一排保护，始能雇到骆驼，困难情形可想而知。

关于采集品之运输问题，经向先生努力之结果，西北公路局何局长允许免费一吨（千公斤）运兰，现已交运七箱，计三百五十公斤，现正在赶装箱，除花砖（太多太重）外，大部分采集品可以运兰。向先生已于十月十九日离敦返川，当可面陈一切。关于将来起草初步报告及正式报告一事，最好能请向先生主持，惟向先生谦让未允，尚

请于向先生抵川后，与之商酌，请其勉为其难。生拟东返后在兰州过
冬，将已运到之物，开箱稍作整理，并作较详之记载，然后将东西留
兰，只身返川。如工作费告罄，则拟将承蒙　傅先生代生私人所筹之
补助费二万元移作此用，当可维持数月，已电告请汇兰州留交，生并
已通知萧纶徽①先生请其即汇。惟将来如果西北公路局仍允许免费若
干运川，而工作费尚有剩余，则拟一部分留兰，一部分运川。总之
除　傅先生已允之返川旅费三万元外，生决不要求增加经费一文，即
此项旅费如将来工作费尚有剩余，可以移用，则亦可少寄或免寄。阎
文儒君之东返旅费如北大不能另筹，亦可在北大津贴考察团之款中拨
支，决不向研究院或中博院要索。此事生早已向阎君及向先生言明，
向先生旅费已在此间领去二万元，其余将在兰州领取，以考察团将最
近中博院汇来之五万元留兰未汇。研究院汇来之向先生旅费，即拟俟
汇到后提出，归还考察团作工作费。向先生前次估计由敦返川旅费三
万元，现下物价又涨，或恐不敷，所差之数将来即可由工作费中代
拨，或由生将来之旅费中扣去亦可，以由兰返川似不须三万元之多
也。其余一切，容后再陈。此后赐示，请寄兰州甘肃科学教育馆留
交。专此奉达，

　　敬请

著安

　　　　　生夏鼐　谨启

　　　　　　　　　　十月二十五日

---

① 萧纶徽，历史语言研究所财会人员。

十三 　　　　　　李 38-5-1

1944 年 10 月 25 日

孟真先生赐鉴：

接奉十月五日来示，敬悉一切。向先生要求将燕［京］哈［佛］学社助款，分一部分与西北考察团之事，生亦不肯苟同，故生前数次函中皆未提及此事。此次在外工作，皆赖向先生之领导及努力，要求增加经费一事，虽未免热心过度，亦情有可原。至于其他一切过分之处，亦属个性使然，不必与之计较。来示中愤慨之言，生深知经过情形，亦有同感，惟如果向先生见及，则必又大发脾气，何必多酿一场风波，有失　先生提携后进之原意。　先生对于西北考察团之鼎力襄助，于万分困难之中尚为之筹款，生曾对向先生言之，至于向先生对史语所之误会，生亦曾代为解释，似可不必再将　尊函转寄向先生，以免增加误会，未悉　尊意亦以为然否？向先生已于十月十九日离敦返川，在此提去二万元作旅费，余款在兰州提取，以中博院最后一批汇款留兰未汇也。院方寄与向先生之旅费三万元，将来即拨还团中作工作费。此间发掘工作已于十月廿日结束，现已雇定骆驼，拟在敦煌附近作调查旅行。关外地方不靖，哈萨时常抢劫牲口，此次得当地驻军（营长系阎文儒君之同乡及少年同学）允派一排兵士保护，驼主始肯出租骆驼。此行少作远途调查旅行，此亦为一因。实则调查旅行虽属重要，然有时不能不作小规模之发掘，以求明了地下情形。此次经费不多，然仍可作小规模发掘，人力虽不够，然有向先生之领导及阎先生之帮助，亦可勉强应付。所最感困难者为运输问题，过兰时西北公路局何局长表示可以帮忙，最近已来电允免费代运一吨运兰，此问题亦告解决，凡此皆向先生之功也。生拟下月东返，沿途或稍作调查旅行，唯西北早寒，严冬霜雪铺地，调查恐颇困难。抵兰后拟勾留数月，将已运兰之物稍作整理及作较详之记载，如工作费告罄，拟即利用承蒙　代筹私人补助费之两万元，自行维持数月（已经电请汇兰留交，并曾通知萧纶徽先生）。总之除去已承　惠允之返川旅费三万元外，生决不要求增加一文经费，即此项返川旅费如工作费有剩余，亦可少寄或免寄。阎君东返旅费，生早已与向先生及阎君言明，已将北大津贴考察团之款中预留一部分为阎君旅费，决不能再向院方索款。其余一切，向先生抵川后当可面陈。又关于将来草拟初步报告及正式报告之事，亦请与向先生一商，生意最好由向先生主持，生愿尽绵薄帮忙，向先生谦让未遑，尚请再行代为请求为荷。另有一函至李庄，内容大略相同，恐　台斾仍留渝未归，故再修函寄渝。此上，敬请
著安

　　　　　　　　　生夏鼐　敬上　十月二十五日
此后赐示请寄兰州励志路甘肃科学教育馆留交

【附】阎文儒致傅斯年信

1944 年 10 月 26 日　　　　李 38-5-2

孟真夫子大人道鉴：

　　抵敦未上一禀，罪甚罪甚。谅师达人当不以此责生也。今者　觉明师东旋，夏先生与生不日有玉门关之行，归来当于二十日后。归后稍事整理亦拟东返，沿途计划考察之地址，详作铭先生函。惟考察团结束后，生本意偕眷入川至李庄读书，盖居关中已逾三年，去岁自移

家凤翔后，忙于人事之应酬，数月之内未得读书，私心忡忡，深恐废学也。故初春曾上函　夫子，急欲入川，即此故也。今者考察团结束后，若再返凤翔实违初衷，入川又无资斧，于此情况颇觉狼狈。兹者敦煌艺术研究所考古组屡邀生任研究工作，并允与移眷资斧，为期二载，生念入川入滇俱不可能，又恐学业之荒废，若居千佛洞二年，一方可整理两京城坊未毕之稿，一方又可将千佛洞之壁画详加研究，以生计划足需二载时光。俟二年后，战事或有端倪，再追侍　大人之侧，随时请益，尚未晚也。如何之处，千祈　夫子赐以南针，至盼。南望云天，企俟回音。肃此，顺颂

道安

生阎文儒再拜　上言

十月二十六日

十四　　　　李 38-5-5

1944 年 11 月 25 日

孟真
　　　先生赐鉴：
济之

　　十月廿五日曾奉上一函，谅达座右。十月卅一日出发赴西湖考察玉门关遗址，十一月一日抵南湖，在南湖居住一日，考察寿昌故城、红山口及古董滩。据地人云，去年黄文弼先生在此勾留一星期，每日率领警察及二名工人作发掘工作，曾掘得古钱及陶片云云。十一月三日由南湖出发，五日抵小方盘，即汉代玉门关故址。石、劳、向三先生均曾在此试掘。生于小方盘城北小丘上作试掘，知史（斯）坦因在此工作系打探沟，并未完全掘开，故仍可择地发掘，以时间关系，仅

工作一日，且未携带工人，仅令护送之士兵帮忙工作，结果得有字汉简四枚，其中一简有"酒泉玉门都尉……如律令"共三行三十八字。得此经验后，乃于他处见有希望者亦作试掘，大方盘北之第十七墩又掘得有字汉简二十余枚，于第廿三戊墩掘得六枚，此外尚得汉绢、苣火束、线鞋等物。又于大方盘东南小丘上掘得一晋碑，上刻"泰始十一年二月十七日甲辰造　乐生"十五字。敦煌碑碣此为最古矣。由大方盘而东沿汉代长城而行，途中遇雪，荒漠行帐中颇为冻冷，护送之兵士皆急欲返城，不肯发掘，故匆匆而行。十一月十一日越党河而东，十二日抵小西梁，逾苏勒河而北至破城子，似为清初之物，至安西属之老卷，乃折返敦煌。十一月十五日抵县城，旅行半月所得虽微，然实史（斯）坦因氏之后第一次于敦煌获得汉简也。返城后曾赴千佛山将六朝彩绘花砖，依原来样式堆砌于第九洞中，除携取九块花砖运兰外，其余五百余块皆寄存千佛山［敦煌］艺术研究所中。此物过于笨重，无法运输，现依原式复原，可供后人参考。艺术研究所常书鸿①所长面允将来于一年以内绘就彩色图一幅，以赠考察团作报告之用。关于其余采掘品，除一部分陶俑碎片拟寄存千佛山外，拟皆运往兰州。西北公路局何竞武局长已来电，允许一公吨左右免费运兰。连日忙于装箱并冲洗照相底片，大约月底以前可以东行。千佛洞于八月间发现六朝写本六十余卷，系工人于清末泥像中无意发现，虽为所中职员所察觉收归所有，然小部分为工人所匿藏携出私售。九月间，向先生由省银行王主任之介绍为考察团购得六朝写经（《法华经》残本）一卷，疑即工人所得之物。近又购得唐末五代之写本三卷（一

---

① 　常书鸿（1904~1994），油画家和敦煌学家，1943年起为敦煌艺术研究所首任所长，1950年起历任敦煌文物研究所所长、名誉所长及敦煌研究院名誉院长、国家文物局顾问等职。

卷末尾书"维摩手记",下书"张大庆"三字,当即光启元年《沙州地志》书写人之张大庆;一卷系《无量寿经》三卷,接成共三百余行;一卷有河西节度使赞词)。此三卷为一磨坊掌柜所藏,向先生在敦时,其人持前二卷来,索价六老石麦子,向先生离敦后,麦子骤涨,考察团于夏初抵敦时,购麦子每老石为三千五百元至四千元,现下已涨至六千元。考察团工作结束后,尚余有麦子数石,乃以之易换写经,再三议价,增写本一卷,换麦子三石三斗余。此三卷写本,向先生皆曾过目,除《无量寿经》为常见之物,其余二卷,向先生以为皆值得购买,临行时且曾嘱咐设法购取。敦煌写经民间尚有收藏,但已日渐减少,佳品更不多见,故生意考察团不妨购买数卷以作标本。

向先生抵兰州后曾来信二封,现下想已安抵李庄,面陈一切。生以为此次考察报告最好由向先生主编,尚乞　代为劝驾,其余一切容后再陈。此后来示,请寄兰州科学教育馆转。专此,敬请

研安

生夏鼐　敬上

卅三年十一月廿五日

十五　　　　　　　　李38-5-7

1945 年 1 月 23 日

孟真

济之　先生赐鉴:

去冬由玉门关考察归来后,曾奉上一书(十一月廿四日发),陈述考察经过情形。十二月一日离敦煌东归,由敦煌乘大车,凡行四日始抵安西,途中曾赴甜水井东约十里,有地名吊吊水,曾往一观,悬岩流瀑,当即《沙州图经》中之悬泉(即贰师泉),史

（斯）坦因以为悬泉即今之芦草沟，实属错误。芦草沟乃一小涧，与《沙洲图经》形容悬泉"侧出悬崖"实不相同。吊吊水在山中，离大路约二里，其水未出山口即绝，故一般旅行者多未注意，询之地人始知之。抵安西后，赴万佛峡考察，时已降雪数日，山谷中雪深尺许，冒雪乘马前往考察，以其地为哈萨出没杀人劫货之处，由士兵十人护送至万佛峡。其处有石洞卅余，有壁画者凡廿九洞，为五代及宋元之作，供养人及题材多与敦煌莫高窟相同。由万佛峡返踏实堡，再赴破城子及锁阳城考察，以地面积雪，即捡拾陶片，亦属不易。锁阳城附近有古墓，其外形与敦煌唐墓相同，地人有在锁阳城中拾得古钱者，曾获见三枚，皆为宋代之钱。徐星伯〔松〕《西域水道记》谓其处曾发现唐碑，碑阴为宋代曹氏所刻，似属可靠，惟其碑已佚。由锁阳城至桥子村过宿，翌日沿胡卢河至双塔堡，拟寻觅唐代玉门关遗址，未有所获。其时降雪数日，天气奇寒，气温在零下廿八度，坐大车在戈壁中旅行，殊为难受。十五日返安西城，十八日由安西乘汽车东行，有团部巡逻车护送，十九日抵酒泉。由于安西所得经验，知现下实无法做野外工作，故在酒泉专候便车，即返兰州。不幸以新疆西路吃紧（伊宁曾一度沦陷），军运急迫，公路局奉命征发三百辆车运兵西开，不仅班车停顿，即其他公商车辆亦皆被征西开。其后数日偶有车运汽油赴兰，适政府令志愿从军知识青年限期赴兰报到，各车有空位尽先搭乘。生在酒泉坐候半个余月，至一月五日始由酒泉动身，汽车沿途抛锚，四日路程乃行十二日之久，十五日始抵兰州，真可谓行路难矣。在张掖曾见及西夏乾祐七年黑水桥碑，《甘肃通志》及罗振玉《西陲石刻录》谓其碑阴乃西夏字，今见原物碑阴乃藏文，并非西夏字。在武威时，曾见及近年出土之唐代墓志数方，及西夏文感通塔碑。抵兰州后，连日为运输标本事及整理账目忙碌异常。此次所采标本共装二十六箱，计一公吨有余（约一千二百余公斤），已全数于十月及十一月中交与敦煌车站，抵兰后乃知仅运到十二箱，尚有十四箱未曾运到，以近来军运忙急，敦煌无车，故尚未起运。生赴公路局接洽，据云由兰运广元亦可免费，但不能专车运输，可俟全数抵兰后，稍加整理，然后交与路局陆续运广，抵广后暂存路局，俟全数起运到后，然后派人来广元全数提出，由水路运渝。近接向觉明先生由川来书，谓朱、傅二先生以时局吃紧，主张暂将标本留兰不必运川，但刻下时局稍松，不知仍须留存兰州否？尚请示知。如欲留存科教馆，须由院方备一公函请求代为保管；如果起运，由兰运广可以免费，由广赴渝，据向先生来信云，傅先生已与油矿局接洽代运，不知已接洽妥当否？将来抵广元后办理之手续如何？又公私物品存兰尚多（共三木箱、五皮箱、二铺盖。石璋如先生之衣箱已交其侄领去），生一人照顾万分困难，生私人行李当自行负责，其他各物之运输，除非能派人帮助，否则中途如有误失，恕不负责。又院方已汇生返川旅费三万元，且谓"中研院协助考察团之款尽于此矣"，此款供生一人之旅费及私人行李之运费，自属够用（现下渝兰车客票一万五千余元，传闻二月一日起将加价），但公家之物品及标本如此之多，虽已将工作费中提出两三万元为运费，但将来万一运费超过预算，能否补给？（此项运费，如果广渝段水运亦得免费，或可够运至渝，但渝李一段运费此间无法作估计。）标本将来多归中博院，此次运费之补给，最好请中博院负责筹划。现下朱先生为教育部长，中博院经费或较易设法，此事尚乞示知。如果运费毫无办法，则标本箱不如仍以存兰州为是。此后工作，拟在兰稍作休息后，春间（三月中）再赴兰州附近武威、临洮等作调查工作，必要时作小规模发掘。工作费除留一部分作运费外，尚余有十万元左右，用罄后即返兰州，然后动身返川。工作费决不致超过预算，且并不希望今年再筹一笔工作费。生亦急欲早日返川，接家电知家严病危，渝温交通一恢复，生即拟返里一行。留兰休息期中拟将已运到之标本，稍加整理，作一初步报告（照片、图版无法出版，或可用英文写，寄国外发表）。惟兰州房屋缺乏，现住科教馆中，室如斗大（长四公尺、阔二公尺半），放置床铺、书桌、火炉、煤筐、五只皮箱、三只木箱（已抵兰之标本箱放在教育馆之仓库，离办公室及宿舍有一里之遥），实无法打开标本箱工作，恐只能就记载本子及照片等稍作整理而已。照片添印甚昂，二寸者每张六十元，四寸者百二十元，故仅印出数十张以备草初步报告之用。兹附上四张。（一）六朝花砖墓之墓门上段，不仅彩绘生动，其所表现之建筑样式，亦颇可供参考。当时拆下时，先绘一图，图上每块砖皆加编号，拆下之砖亦加编号，共五百五十九块，由工地搬运至工作站，最后由工作站搬上千佛山［敦煌］艺术研究所中，由生亲自依照原式复原，堆于第九洞中，以期永久保存。此种复原工作，在中国考古学上恐尚为第一次。（二）泰始十一年石碑，前已将拓本奉上，兹又将当时在大方盘所摄之照相附上，可见司马氏统一中国之后，于西陲边防颇有新猷，史（斯）坦因氏在楼兰遗址亦曾发现晋代木简。（三）唐墓中所出陶俑之一斑（人俑高八公寸七，鬼脸怪兽俑高约七公寸）。（四）汉简之一斑，中央一简颇为重要，起端之"酒泉玉门都尉"一语，不仅证明汉代玉门关之确在小方盘城（蒋委员长曾亲书"玉门关"三字，侍从室曾询问酒泉专员公署以玉门关所在，以便石刻立碑，专员无法回答），且可证明汉武河西拓土，设立酒泉郡后，未划分敦煌郡以前即设玉门关，《汉书·地理志》以敦煌郡有玉门、阳关都尉，乃元鼎六年分酒泉置敦煌郡后之事。沙畹①氏以"太初二年（103 B.C.）李广利还至敦煌，天子使使者遮玉门"一事而疑太初以前，玉门关在敦煌以东，劳贞一兄之近作《两关遗址考》，乃进而假定太初以前之玉门关在今日玉门赤金峡，然汉武帝既已拓地至今日敦煌，何以设关隘于赤金峡，而弃置以西数百里于关外，颇疑最初所设之玉门关即已在敦煌以西之小方盘，汉武帝使使者所遮之玉门即玉门县，并非玉门关（《史记·大宛传》作遮玉门，《汉书》始添关字）。外国人读到 Jade Gate 即有"玉门关"之感，是以中国史家千余年来对此不发生问题，一入一字一字对译之外国汉学家眼中，即生此错觉。生曾以此意与向觉明先生谈及，向先生极赞同鄙见，其大著《两关小考》中即采用鄙说，并加以引申（闻不久将在《真理》杂志上发表，生曾拜读其原稿）。今得此简可见太初二年（103 B.C.）以前，敦煌未由酒泉分出以前，即已有玉门都尉驻在今日之小方盘。生对于阳关遗址，根据未发表之史料，亦颇有新意见，有暇当作一《两关问题的新史料》，以求正于当世之贤者。除此四张照片外，其他已印之照片（约五十张）拟作初步报告之插图，将来与初步报告稿本一并奉上。其余一切容后再陈，此后工作尚乞赐示方针，俾有遵循。春间工作，武威或可觅得有墓志之唐墓，临洮则以史前遗物著名，生曾与梁思永先生讨论此问题，兹不另赘。此上，敬请
撰安

生夏鼐　谨上　一月廿三日

---

① 沙畹（E. E. Chavannes, 1865-1918），法国著名汉学家，曾译注《史记》部分内容，又著《泰山志》《西突厥史料》等书。曾来华北地区，考察古代建筑、石窟寺和陵墓。沙畹与劳榦、向达关于玉门关的意见，参看夏鼐《敦煌新获之汉代简牍》（见《夏鼐文集》第二册，社会科学文献出版社，2017）。

十六　　　　　　　李 38-5-9

1945 年 2 月 12 日

孟真
　　　先生赐鉴：
济之

　　返兰州后即曾奉上一函，谅登　记室；并曾奉上一电，请示标本运川问题，尚未蒙复示。生抵兰以后，即将考察团去年用账整理就绪，连同单据邮寄萧纶徽先生处，请其查核一遍，然后转寄与总办事处。考察团用账至本年一月廿三日止，共达四十五万九千六百另三元九角五分。（依现下黑市计算，不过几百元美金而已。）（向先生之由李庄赴兰及由敦返川之旅费并不在内，将来由向先生直接报销，惟阎先生领去之往返旅费及治装费共四万元包括在内。）现下尚余生返川旅费三万元，又工作费十一万元有余。按此次交公路局由敦煌运兰州之标本，共达一千三百公斤左右，现下公路局运费每五公斤每公里五角八分九厘，敦兰段共一千一百四十一公里，运费达十七万四千七百二十元，故此次工作费余额，尚不及公路局所豁免之敦兰段运费总数。从前留出此数，即拟作运输一部分标本赴兰之用，今既得全数豁免，现拟移作今春考查工作之用，并拟留出一部分作运川之运费。关于阎文儒君之费用，傅先生屡次谕示中研院不能负责，关于此点生极能了解，惟考察团去年经费中研院仅占半数，现下除开阎君费用，考察团之用亦已超出中研院协款之总数，生以为此次报销，最好以考察团为本位，混合报销，只求其收支相抵，万一将来"运费"稍超过预算，可由中博院设法追补，决不令中研院再行设法筹款，如是即可适合　傅先生所述中研院无法添加经费之原意。至于用账细目似可不必分开孰项费用须由孰一机关负担，以其在理论上及事实上皆有困难，治丝益棼，徒令会计作账者头痛耳，未悉　尊意以为然否？又萧先生云捐款不可报账，不知是否指美国捐款而言？生主张考察团账目以考察团为本位，收入支出皆须分明，审计院对于捐款可以不加审核，而考察团仍须报销，否则似无以对捐款者及经手捐款者之盛意。关于标本运川问题，生前函中已曾述及，交通工具并无问题，所感困难者经费耳。如出费运输，由兰州至广元一段即须二十万元左右（东路自双石铺起，以汽油价昂关系，运费几增一倍），幸何竞武局长允许此段亦可免费。生前日往谒何局长致谢其襄助之盛意，并商洽运川问题，希望能作一次运输，本人可以随车押运，何局长谓现下车辆缺乏，西路军运繁忙，恐只能陆续运输，但又谓且稍等待数月，将来交通情况改善，一次运输并非绝对不可能。何局长对于考察团之工作颇生兴趣，睹及汉简摩挲赞叹，召集其属下高级职员传观。生拟将来继续商洽，能办到一次运输最佳，否则只能交之陆续运往广元，积存公路局中，然后亲往广元提取运渝，惟兰广一段虽可免费，而广渝一段生仍无办法。去年十月底交运之标本廿六箱，现仅到十二箱，如欲陆续运往广元，须早日交运，以免迟误，故生前电请从速电复，即由此故也。向先生来信谓，傅先生曾面告之已与油矿局商妥水运免费，生迄今尚未得　傅先生来示，不知水运免费办法如何？尚乞详细示知。又重庆至李庄一段有办法否？亦乞示知。现下运费无法作精确预算，中博院方面对于将来运费超过预算时可以追补若干？亦请　李先生示知。不得已时，拟将此项标本留存兰州，以免运费不够时筹款之困难。关于整理材料问题，生以此间居处隘狭无法开箱，只能就田野记载稍加整理而已。连日天气严寒，虽已过立春而温度仍在零下二十度（二月八日）、二十一度（二月九日），室内整理工作亦极感困难，野外工作恐须待三月中旬以后。前日往谒赵龙文厅长，赵厅长视察陇南各县，前星期始返兰州，接谈之下言及去秋在渝晤及　傅先生，曾承面托襄助考察团工作，故赵厅长允许此后仍当竭力襄助考察团之工作。

其余一切，容后再陈。肃此，敬请

撰安　并颂

年禧

生夏鼐　敬启

卅四年二月十二日

十七　　　　　李 38-5-14

1945 年 2 月 25 日

孟真先生赐鉴：

二月十四日接奉二月六日来示，越三日始接奉同日所发之来电，从前有"快邮代电"，现下则"慢电"尚赶不上"快邮"，可见交通工具之困难，可为浩叹！

抵兰州后曾连续奉上二函（一月廿三日、二月十二日），谅已达座右。关于：

（1）采集品之运输问题。自当待院长决定。生在此间接洽结果：西北公路局允许免费运至广化（元），油矿局方面须有上峰命令，可以直接代运至重庆，惟广渝一段，油矿局亦多用水运，其水运工具为羊皮筏子，较船舶稍为安全。如交公路局运，则生将来当赴广元提取，设法运渝。如交油矿局运，则可直接托运重庆，但为携带研究所公物返川，则生决不能坐飞机，但或可坐兰渝联运车经广元返渝。

（2）工作之继续问题。去年预留出一部分经费作敦兰段运费，现下此段既得免费，故尚有余款十万元有余（返川旅费三万元已除外），今春拟将此款作为考察黄河上流（包括洮河流域）及甘凉一带之用。来示谓拟再筹若干，供生今夏考察之用，令生多得锻炼，多获经验，具见提携后进之盛意，铭感之至，敢不益行努力，以报知遇。惟生意在现今情形之下，院方既以经费据拮筹款困难，而在外工作者，亦感受种种平时不会发生之困难（如设备之不周，交通之不便等等），事倍功半，费力大而成效小，可罢手时即罢手返所，不欲久留于外，但亦不敢畏难退缩。此事之关键在于筹款之难易，如果筹款困难即作罢论，请不必为此事过于劳神，勉强筹款，令生更为不安；即不添款，调查工作仍可小做，俟将去年余款用罄后，即行返川。如果筹款尚易，则以来示中所提及之二十万为限度，现已有去年余款十万元有零，再添筹十万元，即可作一季工作。现下物价几逐日涨昂，一涨即是一倍或更甚，故难作精确估计，姑依目前之物价计算，此间旅行中之食宿费，二人一日约需六七百元（乡间旅行须觅一伴），有时须警察护送，有时须雇引路人（必要时尚需雇少数工人作试掘），再加上杂费，每日约需一千元，一月即需三万元，工作可于三月底开始，四、五、六、七共四个月，膳宿杂费共需十二万元。车马费拟利用旧式交通工具，虽费用较大，而沿途考察较方便，洮河流域（兰州至临洮三日程，往返及赴乡间考察）约需一万元，沿黄河经西宁（兰州至西宁汽车二日、马车四日）至青海边约需二万元，甘①凉②一带约需三万元（兰州至武威七日程，武威出长城至镇番③三日程，由镇番经草原至甘州约八日

---

① 今甘肃张掖。
② 今甘肃武威。
③ 今甘肃民勤。

程，甘兰三日程）留二万元为预备费，故共计为二十万元（将来物价如涨昂过甚，则可将行程缩短，早日返兰），八九月间即可起程返川。生现拟不待回音，即于三月底以前先南行赴洮河流域考察，约四月底返兰州，希望四月底以前将此事即作决定。生四月底返兰时，可得 尊处通知，以便四月底再度出发西行赴甘凉一带或青海时，可预定工作范围。现下物价几乎逐日增涨，天气稍暖，即须从速进行工作，稍一迟延，则工作经费即无形中缩小矣。如果经费筹得后，能于四月底以前即汇至兰州则更佳，以今年工作富于流动性，中途汇寄较为困难也。

（3）现下室内工作情形。兰州房屋缺少，科学教育馆新舍房间不够，标本箱寄存于相距里余外之仓库中，且生所住之房间甚小（寝室兼工作室阔二公尺七、长四公尺，床榻即占去三分之一地位），无法打开箱子，故现下只能整理笔记及绘图，并作今年旅行之预备工作而已。闻袁馆长云，科教馆与省政府接洽添拨房子已有成议，不久可以实现，故将来生考察完毕返兰时，或可得较宽大之室，可以打开箱子工作，纵使敦煌采集品已全部运川，而今年考察新获之物亦须稍加整理，如果届时工作费已告罄，则生可以自行维持至九月间再行返川。生已函请萧先生将生之薪贴及美国补助费汇来兰州，惟返川旅费拟实报实销。由兰经广元返川且携带公物多件，今秋旅费或超过三万元，超出之数生可以预垫，但希望所中能预筹一笔预备费，以应付此种超过预算之款。如果所中经费实属万分困难，无法留出预备费，则请早日示知，以便生将工作费中预先提出一笔经费作预备，以免将来双方为难。

（4）前接家电，谓家父病危。闻讯之下，忧心如焚，急欲返家一视，奈交通已断，生现拟秋间返川，一俟渝温交通恢复，即行请假返里，不欲久滞西北，以免将来一旦交通恢复而工作在手，不易脱身。家父虽年近古稀（今年七秩），而身体素健，此次获疾当与去秋故乡沦陷时筹划全家避难事宜过于辛苦所致。翘首东望，泫然欲涕。

其余一切，容后再陈。此上，敬请

研安

生夏鼐　敬启

卅四年二月二十五日

前函中提及新获之"酒泉玉门都尉护众侯"一简，虽无年号，疑为西汉武帝初置酒泉未立敦煌时（110 B.C. 以前）之简，顷阅他人之文章引录史（斯）坦因所获同一遗址（FX Ⅳ）出土之"太始三年闰月辛酉朔己卯玉门都尉护众谓千人尚……"一简，官职人名相同，当同属一人，太始三年距元鼎六年（《武帝本纪》敦煌置郡之年）相差仅十五年，一人继续任职自可有十余年之久（若依《汉书·地理志》以敦煌置郡在后元年，说亦可通。惟一般意见多从本纪）。若然，则汉简中年代可大略推定者，当以此简为最古矣。

十八[*]
1945 年 2 月 25 日

济之吾师赐鉴：

顷接奉傅先生来函，谓吾　师因事赴渝，或此刻尚在渝，故修此

函奉候起居。生返兰州，曾连续奉上二函（一月廿三日、二月十二日），谅均已达座右。

一、关于采集品运输问题，已遵去秋　来示，全部运兰。至于是否运川，傅先生云将由朱院长与吾　师决定，但运费须由中博院负担云云。此事尚乞与朱院长商洽决定后　示知。

二、石璋如君存兰彩陶，已与袁翰青馆长商洽，可由科教馆代为保管；但如有意外损失，不负责任。至于点交之事，科教馆仓库原在中山林土地庙中，因宪兵通讯连要用此庙，故月前将库物（包括考察团之箱子）暂移入一小殿中。地方小而黑暗，不易打开箱子。现下科教馆与省府接洽添拨房子作为仓库等之用，已有成议，不久可以实现。俟搬入新仓库后，再行打开箱子点交。

三、工作继续问题，去年预留出一部分经费作敦兰段运费，现下此段已免费（如果全费，敦兰段即须十七万余元），故尚有余款十万元有余（返川旅费三万元已除外）。今春拟将此款作为考察黄河上流（包括洮河流域）及甘凉一带之用，夏间返川。傅先生来示，令生再作一季，秋间再返川，经费俟傅先生三月中旬来渝时当再筹划。在现下情况之下，设备不周，交通不便，田野工作实在困难，故生不拟在外久留；但傅先生如能筹得经费，生自当遵其命令，工作至秋间返川，否则亦可以去年余款作小规模之考察工作。中博院除标本运费外，不必为考察团另筹经费。运费如无办法，标本可以留兰。惟关于今春工作计划，吾　师如有高见，尚乞早日　示知，俾便遵循。

四、前接家电，谓　家父病危。闻讯之下，忧心如焚，急欲返家一视，奈交通已断。生现拟最晚当于秋间返川，一俟渝温交通恢复，即行请假返里，不欲久滞西北，以免将来一旦交通恢复，而工作在手不易脱身。　家父虽年近古稀（今年七旬），而身体素健，此次获

疾，当由于去秋故乡三度沦陷时筹划全家避难事宜过于辛苦所致。翘首东望，泫然欲涕。其余一切容后再陈。此上

　　敬请

研安

　　　　　　　　生夏鼐　敬启

　　　　　　　　　　二月廿五日

十九　　　　李 38-5-15

1945 年 3 月 12 日

孟真先生赐鉴：

　　二月廿五日奉上一函，系寄至刘次萧①先生处留交，谅已登　记室。日前接奉廿四日由李庄来电敬悉一是，关于今年工作计划及预算，已详前次函中，兹不另赘。惟最近一月来物价波动又甚利（厉）害，各物皆狂涨不已，前次预算已须增加百分之五十。但前函中已言明依现下物价之情形难作预算，工作费一罄，生即返兰候车赴川，请勿限以时日。又对于工作收获，亦请勿　期望过奢。生本星期三即拟赴兰洮公路一带考察，下星期即赴洮南工作，大约四月底以前返兰，然后西行。敦煌采集标本箱仍有十四箱未到（十月底交运，已逾四个月有余），以军运繁频，敦煌公路局无车赴酒泉，只能静候之而已。运川与否及运法如何？与朱院长商定后，尚乞示知。袁翰青馆长已赴西安（为接收教育部社教工作队西安分队事），大约本月底下月初返兰。关于开箱整理一事，恐只能待之夏季工作完毕返兰之后。科教馆现下馆舍过狭，其新添

---

　　①　刘次萧，时为中央研究院总办事处工作人员。

职员均不能搬入馆中居住，生以馆外人能得宿舍一间居住已属不易。兰州房屋缺少，科教馆已觅得新仓库，馆舍亦在设法扩充中，秋间或有办法。

　　其余一切，容后再陈。此上，即请

旅安

　　　　　　　　　　　生夏鼐　敬启　三月十二日

二十　　　　　　　李 38-5-17
1945 年 3 月 26 日

孟真先生赐鉴：

　　先后接奉二月廿三日及三月九日来示，均已敬悉。阅报知院务会议将于廿二日开会，谅已　安抵陪都，李先生亦仍在渝。关于标本运输及今年工作经费问题，尚乞　代为请示朱院长，早日示知。关于来示所提及诸点，兹敬逐条答复于后。

　　（1）敦煌艺所常所长系法国留学画家，对于佛教艺术及佛教史等，自非其所长，但艺所之目的，若仅在保管古迹及临摹壁画，以广流传，则常氏对于此点大致尚能尽责。其办事方面尚能认真，惟有时未免过于小气，且应付人事方面，稍欠手腕，曾无意中得罪某先生数次，某先生曾于背后大骂之，常君亦知之，曾对生言，某先生殊难伺候也，此为生之所知者。现下行政院已明令裁撤敦煌艺所，不知善后办法如何？生曾见及高一涵①、张道藩②二先生，对于此事皆表示不

---

① 高一涵（1885~1968），政治学家，时任国民政府监察委员等职，1949 年后，历任南京大学政治系教授兼系主任、江苏省司法厅厅长、政协副主席，全国政协委员等职。

② 张道藩（1897~1968），原从事美术教育，从政后成为"CC 系"骨干人物。时任中国国民党中央宣传部部长，后去台湾。

满，以为如许小款（去年经费仅二十余万元）何尚吝而不与。甘省教育厅郑西谷厅长在省参议会中已明白表示，如果中央放弃，则教厅决定接办，规模或须缩小，但决不任之无人管理，以致再遭损毁。生闻卫聚贤①君拟于今年组织一"说文社敦煌考察团"，此君廿九年来敦时，曾挖取壁画数小方，携回四川，现在被挖之迹尚存。又闻张大千②君今年拟再来西北，其目的地为新疆之吐鲁番及库车，但或许再赴敦煌一游。中央博物院不知亦有意于彼处设分所否？

（2）关于去年账目，诚如来示所云，中研院所占经费绝非仅半数。但生前函原意欲请求不必计较阎先生之旅费问题，因为去年十月间接到 尊处来电谓"北大研究生一切费用，本院不能负责"，向先生知之大怒，阎先生亦觉不满。曾对生云"我变成走私品矣"。荒漠中之工作站，竟起风波，经生再三解释，告以中研院不能负责，原曾经傅先生声明在先，但考察团决定绝对负责，以考察团之经费来源，尚有中博院及北大二处，可以报销也。生恐此问题在李庄又引起风波，故前函指出此点，原意在息事宁人，并非辜恩忘德，嫌中研院协款过少，实则以三机关合作之考察团，纵令仅占半数，亦已属不易，何况已超过半数。生一时疏忽尚乞 原宥。〔经费来源之百分比，自当以详细之账目为凭，生忘记将向先生之数（七万五千余）加入，故误以为本院协款仅三十四万元与他二处之廿六万，相去不远，为行文方便计，故言"占半数"，据生之印象，吾国文字中之所谓"半数"，并非50.00%，乃"十分之五左右"而已，始相信以旧日文字，甚难写作精确之科学论文，以易引起误会也。〕

（3）关于今年工作计划，生已于前星期赴兰州西南三十里之西果

---

① 卫聚贤（1899~1989），时为重庆《说文》月刊社负责人。
② 张大千（1899~1983），国画大师，曾自费去敦煌千佛洞临摹壁画300余幅。

园调查，计有彩陶遗址三处：①曹家嘴（卫聚贤、何士骥二君曾试掘过）；②土门后山（何先生曾来过）；③青岗岔（为新发现者），曾捡得彩陶片、石斧、石刀、骨钻、陶环，将来或可加试掘。本星期内即拟出发赴临洮一带调查，四月底以前返兰州。近闻行政院令此间建设厅及地质调查所组织祁连山（南山）考察团，约六月间出发，南山在汉初为月氏之活动地，此带尚罕有人做过考古工作。史（斯）坦因氏仅在酒泉及张掖间南山工作，此次路线，闻拟注重张掖、武威之间，生已往与建设厅张心一厅长及地质调查分所王曰伦①主任接洽，据云大约六月间出发，如能自筹经费（每人约需十余万元），欢迎参加合作。此事待临洮考察回来再决定，但可否请予生以改更调查计划之自由（即可以放弃甘凉北边草原，改而作调查南山内草原），尚乞　示知。

此外尚有二事，尚乞　示知。

（1）此间水利公司襄理赵敦甫先生，有西夏字刻经二卷（系《大方广佛华严经》卷七十七及七十八，前者共二十张，折成一百页，后者原有二十三张，现缺四张，尚余十九张，折成九十六页，系邓隆在宁夏所得者，邓氏殁后，始散佚于外。赵先生去年以四千元购得），颇有出售之意，愿依原购价格稍行提高（以法币跌落甚巨，否则将不够本）不知史研所有购买之意否？最高价格多少？以便生再与之接洽。另有一人有西夏文刻经五本，亦系宁夏出土。北平图书馆袁［同礼］馆长已托赵先生与之接洽，但索价颇昂，且其人已赴河州②，下月始返兰。如果北平图书馆不欲购买，史研所是否欲购？能出价多少？如

---

① 王曰伦（1903~1981），地质学家，时任地质调查所西北分所主任。1949年后，曾任地质部天津地质矿产研究所所长，当选中国科学院院士，获得国家自然科学一等奖。
② 今甘肃临夏。

在万元以内，考察团可以购买，但是如须数万元，则恐须另筹款子。

（2）陇右金石向无专书，去年临洮张鸿汀^①先生刊行《陇右金石录》，计目录一本、本文十册。_生处现有一部，乃张先生交与向先生赠送北大者，向先生无法携带，故仍存兰州。_生曾往谒张先生，请其赠送史语所一部，据云已有一部托人带渝送赠，如果尚未收到，可以补送一部，尚乞就近查明示知，以便前往接洽（此书或许仍在总办事处）。

其余一切，容后再陈。专此敬请

旅安

_生夏鼐　敬上　三月廿六日

又启者：关于购买羊皮袍统一事，_生自当效劳。兰州白二毛颇佳，质轻而毛长，仅次宁夏二毛一等，_生曾打听价格，男袍一件现下约需万二三千元（去春仅需五六千元，去冬已涨至八九千元）。惟已届春季，旧货多已售罄，间有存货亦属经多人拣选后之余馂，质料较劣，新货于阴历四五月间出现于市，物多价廉。兰州制皮者几皆为回教徒，_生识一安姓者，据云可以定制，阴历四五月间交货，货价当较皮货店出售者为廉。吾师如不急需此物，自以定制新货为佳。尺码大小请先示知，以便令之依指定之尺寸制缝统子（此事可将旧皮袍交与裁缝工一量即知）。普通皮货店所售者，尺寸大小不一，小者将来须添购补上，颇为麻烦，而过大者又须裁去，耗费物料。黑羊皮马褂，询遍兰市，皆无此货，以皮马褂早已 out of date ［过时］也。如欲定制亦可，价格在万元以上（依货色及大小而定，但至少亦须万余元），购否亦请示知。至于携带问题，皮统较轻，大致不成问题，且

---

① 张维，字鸿汀，生卒年不详，临洮当地耆宿。

有便可交熟人由飞机带渝，不得已时可以航空邮寄，货价可以先垫，请 勿念。此上，敬请

研安

生夏鼐 敬上

三月二十六日

二十一   李 38-5-18

1945 年 4 月 2 日

孟真吾师赐鉴：

三月廿六日曾奉上一函，谅已早登 记室（原系航邮，以次日有班机，工友投邮过迟，故改请沈君怡先生带渝转交）。翌日阅《大公报》登载院务会议已开会，以为即可得 尊处来示，故稍迟数日出发，但刻下仍无消息，急不及待，已雇好牲口定明晨动身，先赴洮河，再赴临洮，大约四月底以前返兰，此后来示仍请寄科教馆留交。

标本箱仍有十四箱未到，已请公路局代为电催。运川与否候朱院长决定，今年经费能得若干自属最佳，否则亦可就去年余款小做，今秋决定返川。

闻翁咏霓①先生不久将来西北，可否请预先在渝与之接洽，将前次来示所托购之羊皮统子一件，请其返渝时带去。要人坐飞机可以稍多带东西（如能再代带公私物品一两皮箱则更佳，恐不易办到）。接洽妥后请即示下，以便生返兰时前往接洽。

---

① 翁文灏（1889~1971），字咏霓，地质学家，曾主持地质调查所十余年，对地震地质学卓有贡献。从政后，居于高位，1948 年出任国民党政府行政院长。1951 年自法国返回祖国。

阎文儒兄拟就敦煌艺所之聘，闻曾有函致 尊函（处）征求高见。此次敦煌艺所裁撤，阎君来函拟随生赴甘凉一带考察。今年经费困难，生与之约法三章：（1）凤翔、兰州间往返旅费，考察团概不负责，将来旅费报销以去年已领去者（二次共四万元）为限，账目可直接向北大报，生可作证明人。如有不够，考察团不负责，亦不代垫；（2）考察期内，阎君之薪贴一切，由阎君直接向北大接洽，考察团不负责，亦不代垫；（3）阎君与生皆为考察团旧人，今年不再发治装费（惟鞋袜之类须要补充而为数甚微者可以通融）。如能答应此三条件，则可以前来参加，生意若能办到此三条件，则所费者有限，较就地雇人为省，就地找人不易，若不可靠，损失更大。乡间考察原需要一助手（二月五日尊函中即云一人旅行可觅一伴）。此事是否有当，尚乞示知。整装待发，潦草之处尚乞谅之。

敬此，即请

旅安

生夏鼐 敬上 四月二日

二十二　　　　　　　　　李 38-5-19

1945 年 4 月 2 日

济之吾师赐鉴：

抵兰州后曾先后奉上三函，迄未得复，殊为念念。

博物院存兰之陶罐，已点交与科教馆，且已将清单寄与石璋如兄。袁馆长之意，请中博院来公函托其保管，此间复文表示接受，并附去清单，此事可告一段落。尚乞早日办理，以清手续。

今年工作计划，拟注重旅行考察，必要时稍作发掘，明日即动身赴洮河、临洮，大约四月底以前返兰，然后赴甘凉边外镇番等处考察。关于应注意各点，有暇尚乞　赐示。

闻高晓梅①兄有肺病征象，石璋如兄得心脏病，梁思永先生胃病又发，何考古组之不幸也。

去年采集标本是否运川？中博院能否筹足运费，尚乞　示知。以上敬请

旅安

生夏鼐　敬上　四月二日

---

① 高去寻（1909~1991），字晓梅，时为中央研究院历史语言研究所副研究员，1949年去台湾后晋升研究员，并曾任所长，主要贡献是辑补出版梁思永未完稿《侯家庄》考古报告。

致　傅斯年　21通

（1945年6月~1948年5月，西北考察结束后）

一　　　　　　　　　　　　　李38-5-21

1945年6月11日

孟真先生赐鉴：

前次班机曾奉上快信一函，报告此次临洮工作经过，又托西北图书馆刘衡如①馆长带奉羊毛皮桶一件，谅已均达　座右。顷接六月五日来电，敬悉一切，兹将有关各事，敬陈于后。

（1）标本存兰问题。敦煌标本二十七箱，临洮标本五箱，石、向二先生所采标本三箱，现下运川恐极困难，既决定暂行存兰，自当遵命办理。已与袁〔翰青〕馆长商洽，即存放科学教育馆仓库中，秋后返川时至多提取小部分装成一箱，随身带川。惟存兰之部分，似亦须要正式函请科教馆代为保管，取得复文，以为凭证（石君代中博院所购陶器十一箱，最近已由生点交与科教馆，取得保管收据）。因数年之后，人事方面或有更动，如不经过正式手续，将来查询提

---

① 刘国钧（1899~1980），字衡如，图书馆学家，时为西北图书馆首任馆长，后任北京大学图书馆学系教授兼系主任、北京图书馆顾问等职。

取，或生困难。此项手续由何机关出面，尚乞示知，以便离兰返川以前，将其办理完竣。（如由总办事处或史言所出面，即请径函科教馆，请其代为保管，箱数由生点交。如由中博院出面，则请通知中博院，或由生处通知中博院亦可。）

（2）川（秋）后运川物品问题。公家之仪器，秋后当即带回川，以便缴还所中。又用剩之药品及文具颇多（现价当值三十余万元），亦拟带回川中。惟考察团所置办之零星物件（如铁铲、铜壶之类），则拟置放兰州。关于私人物件，石先生存兰之物，已大部分点交与其侄石杰君（在兰州储金局做事），仅小部分托生带川。向先生尚有铺盖及衣服一捆、书籍一木箱，生近接向先生来信，嘱将书籍邮寄昆明，生拟将来陆续邮寄，寄费约数千元即由考察团负担。

（3）关于经费及工作计划。今年能有十五万元经费（去年余款尚有五万余元），大概可以维持至秋间，惟刻下物价波动甚剧，无法作精确预算。生由敦来兰时，面粉仅二十余元一斤，赴洮时亦仅涨至三十元，不料连月无雨，旱象已成，现下已达九十元一斤，大米每石已达二万八千元。生之工作计划，即以经费为限度，款罄即返兰，候汇旅费返川。工作费可望不超出预算，款罄可提前结束。惟由兰返川旅费及运费，尚乞代为设法（秋间恐须五万元以上）。博物院今年闻亦有西北工作费已呈请教部拨付，但能得到若干，尚未可知。如能得协款，则将来旅费及运费或可在博物院协款中支出。至于工作计划，以甘凉一带为主，惟天气已热，戈壁中已难工作，草地及山地或尚可工作，黄河上游西宁一带拟加放弃，以青海省境内非得省政府特别许可，不能入境工作，甘肃建设厅及地质调查所合组之祁连山考查队，本拟六月一日出发，以青海省政府未有复文，至今尚未能出发也。闻青海当局对于中央所派之调查人员，尤其是浙江人，猜忌尤深，恐办理入境手续及在乡间工作，皆感困难。如果甘凉考察完毕后，尚有余款，拟赴河州及拉卜楞一带考察。沿大夏河一带，尚未有人作过调查工作也。秋后决定返川。

（4）阎文儒君问题。前函中已经述及，阎君近有信来，谓决定五月底赴西安候车来兰。但迄今尚未抵兰。生拟下星期出发赴凉州，向觉明先生亦有信来，希望阎君能参加甘凉一带之考察。生以为如果不影响原来之预算计划，自可答应其前来参加。至于是否一同返川，视中博院能否允许在其协款中支付阎君只身来川之旅费与否而定，生已函李主任商洽。

（5）西北图书馆拟于七七成立周年纪念出一刊物，名《西北学报》，函生索稿。因生托刘馆长携带东西赴渝，故对于此事，不便拒绝，乃将读张鸿汀近著《陇右金石录》时之札记，草成《陇右金石录补正》一篇以塞责。拉杂成篇，仅资复瓿而已。刘馆长曾示意能否将此一年来之调查发掘写一简单报告，在其刊物上发表，生以此项报告应在遣派机关（中研院或中博院）刊物上发表，故已加婉拒。（史语所从前所中同人不在外间刊物发表文章，近年来已打破此向例，谅不以生此举为开一恶例。）

（6）刘馆长又示意能否于离甘以前，将采集物择要展览，俾甘人有机会获睹甘肃出土之古物，生答以人力及经费两绌，无法展览。刘馆长谓西北图书馆可以负责派人帮助，即可在其馆内陈列展览，生答以此事须呈请所中，俟批准后始能答应。生曾遇及此间官绅数人，皆示意希望能择要展览，生皆加婉拒，此事是否可行，尚乞示知。

专此，敬请

研安

生夏鼐　敬上

六月十一日

二　　　　　　　　**李 38-5-22**

1945 年 6 月 14 日

孟真先生赐鉴：

　　返兰后曾于五月三十一日及六月十一日奉上二函，谅登　记室。自接奉微［五日］电后，工作费（十五万元）亦于翌日汇到，顷已领出汇寄武威，并拟下星期即出发赴武威。微电中所提及之函，迄今尚未收到，不知由于邮程迟延抑由于事忙尚未写就寄发，亟盼能于离兰前接到，以便一切有所遵循。

　　昨日接到曾昭燏先生通知，谓中博院今年西北考察费，经理事会通过四十五万元，当即呈请教部拨付，现已经教部批复定为三十万元，故今年工作费尚属宽裕。中博院协款除一部分留作返川旅费及运费外，其余皆可供今年工作之用，故生拟将前函奉陈之事再行提出请求，尚乞　俯允为祷。（1）向觉明先生前二年之费用以不肯报账之故，既已全部退还与中研院，但向先生亦系穷书生，私人负担此款，亦殊困难（闻向先生以赴昆旅费无着，现仍暂留李庄），且外间不明真相者，或误会以为中研院电召向先生由滇来川赴西北工作，结果乃不认账（事经辗转传述，易失真相，吾人又不能逢人即诉说此事，报告真相），与中研院声誉有关，但公款不能不报账。查考察团曾由向先生交来美国捐款（胡大使捐得，指定供向先生西北工作之用）伍万元整，尚未报销。生拟将此款退回与向先生，以补偿其所垫付之费用。至于向先生如何报销或简直不报销，皆可由向先生自行与北大接洽决定，与中研院无关（捐款或可不报销，即报销手续亦较简易）。中博院今年协款颇多，再加上本所工作费，支出此五万元款后，亦不致影响工作，如认为可行，请即示复，以便遵照办理。
（2）阎文儒君（以北大名义参加）拟继续参加甘凉一带调查工作，并谓五月底赴西安觅车来兰，但现仍未抵兰，或由于觅车不易，致稽行程，生拟下星期即出发赴甘凉一带工作，阎君或可随后赶来，以便一同工作。阎君来函又云，拟于工作完毕后，只身偕生一同赴川，以便襄助草写报告。生允代为设法筹划旅费，视接洽结果如何，再行决定。现下中博院协款既属不少，拟即划出一部分作为阎君返川旅费，已请示李主任，俟得复示后即可决定。此事谅可得同意。

又标本箱既决定暂存兰州，则今秋田野工作结束后，今冬拟在兰开箱整理，以去冬匆匆装箱，实物之记载不详，且未绘图，返川后无法写报告也。至于在兰整理时期中之费用，除在今年工作费中划出一部分外，亦可私人自行维持，但西北考察工作决定今年结束，至于今年工作经费，除返川旅费无把握外，其余决不致超过预算。

前托西北图书馆刘衡如馆长带上羊毛皮桶一件，谅已察收，不知亦合用否？余容后陈，专此敬请

研安

生夏鼐　敬上
卅四年六月十四日

三　　　　　　李38-5-23
1945 年 7 月 18 日

孟真先生赐鉴：

接奉冬［二日］电及六月廿九日来示，获悉　贵体欠和，血压过高，幸服药后已渐降低，尚乞继续休养，善自珍摄。胜利在望，抗

战后复兴工作领导需人，不仅史语所兴衰所系也。来示各节兹答复如下。

（一）今年工作费当无问题。除史所外，中博院亦协助三十万元，虽物价高涨，当可维持至年底。但仍如来示所嘱"可以工作为本位，不必以钱为本位。"……

（二）向先生退款事。顷接曾昭燏先生来函，谓李庄史语所将向先生退款五万元仍还与向先生，但向先生立刻又退去。芮逸夫先生托曾及王（天木）去劝均无效。生前函曾通知生已将去年考察团未报销之美国捐款五万元退还与向先生，由曾先生转交，并请曾先生就近详加劝解，结果如何容再函陈。若向先生肯接受美国捐款之五万元，则中研院可以不必再三退还向先生之退款。据生所知，此公性情执拗，赌气必赌到底，他不必肯再受中研院名义之款，今以美国捐款偿还之，不失为一调解办法，不知亦能生效否？

（三）阎文儒君之事。阎君仍未来甘，顷接敦煌常书鸿所长来函，谓已函聘阎君为研究员，并寄去九万余元旅费，请其来敦煌，不知结果如何？若阎君仍欲与生一同入川，则生当与之言明，仅能有考察团津贴个人入川旅费（由中博院协款中支付）。入川后之薪水、米贴、生活补助费等，史所皆能负责，北大能否支付，亦请其自行直接向北大接洽。

（四）皮桶一事。此件皮桶系一相识之回教皮商安姓者所介绍，乃其友人之物，系去年之货，故价钱便宜（去年羊皮每张三百元，今年须千元以上，此件皮桶约需十张羊皮，另加缝工及盈利），当时索价万余元，后让减为万元。（近日粮价高涨，百货皆昂，此项皮桶，已需二万元左右，然较之麦价由每石二千余元涨至万余元，仍算并未大涨。）至于汇来之款，始终未曾接到，袁先生处曾否收到此款，已去函询问，此纤细小款，请不必挂怀。（此次中研院十五万元汇款，亦由科教馆代收，后来生接到电报通知后询问，始知款已汇到二日，或许此万元款亦然。）

（五）此次西北工作成绩平平，承蒙奖誉，益觉愧惭，此后不敢不继续努力，以副吾师之雅望。今冬返兰后，拟在兰稍作整理工作，以便返川草写初步报告。但正式报告之草创实多困难，因陶器多破碎之件，须在博物院中整理修补后，始能绘图照相（如 Aurel Stein ［斯坦因］、Woolley ［吴雷］ 等皆在 British Museum ［不列颠博物馆］ 中整理修补装裱数年后，始能写出正式报告）。绘图照相后始能写正式报告，若摒弃此项材料，即不能算为正式报告。在兰修补陶器，不仅无此项技工，且修补后将增加将来运输之困难，陶罐较之陶片，不仅易碎，且多占体积，运输不易。故只能择重要者完整者，先行绘图照相，返川后再参考文献。作一初步报告。至于升级问题，生并不在意中，一个曾经浸淫于国外学术空气中之人，当知 Fellow of Academy ［研究院研究员］ 之标准，故仅希望本院研究员标准之能维持（或提高）至一定之高度，而并不希望自己之侥幸获得，滥竽充数。惟吾师提携之盛意，自使生感激不尽也。

（六）敦煌艺所事。顷接常所长来函，谓"最近孟真先生连同润章①先生曾来电嘱继续负责，并拟保持原状，惟尸位三年，毫无功绩，若再蝉联工作必多遗误，故鄙意甚愿中研院能另派专员来此负责接办，较为妥善"云云。生已去函请其勉为其难，勿萌退志，并告以撤销一事乃中央设计局所决定，教育部及中研院事前并无所知；及国府命令中研院接办后，中研院竭力设法恢复其经费及名额，煞费苦

① 李书华（1889~1979），字润章，物理学家，曾任北平研究院副院长，时兼任中央研究院总干事。

心，始得成功。吾　师对于此事亦尽力襄助，始获此结果，劝其体谅中研院之一番苦心，继续主持所务为盼。……

由兰州来武威后，曾赴松山草原考察。明时为蒙人所据，万历中田乐破虏后，另筑新边墙，包括松山于内；清时为藏民游牧之地，现为军政部牧马场所。但考察结果，仅有明代之城堡及烽燧，未获更古之遗址。现已返武威，不日拟赴永昌及镇番之游牧草原调查，如有所获当再奉陈。延安之行，亦有结果否？敌人之溃败已为时日问题而已，但胜利是否属于吾人，殊成问题也，政治及经济方面皆不容人乐观。专此敬请

研安

生夏鼐　敬上

七月十八日

关于千佛洞保管委员会人选，有向觉明先生在内，殊为欣慰。因向先生曾侧闻委员会中无其名，曾向生大发牢骚，今读来示，始知向先生在内，当可少减其气愤。惟将生亦列入，似觉不伦不类。生迄今未接通知，如确有此事，尚乞　代为设法辞去。

四　　　　　　　　　　　Ⅰ－1268

1945 年 8 月 19 日

孟真先生赐鉴：

由永登至武威后，曾奉上一函，谅已达　座右。七月底由武威赴永昌皇城滩考察，有元代永昌王避暑宫遗址，其地乃当时永昌王之放牧处也。其时，阎文儒君由陕来参加考察团，遂一同赴武威北之镇番

县考察，八月十一［日］晨由镇番县城出发，行二日抵红沙梁，已在长城边外，附近戈壁中有连古城及三角城废址，当即前往考察，并在三角城稍作发掘，知连古城为唐代古城，于其城捡得开元钱十余枚，陶片亦为唐代灰陶；三角城则属于安特生所谓沙井期，掘得沙井期彩陶及铁片，知已属铁器时代。安氏初以为金石并用期（公元前2000~1700年），自属大误。后来自行修正为铁器初期（公元前600年），较为合理。又于三角城侧捡得五铢钱，及三棱铜镞及汉代陶片，颇疑属于汉代所雇之异族戍兵所居，否则当为秦汉时异族所居，汉代继续居住其地。安氏修改后之公元前600［年］之说，恐仍嫌过早。现已返镇番城，拟明日西行至沙井、黄蒿井等处，沿凉、甘边外草原考察，如有所得，当再奉陈。日本投降之消息，今日返城始知之，八年之抗战得如是结束，诚属欣幸。生现拟仍照原来计划，继续工作，惟以甘肃今年旱灾，入夏以来，此间麦价每老石由六千元涨至二万五千元，未免影响工作经费。且生以抗战结束，急欲返里省亲。一年以来，未接家信，仅去冬得老父病危一电，今抗战结束，交通不久即可恢复，预计此间工作，十月间即可结束返兰。冬间留兰整理一事，拟即作罢论，先返所销差，然后即请假归家，惟不知所中何时搬回南京，生返川抑径返南京？尚乞示知，俾有遵循。又公家物品，除标本箱全部留兰外，其余物件，亦拟一部分留兰，待将来与标本箱一起运南京。现下公私搬运皆极忙迫，恐交通方面或更困难，是否有当，尚乞复示。工作结束后，阎文儒君仍返陕，旅费前曾领去二万元（北大款），可以够用。生之返所旅费，拟即由工作费（中博院款）中支付，如有不敷，私人可以暂垫，将来由中博院或所中偿还，现下可以不必另筹，以确数仍难预行估计。但抗战胜利，百物跌落，旅费当不致过巨，来示请寄武威东小井子七号西北畜牧公司汤象龙先生转，如能同时寄一副本与兰州科学教育馆留交则更佳。

专此，敬请

研安

生夏鼐 敬上

八月十九日

五   I-1271

1945 年 9 月 11 日

孟真先生赐鉴：

七月十七日及八月二十日先后奉上两函，谅登　记室。生在镇番工作一月有余，已于昨日返凉。自镇番三角城返县城后，旋赴沙井工作，掘得沙井期陶器四十余件（其中彩陶八件）、三棱形铜镞二件。沙井期墓地毗连处，即有汉代遗址，有灰陶片及五铢钱。后在六湖墩、小西湖、黄蒿井及永昌三角城调查，皆有沙井期红陶及汉式灰陶片。生前函中谓沙井文化当在战国及汉初，似较安特生之说为较近于事实。沙井墓地除三棱形铜镞外，无汉式之物，陶器无汉式灰陶，或由于所掘之墓地为沙井文化前期，当时汉代文化势力尚未及此地；或由于墓中殉物富保守性，即在汉代文化已及其地之时，土人葬俗尚仍旧贯，不肯以输入品为殉葬物也。生自镇番工作结束后，已于昨日返武威，拟于日内赴甘州调查，在甘、凉一带再工作一月后，大约十月中旬可以返兰州。如届时经费尚有剩余，生或溯黄河赴西宁一带调查（镇番姚县长系青海省政府总参谋之公子，承其介绍与青海省政府驻兰代表接洽，入青海调查可无问题）。但天气已寒，青海地势较高，届时恐已地冻不能发掘，仅能考察调查而已。生前函谓已将此间所存尚未报销之胡适之先生代募美国捐款五万元退还与向先生，生返武威后始知向先生又将此五万元退还，汇来武威，并来一函云：去冬向先生在敦煌所领旅费三万元，愿归诸胡款内报销，令生将去年代领中研院给向先生旅费三万元，改为工作费，由生向中研院报销。又向先生存兰书籍，生曾邮寄昆明一部分，包扎邮费等共费二万元，向先生来函令亦由其在胡款中报销，故以为"三万之外二万亦可不寄"，若然则胡款全数由向先生报销，此间已无胡款。生以考察团结束在迩，账目方面生返所后即应将生所经手者全部清理报销，以清手续。向先生来函所云，亦不失为一办法，故决定不再提此间之款退还与向先生，并已复函与向先生说明此事。至于向先生退还与中研院之款，据闻萧纶徽君曾交还与向先生，而向先生又立即再退与中研院。前次尊函谓中研院决无接受向先生退款之理，"虽然他不肯受，以后总要设法退给他"。未悉现下作如何处理，有便尚乞　示知。又现下抗战已毕，生接家电以双亲年迈皆已逾古稀，身体不佳，亟盼生早日旋里省亲，生不知史语所何时返都？此间工作结束后，生径由陇海、津浦线返京？抑先返四川，然后随所返京？考察团物品除标本箱全部存兰外，其余文具、仪器、药品、杂物等，是否亦可大部分存兰，以待将来与标本箱一起运京，一切尚乞从速　示知，俾有遵循。又在南京之史语所通讯处决定后，即请示知，以便电告家中，有事可以直接函寄彼处留交，以免失去联络。生日内即赴甘州，其余一切容后再陈。专此，

敬请

研安

生夏鼐　敬上　九月十一日

此后来信可寄兰州甘肃科学教育馆　留交。

六　　　　　　　　　I -1270

1945 年 10 月 5 日

孟真先生赐鉴：

　　前于八月二十日及九月十日先后奉上二函，谅已登　记室。生于九月十四日由武威出发西行，翌日抵张掖。十六日赴张掖西之所谓"黑水国"遗址调查，公路贯遗址而过，路两侧陶片及碎砖颇多。闻马步青军长在此以兵工筑路时，同时挖古［墓］，所掘之墓葬达数百座，皆为汉代砖墓。后以所掘之砖铺路面，由崖子村至沙井，长达十余里。（或谓铺路之砖系拆毁古城垣而得，实属传闻之误。）附近有二古城废址，皆在沙碛中，现下已无居民，城垣皆系板筑之土墙。其中之一（俗称北城子），当即汉之骊得故城。《太平寰宇记》云，骊得故城在张掖西北四十里，与今日之废址距张掖之里数及方向正合。马军长所盗掘之墓坑，今尚显露可见，皆为汉墓，规模可观，以骊得为当时之郡治也。生试加发掘，居然发现一未经马军长盗掘之汉墓，其中之殉葬品，多与中原相同，计掘得瓦灶、瓦屋各一，陶壶、陶罐等二十余件，几皆完整。此外尚有五铢钱四十余枚、铜刀一、小铜器数件。此墓古代曾盗掘，然剩余之物尚多，可以考见汉代西陲之文化。又在遗址附近沙碛中检得新石器及彩陶片，与临洮之甘肃仰韶文化相近，但遗物甚稀少，似由青海过扁都口分枝偶至此间。至于"黑水国"一说，古无所闻（乾隆《甘州志》亦仅称之为西城驿古址），乃近来好事者附会村戏"全家福"中之黑水国招亲一事，以其适临黑水，故遂附会之为黑水国。［张守节《史记正义》谓，"合黎水（即黑水）北经骊得故城下，又行二十三里与删丹河合流，折而向西"，与今日遗址之地位一相合。鱳得城临黑水，若今日之张掖城距黑水最东一支尚有十余里。]公路局于其旁立"黑水国"木牌，近年于右任、罗家伦等题咏之，卫聚贤、冯国瑞考据之，遂若真有黑水国一国者，殊令人可笑也。由张掖赴民乐马蹄寺调查，近马蹄谷口时，闻距彼处十余里之酥油口有匪八十余人（此股匪由山丹北长城外窜入南山，前月曾在此间附近打劫，杀毙事主一人），但已至谷口，不欲回车。次日冒雨上马蹄寺考察，下山后即赴民乐县城。阎君以过于困累，旧病复发，肋骨发痛甚剧，在民乐县城休养三日始得痊愈。生只身赴永固城调查，据《甘州府［志］》谓即六朝时祁连郡故城，现今旧城半圮，遗迹犹存。城西有大土堆六，当为古墓，以时间短促及运输困难，故未加发掘。廿九日由民乐县城动身，次日抵山丹。在县城附近之大佛寺、王氏享堂等处调查，至于古城注（相传为汉日勒县故址）以有匪未去。山丹城内雷坛寺之唐代沙州都督索允钟，已为马步青军长捆载而去（张掖木塔寺有铜佛二，相传六朝时物，亦已遭马氏取去）。十月三日离山丹，昨日抵武威。现拟于武威附近稍作调查，必要时加以发掘，大约本月底以前可以返兰州。生前函中曾提及接到家电，温州收复后虽家中大小平安，而　家严病未痊愈，促生早日返里，生亦以抗战已毕，急欲返里省亲，惟以顾及公事，故仍勉强照原来计划施行调查。现将可告一段落，拟返兰后稍作勾留，即行南返或东返。史语所何时迁京，生径返南京，抑先返四川然后随所东下，尚乞示知，俾有遵循。返京后即拟请假返里，谅可邀

俯允。余容后陈。肃此，敬请

研安

　　　　　　　　　生夏鼐　敬上　十月五日

来示可寄兰州甘肃科学教育馆　留交

七　　　　　　　　　I -1267

1945 年 10 月 18 日

孟真先生赐鉴：

　　由张掖返武威后，曾奉上一函，谅登　记室。返武威后赴南山调查，发现唐墓二座，加以发掘，获得墓志二方。一为大唐金城县主之墓，系会稽郡王道恩之女，永徽中以敕简宗女出降吐谷浑国王慕容诺曷钵男成王忠为妻，开元六年卒，年七十六，葬于凉州南阳晖谷北岗。一为唐朔方节度副使五原郡开国公燕王上柱国慕容曦光之墓，开元十八年卒，年四十九。二墓古时皆曾经盗掘，但殉葬品残余尚多，内有镶金饰马鞍（木质黑漆，镶嵌人物、禽兽、草木、云纹之金饰，凡百余物，皆极生动。人物有马上打球，弯弓骑射等，尤为精美），镶嵌螺钿花纹之漆碗，五彩花纹之陶罐，木制之小琴及小琵琶木俑等。前二者最为精美，惜已碎裂，但大致可复原，可以与正仓院之唐物相媲美。慕容曦光系鲜卑人，其头骨及肢骨均已采集，可为研究中古种族体素者之良好材料。现已发掘完毕，返城整理装箱，大约一星期内可以首途东返兰州。惟现下以军运关系，车辆困难，尤其是携有大批标本，公路局谓目前无办法。生拟必要时乘胶轮马车返兰州，其余一切，容返兰后再行奉陈。来示可寄兰州甘肃科学教育馆留交。前曾奉上数函，均未得复示，未悉已有函寄兰州留交否？一切尚乞从速示下，俾有遵循。

　　专此，敬请

研安

　　　　　　　　　　生夏鼐　敬上　十月十八日

又现下工作已告结束，阎文儒君应西北师范学院之聘，担任史学系讲席。拟于明后日先行只身返兰，以不能旷课过久也。

生鼐　又及

八　　　　　　　　Ⅰ-1269

1945 年 11 月 12 日

孟真先生赐鉴：

十月十八日由武威奉上一函，谅登　记室。阎文儒君离凉后，生一人留凉，将标本装箱，共达十四箱（其中镇番二箱、张掖三箱、武威九箱），同时接洽运输车辆。因刻下新疆军事仍属紧张，西去之车甚多，但东去者甚少。携带标本箱如此之多，一时无法起运，委托公路局或驿运站代办，则不知何日始能到兰，且恐中途有损伤。最后接洽结果，十一月初有胶轮马车四辆运商货赴兰，由驿运站代为接洽，可附带运输标本箱来兰，生压车同行，以便沿途照料。乃十月卅日，武威县政府忽来一公函，谓依当地文献委员会之要求，以为本县古物应留地方考查，考察团考查时可制成纪录，不必将物品带去，如必须继续研究，请以正式机关公文提去研讨，再行酌定云云。生当即持采掘执照前往解释，县政府始允许携带出境。车辆于五日晨间开行，标本箱皆已送去装车，不料十一月四日晚间，县政府又来一便条，谓经地方人士商定，欲将墓志留下归地方保管，如果中研院需要碑文研究，则地方上负责拓印寄去，请即照办。生乃再向之交涉。五日晨又亲至县长私宅交涉，唇焦舌敝，最后县长要求暂留下壹件，以应付地方士绅，如省府有命令，当即送还。生以行李均已装车，车主不能久候，故不得已将慕容曦光墓志之志盖壹件暂行留下，当取得收据一纸，其文如下："兹收到夏考古员发掘慕容氏墓志壹件，在未接来信以前，暂不启封，如奉省令，此物须运送省，当可照办，特书此据存查。"由县府盖印。生取得收据后，当即随车赴兰。车行七日，于昨晚抵兰州，现已将携来之标本，存入科学教育馆仓库。今日纪念日，省府不办公，生亲赴赵龙文厅长公馆，适值外出未遇，明日自当再赴省府交涉。生离武威后，途经古浪时，即曾拍上一电，报告此事，请院方同时拍电致省府交涉，转令该县送还所扣墓志壹件，庶几容易生效。生又接家电催返里省亲，家严疾病未愈，现下西北已寒，生拟将工作结果，即行返渝，如有赐示，乞从早示知为祷，余容下班航邮奉陈。

此请

研安

生夏鼐 敬上 十一月十二日

九 Ⅰ-1266

1945 年 12 月 29 日

孟真先生赐鉴：

离兰前曾获余又荪先生来函转达 尊意，令来重庆一行。生以所方一时既不能迁回南京，故亦拟返川销差后，再行请假归里省亲，故遂于十二月十八日乘车离兰南下。惟关于携带物品问题，临时又有改动。科教馆之仓库即在黄河边沿，春夏颇为潮湿，故生决定将公家之仪器及药品各一箱，先行随身带回，又标本亦带回一箱。此外向觉明先生之私人物品（计书籍一箱、衣服半箱、铺盖一个），以今春曾失窃一次，此次检点，铺盖内又失落驼毛褥一条，故决定带回，缴交与向先生家中，以清了手续。向先生应中研院之请，参加西北考察团，既以种种原因发生纠纷，如关于其私人物品不即带回，致令多所损失，则怨愤将益甚。故生遂作此决定，共计所携之物，重约百五十公斤，与西北公路局接洽几次后，允许随身携带，由兰州至广元，客票连同行李共费贰万肆仟余元。[此系十八日上车时之价，后三日（廿一日起）即加价，须柒万余元，替公家节省伍万元左右。]存兰之物，共计六十一箱，已点交与科教馆。此外武威县府所扣之墓志盖壹件，已通知省府令于送兰后即交科教馆代收。离兰后车行七日始抵广元，途中遇雪，颇为辛苦。抵广后，接洽赴渝车辆，据云客票为万八千余元，行李逾重约需四万余元，且不能随身同车带渝，故生决定由水路来渝，言定船费（带饭）贰万伍仟元整，明日开行，约十二日可以抵渝。关于考察团之工作费，离兰时已经告罄，以车票立即将加价，故不待函索旅费，先行暂垫，待将来抵渝再归还。此次兰李旅费及运费，恐须九万元左右，尚乞鼎力代筹为祷。余容面陈，此上。

敬请

研安

　　　　　　　　生夏鼐　敬上

　　　　　　　　　　十二月廿九日

十

1946 年 3 月 11 日

II-368

孟真先生赐鉴：

生于三月十日晨六时半由渝起飞，过汉时稍停，当于下午二时抵南京本所，晤及石璋如君，知舍下有电来京，谓家严患疾[1]，促速归

---

[1]　夏鼐的父亲，实际已于 1944 年 11 月 21 日病逝，当时他尚未知晓。

省视，_生以离家已历数载，家严年逾古稀，病中思子之心自更急切，_生不得不返里一行，故此特请假三个月，拟即赴沪候轮返里，尚乞俯准所请为祷。

专此，敬请

研安

_生夏鼐　敬启　卅五年三月十一日

十一　　　　　　Ⅲ-526

1946 年 5 月 2 日

孟真先生赐鉴：

离重庆后，曾于三月十一日、四月十二日先后奉上二函，谅均已登　记室。

昨日接伦敦大学导师来函（三月廿七日发）云：

No. 4 of your thesis has arrived and I am hoping to get the whole in to the university this week. It should therefore not be long before you hear of your Ph. D.

I wish indeed that you could come to England and give us the catalogue of the beads. How long would you be perpared to stay if we could find a studentship for you? I do not know of anything at the moment, but if I had an idea of the length of time you could stay, I should know whether to go for a short term scholarship or a salaried post over a period of years. ［大意为：我已收到你论文的第四部分，希望本周学校能收到全部章节，如此你就可在不久后获得博

・91・

士学位。我十分希望你能来英国，并将串珠的目录带给我们。如果我们能为你谋求得一个学籍，你预备在此停留多久？我此刻尚不知你的想法，但如能获知你预备停留的时间，我便知道是该为你申请一份短期的奖学金，还是数年的受薪职位。]

关于学位事，能得一结果，亦属佳事。以生数年来之经验，在中国社会中（尤其是偏僻地方）办事，有一国外学位，亦方便不少，而考古田野工作所常接触者，几皆为崇拜虚名或空学位之人物也。

关于再度赴英之事，生亦颇有此意。自知学问浅薄，颇希望能再度赴国外学习一番，但以不耗费政府外汇为原则。今 G. 教授既有此提议，适合心愿。惟生拟俟西北考察工作初步报告草成后，而正式报告中之需要国外专家襄助者亦有具体计划后，再行出国。而勾留国外时期，亦仅限于一年。未悉吾　师对于此事有何高见？又中央研究院人员受国外 scholarship or a salaried post ［奖学金或带薪职位］者，中研院向例是否继续支付薪贴，以供其维持家属之用？亦乞示知，以便生作具体决定与 G. 教授接洽。（关于此事，生已另行修函李济之先生请示。）

生家中自先严弃养后，境况大不如前。家慈提议令生兄弟二人析产分爨。生现拟将家务稍事整理，俾家庭经济暂无后顾之忧，然后再来京任职。故特请求于赐假三月之后，准予续假一两月，必要时可予留职停薪待遇。生希望能于本所迁京以前赶回南京，未悉本所现已决定迁京日期否？吾师何日赴京？出国休养计划亦已具体决定否？何时出国？有暇尚乞一并示知。

专此奉达。敬请

研安　　　　　　　　　　　　　生夏鼐　敬上

五月二日

十二

Ⅱ-368

1946 年 9 月 29 日

孟真先生赐鉴：

返里后曾奉上数函，谅均已登　记室。生原拟省亲后即返京服务，乃因　先严弃养后，家务亟须整理，不能脱身，故曾函请　续假，并予以留职停薪待遇。近两月来，萧先生仍继续汇寄薪贴，谅由　尊处尚未通知之故。虽所寄薪贴依四川待遇，每月不过拾万肆千余元，然生仍觉受之有愧，将来或由生之薪贴中扣回亦可。至于家务方面，大致已整理就绪，由家慈主张令生与家兄分爨，各自立门户。现下惟有一部分事务须秋收后始能完全了结，一个月以内即可脱身离家赴京。但现下交通仍属困难，船只缺乏，生前次返里在沪候船即候至二十余日，故此次抵京日期恐在阳历十一月间矣。闻吾　师现拟冬间出国，届时谅仍在京，生尚可面聆教诲。至于此次在家勾留过久，事出于不得已，尚乞原宥。专此敬请

秋安

生夏鼐　敬上

九月廿九日

十三

Ⅲ-526

1947 年 7 月 11 日

孟真吾师赐鉴：

别后倏已逾旬，此时谅已安抵新大陆。自吾师离京后，所中重要

事务，略陈如左。

（一）李济之先生太封翁于六月廿九夜（约一时许）逝世，生曾早一日与萨［本栋］总干事①接洽借款治丧事，故是日由李先生于福利金中暂借四百五十万元，更由所方代借四百万元。丧事由中国殡仪馆代办，以寿材价昂（每具千余万元），故李先生决定火葬，七月六日开吊。所中同人赙金，由生先出二十万元发起，连同总办事处及在京他所，共约四百五十余万元。李先生于丧事过后，即将所中代借之四百万元偿清。生本拟请萨先生由院中津贴治丧费若干，惟李先生坚辞。中央博物院所送之治丧费五百万元，恐未必肯再受中研院之津贴。李先生谓前次美金津贴尚余百余元，加以戚友赙金，可够开支。（萧［纶徽］先生已代吾师致送 李宅赙金二十万元。）

（二）购纸事，道林纸及印图纸各五吨，已经结汇。余数一亿余，已购现货82磅印图纸四十令、中国连史纸二百五十令，已请商务将存纸数量及所用款项，开一清单。闻尚余一千多万，仍存商务作送力等用。

（三）出版事，最近一月中可以出版六本（《集刊》九本及十一本、《左氏春秋义例辨》、《湘西苗族报告》、《中国考古学报》二期、《明靖难史料考证》），定价单已送来，经本所出版及编辑委员会议决，依照商务出版书价比例打一七折（商务原提议为八折），因商务批发与同行须打六折，故定价不能过低。其他书籍亦已开始排版，杨时逢②先

---

① 萨本栋（1902～1949），物理学家，曾任厦门大学校长，时任中央研究院总干事。
② 杨时逢，时为中央研究院历史语言研究所语言组人员。

生拟于本月中旬返京，暑假后再赴沪坐催。①

（四）北平方面②，已汇去运费四千万元（系由本所工作费中暂支，将来开院务会议时再要求增加预算）。至于书肆伙友事，据萨总干事云：最好仍依旧议，作为书记二名、警察一名，因追加预算，待院务会议始能提出，又平处已允依公务员生活调整增加其待遇，追加工作费恐将来又须补请。本院向例不吃空额，然一人出面领钱两人分用，于情于理皆说得过去，即如丁在君③先生为总干事时，任用吴组湘君为秘书，即由总干事薪津中分给一部分，并不另领秘书薪额，亦相类似之先例也。故生已函请余让之④先生依此意办理。

（五）李孝定⑤先生于七月四日飞平。……

（六）傅乐焕⑥先生……以英国文化协会公费生于八月间即出国也。……

---

① 夏鼐代理史语所所务一年，由于购存较多数量纸张，又派人在上海坐催，是年为该所1949年以前出版书刊最多的一年。先后出版《左氏春秋义例辩》、《湘西苗族调查报告》、《庄子校释》、《列子补正》、《两汉太守刺史表》、《元和姓纂四校记》、《明靖难史事考证稿》、《奉天靖难记注》、《明本纪校注》和《殷墟文字甲编》、《殷墟文字乙编》、《湖北方言报告》，以及《中国考古学报》第2、3、4册和《历史语言研究所集刊》多本。

② 指史语所北平图书史料整理处，其藏书接收自日本侵略者主办的东方文化事业总委员会所属人文科学图书馆。1949年人民政府接管该馆，后在其基础上建立中国科学院图书馆。

③ 丁文江（1887~1936），字在君，地质学家，中国地质事业的奠基人，曾任中央研究院总干事。

④ 余逊（1905~1974），字让之，文献学家余嘉锡之子，秦汉史专家，时为北京大学历史系教授，兼任史语所北平图书史料整理处主任。

⑤ 李孝定（1918~1997），中国文字学家，时就读北京大学文科研究所（寄读于史语所），1949年去台湾后为"中央"研究院历史语言研究所研究员。

⑥ 傅乐焕（1913~1966），辽金史专家，时为中央研究院历史语言研究所历史组人员，赴英留学，后任中央民族学院历史系教授兼系副主任。

（七）教育部出一亿元所购李氏拓本①，在沪者已经运所（一本又二十包），将来与中图如何分配，尚乞示知。又前为中图代购之柯氏拓本②，已寄来京，屈［万里］③先生已送来二百万元，是否即将拓本捡出，交给中央图书馆，亦乞示知。

（八）宿舍问题：……

其余一切，容后再陈。疗病事已进行否？师母前乞代问候。专此敬请

旅安

生夏鼐　敬启

七月十一日

十四　　　　　Ⅲ-525

1947年7月17日

孟真先生赐鉴：

前于七月十一日奉上一函，谅登　记室。顷阅此间报纸电讯，知吾　师已于十四日安抵旧金山，甚为欣慰。关于疗疾事已开始接洽否？此间诸事皆照常进行，望勿远念。李孝定君赴平后曾来一函，询生问：（一）是否须与目前负责之孙君办一点交手续。（二）胡适之先生意见，谓平处书籍似不宜部分南运，免致有割裂支离之感。是否停止南运，抑仍如原议。适杨时逢君由沪返所，出版事务

---

① 疑为上海藏书家李国松所藏拓本。
② 金石学家柯昌泗所藏拓本。柯氏字燕舲（1899~1952），著有《语石异同评》书稿。
③ 屈万里（1907~1979），字翼鹏，历史学家，抗日战争时期起在中央图书馆、中央研究院历史语言研究所考古组工作，后去台湾。

亦须商议，遂于七月十五日召一所务会议，会议记录另纸抄录呈阅。北平图书事，孙［德宣］①君已清理者可点收或抽查，未清理者则只能囫囵移交，继续清理，闻颇有"有目无书"者，然孙君接收时亦未能一一点收，无法负责也。至于抽运一部分南运事，原则上力求少运，只拣选南京本所书库所无之重要书籍，且必要时将来亦可运还北平。此事本拟候 尊裁，但以邮程遥隔，往返需时，高晓梅兄已在平等候押运，此间已请交通部转饬平津办事处予以运输方便，故未便久延，乃由所务会议决定，仍如原议。据李孝定兄来函，平处整理图书事颇为棘手，人事方面或须整顿，生已函覆请其全盘负责图书管理事，人事方面必要时可以与余让之先生商洽加以更动，此间决为后盾。……

至于出版事务，购纸事已告一段落……

有暇尚乞 示覆，俾有遵循。专此，敬请

旅安

生夏鼐 敬上

七月十七日

又启者：

中央图书馆屈万里君来函，谓蒋［复璁］馆长②已与傅先生商妥，去年之柯氏拓本归史语所（二百万元所购）。此次教部出资一亿所购之拓本，全部归中央图书馆，未悉确否？尚乞示知。留沪之拓本一大本又二十包，均已运来南京，现放保险箱中，此事尚乞 卓裁。

---

① 孙德宣，1939 年毕业于辅仁大学国文系，时为中央研究院历史语言研究所助理研究员，1949 年后任中国科学院语言研究所助理研究员、副研究员，参与《中国语文》《现代汉语词典》等编辑工作。

② 蒋复璁（1898～1992），字慰堂，图书馆与博物馆学家。1949 年去台湾后，长期任台湾"中央图书馆"馆长和台北故宫博物院院长。

萧纶徽先生请假一个半月返里省亲，已于今晨赴沪候机飞粤。会计事由汪和宗先生代理。

十五　　　　　　　　　　Ⅲ-532
1947 年 10 月 20 日

孟真吾师：

十月六日曾奉上一函，谅达　座右。评议会已于十月十五日至十七日开会，费用达三亿余元，重要工作为推选院士候选人。兹将文史组名单列后，此系评议会中文史组评议员开小组会议审定。生非评议员，仅列席旁听而已。（括弧中系暂定将来正式当选人分配名额。）

哲学（三人至四人）：吴敬恒、金岳霖、汤用彤、冯友兰、陈康（系胡先生推荐，陈氏希腊哲学造诣颇深）

中国文史学（四名）：余嘉锡、胡适、张元济、杨树达、刘文典、唐兰

史学（六名）：陈垣、陈寅恪、傅斯年、顾颉刚、徐炳昶、徐中舒、陈受颐、李剑农（周鲠生先生推荐，谓李氏对于中国经济史及近代政治史皆有成绩）、柳诒征、蒋廷黻

语言学（三名）：赵元任、李方桂、罗常培、王力

考古学及艺术史（四名）：郭沫若、李济、董作宾、梁思永、梁思成、徐鸿宝［森玉］

法律学（三~四名）：王宠惠、王世杰、燕树棠、郭云观、李浩培、吴经熊

政治学（三~四名）：周鲠生、萧公权、钱端升、张奚若、张忠绂

经济（四名）：马寅初、刘大钧、何廉、杨端六、陈总、方显廷、巫宝三、杨西孟

社会学（二~三名）：陈达、陶孟和、潘光旦、凌纯声、吴景超

不知对此名单，有何意见？审查小组曾拟一分配额，人文组三十四名中，文史科约占二十至廿一人；社会科学约占十三至十四人。至推选候选人，因尊重社会科学方面评议员之意见，故文史方面仅推出三十一人，约超过百分之五十；社会科学则推出廿四人，约多一倍。观此名单，五十五名中，将来恐须删去一半，即约二十七至二十八人，生以为文史方面可删三分之一，社会科学方面可删三分之二，尤其是法律及经济二科，更罕院士之人选。（数理组对于天文学方面，虽各方曾提出张钰哲、张云、余青松三先生，结果决定天文组暂缺，不提候选人。可供人文组之参考。）文史方面，据王叔岷兄云，刘文典先生之《淮南子》及《庄子》，校勘考据皆甚糟糕，并云傅先生如出席，必不推荐为候选人。名单现已公布，四个月以内将开评议会正式选举院士。

大会中对于化学科之赵承嘏、萨本铁二先生，因其曾任伪大学行政职务，故加删除。又有人以为郭沫若先生同情共产党，主张删除。生以为此事关系颇为重大，故起立发言，以为 Member of Academia Sinica［中央研究院院士］以学术之贡献为标准，此外只有自绝于国人之汉奸应取消资格。至于政党关系，不应以反政府而加以删除。会中意见分歧，最后以无记名投票表决。生虽无表决权，然获知投票结果以十三票对八票，仍决定将郭氏列入，实甚欣慰也。

此次名单中有本届评议员数人，未得列入候选名单中。除天文学之二张先生外，尚有气象学之吕炯及赵九章二先生，心理学之唐钺先生，皆未列入候选人名单中。文史哲方面，有人提出何以不列入熊十

力、朱起凤、向达三先生。经胡适之先生解释后，亦无异议。

评议会又议决杨杏佛奖金给予董同龢、周法高二先生，论文为《〈广韵〉重纽试释》及《〈广韵〉重纽的研究》，奖金改为一千万元。又决定筹备明年廿周纪念，发生（表）纪念册。

所中各事，前函已经略陈，兹续陈如下。

（一）出版方面：……

（二）容希白先生有信来，内云："《金文编》商务既已绝版，庚欲重订增补，可否与以助金或版税。如以为不必改编，则庚将另编补编，贵所能否收购或允许其他书局出版。"此事如何答复，尚乞　示知。……此次院士有岭南大学提名，审查时加以删除，然以学问而论，并不下于唐兰先生也。至于《金文编》更为参考要籍，如何决定，尚乞　尊裁。

（三）北平运书事……

（四）所中同人均安。……

（五）今年美金预算……

专此敬请

旅安

生夏鼐　敬启

十月二十日

十六　　　　　　　　Ⅳ-232
1947 年 12 月 25 日

孟真吾师：

十一月廿八日接奉来示后，知已出院，甚为忻（欣）慰。当时即奉复寸笺，谅登 记室。十二月初旬再度赴医院检查，结果如何？殊为念念！所中近一月来各事略述于下。

（一）北平书籍古物等安全运抵南京，前函曾经述及，现下已经开箱点收完毕。书籍及档案由那简叔、李光涛二先生点收无误。古物四箱，开箱后发现一部分铜器因经摔震而有所损坏。当未起运以前，北平方面拟全部交中国旅行社代运，生恐沿途无人照料，古物或致摔坏，故主张仍照原议，由高晓梅先生押运，不图仍有此种摔坏情形，殊为憾事。高先生对于此事，甚觉不安，引咎请予处分。生以此事虽难辞疏忽之咎，然运输之事一部分非押运人员所控制，且此次摔坏古物大半系原经修补过的，故更易摔坏，生已请王文林君重加修补。高君自请处分一节，似可"毋庸议"，惟此事有关所中纪律问题，不敢专擅，敬将高君原来陈情书及损坏清单转呈 钧裁，如何处置，尚乞批示，以便转告高晓梅君。

……

（八）前函曾提及下月拟返里省亲，并整理家务，请假一月，并拟请芮逸夫先生代理所务，征求同意，尚乞 赐复，以为指针。专此敬请

旅安

生夏鼐 敬上

卅六年十二月廿五日

十七 　　　　　　　　Ⅲ－531

1948年3月21日

孟真吾师：

自故乡返京后，曾先后奉上二函，谅已登 记室。……

关于吾　师返国日期，自当由吾　师自行决定，生自然极希望吾
师早日返所，以便早日卸脱重责。这几个月代行所务所得的经验，
像 Montell 所说的：It was instructive，but not always pleasant［事情虽
有益，但并不总令人愉快］。原知道这是吃力不讨好之事，但是既答
应下来，只好勉为其难，好在有约言在先，以后不再作冯妇。研究所
目下无何等不了之事，至于所外如发生什么大变故，则所谓"天塌
大家事"，不仅涉及一所，只好任之。惟六月晋级加薪一事，转瞬即
届。如果吾　师决计在美多勾留一两月，不能于五月中回国，则此事
仍须由吾　师负责决定，生以此事极易招怨。这几个月来已有许多事
使同人中某些人抱怨，若再擅作决定晋级加薪一事，则将来必成众怨
所集矢之的，无法再在研究所工作。至于七月以后，是否再续，则生
更不欲过问。因生对研究院契约仅至七月底为止，本年八月起，也许
暂时脱离史所，若吾　师不返国，亦必另有人代理，决不会令脱离史
所者继续代行。至于生所以有暂脱史所之意者，实另有原因，俟将来
面陈。

……

杨时逢兄……昨日由沪返所。据云《殷虚文字甲编》已装订
好，……此书实价当在四五百元一部，同事多想要一部，因为可以作
资产看待，抵得过一个月薪给。关于本所同人赠书办法，前经所务会
议决定，作者得十部，图书馆存十部，其余依照旧办法，全体研究员
及本组副研究员，皆得赠书一部（惟《集刊》则全体研究人员皆有
之），此外须经特别申请酌定。生以自己亦仅副研究员，除本组之书
外，其他组之书，亦无权享受赠书，故前次即请汪先生出一条子，欲
购书者可由所方向商务代购，可得优待。生自己先签名，以表示不滥
行赠书。惟李主任为考古组潘实君、李启生、张秉权等说情，以其曾

参加发掘或整理甲骨文，故赠送《田野考古报告》。现下《殷虚文字甲编》出版，冀求赠送者颇多，生已表示吾　师行将返国，赠送与否将来由吾　师决定。

……

余容后陈。敬请

旅安

生夏鼐　谨上

三月廿一日

十八　　　　　　　　Ⅳ-890

1948 年 4 月 5 日

孟真吾师：

三月廿一日奉上一函，谅达　座右。

评议会已开过了。因为非评议员不准列席，所以关于详细情形，完全不知道。（生前次信中谓萨本铁先生以不仅任伪教授，且担任伪北大行政事宜，故候选人名单中即被删。）社会学中潘光旦及吴学超二先生，文史之刘文典先生，亦皆落选。惟依章程，不能于候选人名单以外添人，故于戚寿南先生等，无法加入。此次共出八十一名院士，详细情形谅萨先生等当另有专函，生不曾参预盛会，无法报告。

……

自去年以来，因担任所务，颇妨碍工作。西北考古报告《齐家期墓葬之新发现及其年代之改订》一文，已刊入《中国考古学报》第三期中（有英文摄要）。生又将之译成英文，寄投英国《皇家人类学学会志》（*Journal of Royal Anthropological Institute*），已允登载，不久谅可登出。《新获之敦煌汉简》一文（约二万余字），已请劳贞一、贺昌群、向觉明三先生校阅一过，并承劳先生采入《集刊》十九本中。《武威唐代吐谷浑慕容氏墓志》一文（约二万余字），请陈援庵、岑仲勉、向觉明三先生校阅后，拟刊入《集刊》二十本纪念号中。生颇希望能摆脱所务，专力草写报告，希望吾　师能早日返国。专此奉达，敬请

　旅安

生夏鼐　敬上

四月五日

十九　　　　　Ⅲ-534

1948 年 4 月 13 日

孟真师：

今昨两日连接奉四月五日及七日三次来示。……

关于我自己的事，见六日来信的着急语气，倒使我很过意不去。我并非决定要离开研究所，并不认为非离开研究所不可。不过，今年暑假以后，不论吾　师已否返国，如仍要我管理所务，我只有暂离研究所。至于离所以后作何打算，此时尚未作具体决定，我希望不必走这一着，根本不必考虑这问题。此事之最后决定，仍在吾　师能否实践去年之诺言，代理一年以后，再不要派我管理所务。否则请不要追问我为着什么理由，干脆让我离所好了。自然，我现下可以答应，在吾　师暑假返国以前，生决不接受他处的聘书，不作"决定性的离研究所的计划"。英国方面导师虽有来信希望我再去一次，费用由他代为设法，我与李先生商量后，还是先写好自己的报告，暂时不想出

国。至于教书呢，除非不得已，亦不作此一打算。去年暑期时贺昌群先生要我在中大兼课，我都婉辞不就。我只想有工夫将报告写出来，同时自己能够读点书。现在一管所务，报告既不能写（不但以杂务分心，无法集中精神，且以主持所务之故，只好尽量替别人想办法，以求别人工作的方便，只好牺牲自己的西北收集品整理工作），读书也少空暇，所务又处置得不好。所以我想，如果不得已，还是抛弃写作报告的计划，离开史语所，或到学校去教书，或设法赴国外，或回家闭门读书，总较佳于在此间管理所务，徒牺牲了自己而无益于人。总之，这是"才短"的关系，只有"知难而退"，如果能让我完全摆脱行政的职责，使我能随诸师友之后，努力学习，我并无离开研究所之必要。前信过简要，经此解释后，吾师或可安心养病乎？

其他各事略述如下：

……

（三）赠书事，或可依定章赠送专任研究员及本组副研究员各一部。专攻甲骨文之李孝定、张秉权二君经申请后亦可各得一部，其余同人可优待依成本购买一部。（定价现为九百万元，不久又将涨价。本所价购百部，依成本仅三百余万耳。）虽非赠送，亦同津贴，且稍予限制，不致贱卖。闻故宫博物院亦以战前所印之《故宫周刊》，以廉价售与院中全人，意在津贴，但不赠送。此事或须吾 师返国后再作最后决定。

……

生䌸 上

四月十三日

二十　　　　　　　　　　Ⅳ-193
1948 年 5 月 17 日

孟真吾师：

　　四月卅日奉上一函，并附上美金支票一纸，谅已达　座右。

　　关于两批书账，未悉已代付否？……

　　前月曾寄上本年加薪晋级之表格，此系朱院长寄与吾师，由生代转者，尚乞早日填就赐下。原函声明须于五月底以前寄还朱院长。

　　此次立法院选举副院长事，吾师必已知其详情。五月初旬，胡适之先生尚在南京时，临走的那天下午，忽叫我到他的室中，谓安徽青年团省团部书记长汪少伦告诉胡先生，党中有一派反 C.C. 者，拟拥护傅先生当副院长。胡先生很不以为然，询问生之意思如何？生亦以为立法院本届立法委员，C.C. 派占过半数，拥护傅先生者决不能成功；反以此致遭 C.C. 派之仇视，以为傅先生或傅先生之政界上朋友欲争立法院之天下。所谓"吃不着羊肉反沾了一身的膻"。傅先生是非梧桐不栖、竹实不食的鹓雏，然 C.C. 必以为傅先生来争他的腐鼠。最好能打消此一运动，胡先生谓此事最好电询傅先生，让傅先生自己表示放弃竞选的态度，惟恐时间来不及，且多留一痕迹。生以芮逸夫兄曾以傅先生不愿任立委的信见示，故主张由胡先生根据傅先生原信，表示连立委都不愿干，休说竞选副院长，胡先生颇以为然。生遂去找芮先生，将傅先生原信给胡先生看过，胡先生遂写了一封信给汪少伦，希望打消这运动。以上情形，芮先生已有信给傅先生详告一切。选举的前一两天，反 C.C. 派干得更起劲，在安乐酒店开会，声明要拥护傅先生，并竭力指责陈立夫之行事。胡先生获悉此事后，乃于今日报端发表致汪少伦之信。今日下午选举结果，陈立夫得三四三票，获过半数票，当选为副院长，吾师得二四三票，相差百余票。

有人说吾师"身在江湖，心在魏阙"，如果选上了副院长，也未尝不肯走马上任，享受几天荣华富贵。嫌生太鲁莽，未征求吾师同意以前，便擅自与胡先生代吾师作主，发表这放弃竞选的意见。生闻之不禁悚然，好在这是最后的一次，以后生既不代理所务，关于这些事更可以一概不管了。如果这事做得有点违反吾师的本意，尚乞原宥。专此，敬请

著安

生夏鼐　敬上　卅七年五月十七日晚间

二十一　　　　　Ⅲ-533

1948 年 5 月 28 日

孟真吾师：

五月十八日奉上一函，谅达　座右。

……

岑仲勉①先生之事，生亦与萨先生谈及，询以院方对于此事之原则问题，意见如何？萨先生对于吾师之决定，甚表同感，如岑先生不顾忠告固执己见，乱发表文章，损及所方声誉，自可如此处置。又与李济之先生商谈，李先生对于此事，原则亦表示同意，惟以为方式问

---

① 岑仲勉（1886~1961），历史学家。1937~1948 年任中央研究院历史语言研究所研究员，后任中山大学历史系教授。著有《元和姓纂四校记》《突厥集史》等。关于夏鼐促成岑从史语所"自动辞职"事，参看李东华《从往来书信看傅斯年与夏鼐的关系：两代学术领袖的相知与传承》，《古今论衡》2010 年第 21 期。

题，最好请与岑先生最亲密之同事，讽以自动辞职，不必抄发此信，以顾全面子。生遂与陈槃庵①兄商量（槃庵兄五月十九日返所，请假已达六个月），陈兄慈悲为怀，以为岑先生在所逾十年，工作之勤为全所之冠，对于唐代史籍碑版之精熟，亦属罕匹，故主张由陈兄出面劝岑先生以后将工作限于唐代之史籍碑版，如得岑先生之同意，吾师似可"不为过甚"。所中纪律原应尊重，但亦不能不顾及人情。陈兄已以书面劝告岑先生，俟岑先生复信，观其反应如何。如岑先生仍欲自行其是，则只有请槃庵兄讽其辞职。万不得已时，再将吾师之函转去。总之，此事似可不必操之过急，但仍拟于吾师返国前加以解决（下信当可报告结果）。

......

    生夏鼐 敬上

       五月廿八日

又启者：

今晨槃庵兄来告，谓岑先生已答复，表示去志，谓士各有志，不必相强。复员后原拟即行另作计划，去夏本欲提出辞职，适以傅先生有出国之举，不欲增加傅先生之困难。至于今年，则已决定辞职，将另有一函致傅先生，详述此事。岑先生又谓其大作《突厥集史》一书，尚须补入数万言，将来此数万字之抄写费及寄稿与所之寄费，可否由所方负责？生已加允许，告以此事决无问题。惟岑先生离职后，所方是否加发三个月（或一年）之薪贴，以作其返乡搬家之川资，尚乞 裁夺示知。此事能得如此解决，对于公事及人情，皆说得过去，不得不归功于槃庵兄之一函，兹将原函底稿呈阅。至于吾师致岑

---

① 陈槃（1905~1999），字槃庵，历史学家，时任中央研究院历史语言研究所研究员，从事谶纬学和春秋史地研究，著作甚丰。后去台湾。

先生之原信，拟即作为废纸，不必存档，更不必寄与岑先生，未悉尊意以为然否？

　　……余容后陈，此请

著安

　　　　　　　　　　　　　　生夏鼐　又及

　　　　　　　　　　　　　　　　五月廿九日

致　常书鸿[*]

（1944 年 10 月）

1944 年 10 月 30 日

书鸿所长先生赐鉴：

接奉二十九日复示，敬悉一切。查砖七方（画砖大部分仍在佛爷庙，城中仅有此七方），马俑一、骑士俑二、男俑二、女俑上身九，均托子青先生携带上山。其中男俑一、骑士俑一，头部均断；女俑上身二个，发髻断裂，后重行与身黏合；其余皆属完整，尚乞慎行保护，摹制后赐还。此项古物之发表权，仍由敝组保留（又俑上所附着之黏土，请另剔刮，惧损及原物，拟将来交中央博物院保存古物之实验室，慎重处理），画砖能否摹绘二份，除一份归　贵所外，其余一份赠赐敝组，又陶俑各件能否依原物大小，代敝组写生各画一纸赠赐。将来敝组如能制彩色版印行于发掘报告中时，自必声明由贵所襄助代绘，决不掠美，如承惠允，铭感实深。《敦煌画の研究》一书，亦交子青先生带上。至于发掘千相塔一事，来示所列各条件，第一条无问题；第二条费用方面，似应由双方平均分摊，不能使贵所独

* 此信见于《夏鼐日记》卷三，华东师范大学出版社，2012，第 237~238 页。

任其责；第三条既云合作发掘，似乎出土品亦应依双方同意所订定之分配比例，分归两方。教部明令之详细内容虽不得而知，然按之欧洲实例，如希、意皆有明文规定古物出土皆归其本国所有，然事实上欧美各国在希、意作发掘工作者，希、意政府常将出土品之一部分让归发掘团，是以牛津大学博物院所藏之希腊近年出土史前古物，在希腊以外为世界首屈一指，惟恐滋流弊，故又规定发掘团必须为公立机关所遣派，惧古物入私人之手，不能公开于世也。即就情理而论，敝组人员以考察团之费用及设备，为他机关效劳，出土物完全无份，将来遣派机关主管人员责问此事，将无辞以答。故原则上虽深同意千佛洞一切均归贵所保管，然事实上若合作发掘之所得概归 贵所，亦使敝组工作人员为难。此条如不能更改，此事只得作为罢论。至于敝组工作人员为合作发掘而工作，决不能受贵所一文之津贴，只能心领盛情而已。

　　此复　即请
大安

弟　夏　鼐
阎文儒　敬启
十月卅日

致 李小缘 2通[*]

（1947 年 8 月）

一

1947 年 8 月 15 日

小缘先生道鉴：

　　承蒙惠借《考古社刊》第六册，无任感谢，兹已令写官录副，原书奉还，即请察收。又鼐拟参考钱庆曾之《隶篇》正、续集，未悉贵所有此书否？尚乞查明见示，以便前来借阅。又敝所拟购买　贵所出版品，书名另纸开列。至于敝所现有之出版品目录亦附上呈阅，如有贵所未备者，可以交换一部分。否则，亦拟价购贵所之出版品。琐事烦渎清神，容再面谢。专此，敬请

研安

后学 夏鼐 谨启

八月十五日

---

*　李小缘（1897~1957），历史学家、目录学家和中国图书馆学先驱。曾任金陵大学中国文化研究所研究员兼所长，创办和主编《金陵学报》。又任金陵大学图书馆馆长、南京大学图书馆副馆长。此信据姜庆刚《夏鼐与李小缘交谊考略》，《中国社会科学报》2017 年 9 月 4 日，第 8 版。

二

1947 年 8 月 30 日

小缘先生赐鉴：

来示敬悉。敝所交换刊物，兹依来单检出奉上，即请察收。贵所互换刊物已收到不误，谢谢。《隶篇》已由友人处借到，承蒙代为检查，无任铭感。敝所所出之《中国考古学报》第二册（即《田野考古报告》）已出版，现仅收到样本一册，将来当奉赠 贵所。专此奉复，敬请

撰安

后学 夏鼐 敬启

八月卅日

兹奉上本所出版品数种，用以交换贵所之出版品。计开：

《仓洋嘉错情歌》一册

《中国算学史》一册

《元秘史译音用字考》一册

《东北史纲》一册

《内阁大库书档旧目》一册

《安阳发掘报告》二、三、四各一册，共三册

《集刊》二本四分 一册

《庆祝蔡元培先生六十五岁生日论文集》下册 一册

以上共计十册。此致

金陵大学中国文化研究所

国立中央研究院历史语言研究所启

八月卅日

兹收到贵所交换出版品如后：

1.《浑源彝器图》一册

2.《历代著录画目》六册（一部）

3.《河徙及其影响》一册

4.《雷波小凉山之倮民》一册

5.《金陵学报》六卷二期　一册，八卷一二期　一册，十卷一二期　一册

以上共计七种。此致

中国文化研究所

国立中央研究院历史语言研究所启

八月卅日

致　胡适[*]

（1948 年 1 月）

1948 年 1 月 21 日

适之先生：

　　一月十五日来信及尊稿，都已收到了。稿已交集刊编辑委员会，决定采用。如能修改一篇《水经注》文字赐下，更佳。因为有了两篇，便可作一比较，择优登载在二十周年纪念号中，剩下一篇可以放在廿一本《集刊》内。我们已决定暑假中即将廿一本《集刊》稿子付印一部分，但是知道　先生很忙，如果没有工夫，也就算了罢，免得累坏了身子。

　　兹附上拙作《汉武征和年号考》，请赐　指正，如可用，并请转交《申报·文史周刊》上发表。前次史语所开茶会欢迎先生及陈援庵先生时，曾谈到这问题。散会后并将初稿请陈先生看过一遍。后来听说傅振伦先生在沈阳，便转托友人阎文儒君转交与傅先生一阅。据

---

　　* 此信据耿云志主编《胡适遗稿及秘藏书信》（黄山书社，1994）第 31 册录入。信中述及的《汉武征和年号考》一文，后发表于 1948 年 2 月 21 日《申报》的《文史周刊》第 11 期，内容又见《新获之敦煌汉简》，《中央研究院历史语言研究所集刊》第 19 本，1948；《夏鼐文集》第三册，社会科学文献出版社，2017。

阎君来信，谓傅先生亦颇赞同。阎君当时正拟编沈阳博物馆刊物，因之便留住这稿子。最近来信谓沈阳局面紧张，恐一时无法刊行，所以改投《文史周刊》，如认为不可用，请　掷还。

　　敬祝
新年纳福

后学夏鼐　敬启

一月廿一日

致　王重民[*]

（1948 年 8 月）

1948 年 8 月 22 日

有三吾兄：

七月十六日未示敬意。关于《东嘉姓谱》之 microfilm ［缩微照片］，如洗一份，约需若干？尚乞示知。如价不昂，拟洗一份，否则只好待将来有机会到北平时亲自翻阅。

《图书季刊》"敦煌专号"拟何时集稿？有吾兄及觉明兄两位敦煌学专家在北平，还怕没有稿子吗？

傅孟真先生已返所，体重减轻二十余磅，然在我们瘦子的眼光看来，仍觉得他是大胖子。

此复，敬请

俪安！

弟夏鼐　上

八月二十二日

---

* 王重民（1903~1975），字有三，目录学与图书馆学专家。长期在北平图书馆任重要职务，创办北京大学图书馆专业，后任系主任。此信据北京某旧书网下载录入。

致　王振铎　2通[*]

（1949 年 10 月、11 月）

一

1949 年 10 月 4 日

天木吾兄大鉴：

十月四日手示敬悉。《文汇报》的南京通讯，弟已闻及。将梁三先生［思永］的大名写成"世镕"，未免可笑。

西谛先生近有信来，说正忙着筹备文物局事，并且说到已请兄允帮忙，辅导各博物馆的事业，谅已有信致尊处，未悉吾兄已作何决定。西谛先生邀约弟去［做］"古物处处长"，弟已去函婉辞。

前日小女来信，谓复旦与同济相邻近，得嫂夫人就近照拂，甚为感谢。

尊函谓本月中旬可能来上海一行，弟因想及一事。弟去冬离京时，曾将零碎东西存放在史语所，其中有黄箱子一只，盛些不重要的中文

---

* 王振铎（1911~1992），字天木，博物馆学家和科技史专家，夏鼐任职中央博物院筹备处时的同事，时仍在南京，应郑振铎的邀约，将出任文化部文物局博物馆处处长。据木南、李强整理《郑振铎夏鼐苏秉琦关于筹备文物局致王天木信札五通》（《中国博物馆》2000 年第 3 期）录入。

书籍，但现在教书，也有些用得着，当时仅有半箱的书，因以破棉胎放在上面，塞满一箱。丁梧梓［声树］兄离京前曾有信给我，说这些私人物品现由谢振林兄保管，吾兄如果携带方便，可否将这箱子带来上海，放在乍浦路和平博物馆，以便弟自己或派小女提取。但如果不方便的话，则不必携带。弟早晚要到南京一次，将来再设法好了。又运费开销多少，请不要客气示知，以便奉还。否则弟不敢烦劳老兄了。

曾公［昭燏］寄来展览"社会发展史"说明书，已经收到，但修订本尚未到，俟到后再写回信，请顺便告诉她一声。

此致

撰安

弟夏鼐　敬上

十月四日

二

1949 年 11 月 12 日

天木吾兄大鉴：

接奉五日及八日来示敬悉一切。不知陶［孟和］先生现已来沪否？或因课务关系，不便久旷，拟打听清楚吾兄及陶先生均已来沪后，再行动身，否则，恐怕白跑一趟也。尚乞即行赐复。弟大约十九日（星期六）夜车赴沪，次日当即设法与吾兄一晤，住处未定，但必去永吉里五号一趟，因已约定小女星期日出来：在永吉里晤谈也。郑公［振铎］来沪消息确实否？如中旬来沪，则可在沪会晤。向公［达］有信来，谓自己暂时仍在北大教书，但亦

有人文物局之可能，大概是担任图书馆处处长。晤会匪遥，余容面叙。此复

敬礼！

弟夏鼐

一九四九、十一、十二

中编
153通

致　郑振铎、梁思永　10通[*]

（含单致梁 1 通，附郭宝钧致郑、梁 1 通。
1950 年 10 月～1951 年 1 月，辉县发掘时期）

一

1950 年 10 月 11 日

西谛

思永先生赐鉴：

八日离京后，九日傍晚抵新乡，次晨与苏秉琦[①]兄赴省政府访晁
［哲甫］主席。适以开会事忙，仅晤及其秘书张君，允一切帮忙。当
日下午并派吉普车送同仁赴辉县。今日（十一日）与同仁巡视琉璃
阁工地一周，并赴固围村大墓一观。琉璃阁墓地近年来盗墓风炽，郭
先生抵辉县之前一日，尚有人在彼处掘盗坑。完整大墓之希望不甚

---

* 1950 年 8 月中国科学院考古研究所成立后，于 10 月初派出第一个发掘团，
  前往当时属平原省的辉县工作。发掘团由考古所考古组全部人员 12 人组成，
  夏鼐任团长、郭宝钧任副团长。郭宝钧与少数队员 2 日先行前往，夏鼐率多
  数队员 8 日出发。这里收录的是考古所学术档案中夏鼐向郑振铎所长、梁思
  永副所长汇报信件，而将先期到达郭宝钧的信附于第一通信之后。另有 1950
  年 11 月 14 日单致梁思永信一封，因内容与前信连贯，故亦置此处。

① 苏秉琦（1909～1997），原为北平研究院史学研究所人员，1950 年起任中国
  科学院考古研究所副研究员、研究员，时任辉县发掘团秘书。后任考古研究
  所汉唐考古研究组（室）主任，又长期兼任北京大学考古教研室主任。

大。固围村之大墓以流沙关系，多未到底，颇值得一试。将来或分一部分人员前往工作，即住固围村中。未悉尊意以为如何？

汇款办法，已与此间人民银行说妥，已由此间人民银行与北京人行取得联络，将来汇款可以"信汇"，交北京分行营业部（前外大街一号），汇辉县交中国科学院考古发掘团收。据云可以一次汇五千万元，必要时可以增至六千万元。请斟酌决定。此次所携之款，尚余千万元左右，旬日内决无问题。现下除安阳工人七名之外，本地工人仅雇定三十名，将来必须扩充。工资每日初定六斤，嫌太少，拟加为六斤半。尤其是如果开掘固围村大墓，工人可添至百名以上。

其余容后再陈。同仁皆平安，惟徐智铭①君抵辉县后患感冒，今已痊愈。梁先生前日不适，谅已痊愈，尚望珍重。此请
研安

后学夏鼐　敬上

一九五〇年十月十一日

【附】 郭宝钧致郑振铎、梁思永信

1950 年 10 月 10 日

西谛、思永两兄：

二日辞别，三日下［午］五时抵新，次日访省府晁哲甫②主席，接洽顺利。中午应文物管委会宴约，即席得省府送到致辉县公函，即

---

① 徐智铭，考古研究所测量人员，不久调离。
② 晁哲甫（1894~1970），时任平原省人民政府主席，后任中共山东省委统战部部长、山东省副省长、山东省政协副主席、山东大学校长等职。

约定由王兴允（元）① 同志（辉县人，前期曾参加安阳工作）同往协助。五日上午九时省府送吉浦一辆，即驰抵辉县府下榻，并附（赴）工作地查看。下午发电邀同仁来（辉县无电局、无汽车，此电由省府汽车带新乡发）。次日觅定房屋十三间，在南大街六号，将就合用。辉有军校干部三千人，房舍家具甚难，空房尤难，因人事关系公私双管齐下，得迅速解决。七日偕旧工人赴固围村、路古村、毡匠屯……等地视查，觉尚有可为。当晚善臣② 带王凤祥等七人自安阳来，询知安阳近况甚好。八日一面赶起炉灶，一面嘱善臣赴新乡接同仁，而作民（铭）③ 电八日始动身，则善臣空等一日矣。九日会同县府招集各村干部谈话，说明发掘意义，并商定麦田赔偿费十二万元，白地八万元［农民反应（映）十万，弟为增二万，共十二万斤］，可谓克己。惟工资，农民以为过少，将来或按六斤半计算，约五千元。弟已口允，俟作民（铭）等今日到来（中午可到，已包好大卡车一辆，十五万元），再行决定。今日早饭后，即招工报名，审查体格，拟暂定三十名或四十名，明日开工，准无问题。

地下情形，十余年来，颇多破坏，然亦颇多发现。现拟分三区工作，一般文化区（琉阁东南角毗连周墓地，小王庄左近，曾出殷墓廿余）。二周文化区，即前此所作地带。三汉（或秦）文化区，即固围村，前次曾作一半，经盗未净，右旁又出两个，亦盗未净（纯砂，不可能净），拟先起其一，有漆画棺椁大玉盘之

①　郭宝钧：《一九五〇年春殷墟发掘报告》作"王兴元"，见《中国考古学报》第五册，中国科学院编印，1951。
②　魏善臣（？～1970），原为中央研究院历史语言研究所技工，参与殷墟发掘，及甲骨文等出土遗物的修复整理，1950年后为中国科学院考古研究所人员。
③　作铭为夏鼐字，友人或称"作民"。

蕴藏，希能搜获一二。其他城西南三十里赵古（固）村曾有战国墓九个，出物颇多，希能搜获一二。其他城西南三十里赵古（固）村曾有战国墓九个，出物颇多，城东十八里王门村亦有周墓出现，正西卅里上官庄亦有周墓出现。俟同仁到来，拟分支前往实地考查，留为预备地点，大约本期中辉县地区，足敷三月消磨矣。匆此，余续陈。

　　即颂

撰安

弟郭宝钧

十日早晨七时

通讯处：平原省辉县南大街六号发掘团

二

1950 年 10 月 22 日

西谛

思永先生：

　　前星期奉上开工后首两天的工作报告（十二、十三日），谅已达左右。自十四日起，连续下雨九天，迄今未停。发掘工作全部停顿，道路泞泥，连调查工作也无法做。封锁在工作站中，苦闷之至。希望明后天能开霁，可以继续工作。这一周的工作，只有"因雨停工"四字。

　　关于开辟第二战场事，原来预定计划，在琉璃阁工作半个月左右，再行分作两队。因彼处起工工程较巨（长广二十公尺，深十二公尺），过迟恐无法于本季内清理完毕。现在因雨被耽误了九天多。

只好下星期天晴即去一部分人去工作。开会决定郭先生带着魏善臣、马德（得）志及地方文物会参加人员王君四人前往。将来再添人员（郭先生久梦想再来掘固围村大墓，故此次自告奋勇前往工作）。实则琉璃阁工作虽离固围村亦不过三里许，拟将工作站整个搬到固围村，以便大家仍可聚在一处膳宿，而分作二地工作（大墓离村亦有二三里远）。

梁先生的十四日及十九二函均已收到，已转交郭、苏、王三君阅过。对于请假及公出规则，今日星期座谈会曾提出讨论，大家没有什么意见，只有人提议此项规则虽硬性规定，希望能活动应用，但亦未能提出具体意见。现在将原件寄回，请察收。汇款仍未到，拟明日派人赴人民银行一询。工作经费留存尚余一千万左右。非扩大工作，无法获相当之收获。

人事处之调查表，已填就附上（末尾盖章请补盖上）。又上海寄来之发票收据，误行转寄此间，现在附上，请转交沈［锦椿］① 先生办报销。

此请

研安

后学夏鼐　敬启

一九五〇年十月廿二日

所务会议如未开过，下列一案可以请斟酌提出。

①本所出版品集稿日期，请将《中国考古学报》改为三、九月集稿。（说明）前次所务会议定为六、十二月集稿。按《史学集刊》② 可以定为六、十二月，至于《考古学报》最好三、九月集稿。

---

①　沈锦椿，时为中国科学院考古研究所办公室人员。

②　《史学集刊》，原北平研究院史学研究所主办刊物，1951年停刊。

此时室内工作正告一段落，大家又预备出外做田野工作，故最适宜。且如此可以每季皆有一本定期刊物交印，既便于写本刊工作报告，又使印刷方面不挤在一起。

②《古迹发掘法》中第十八条"科学院发掘办法另定之"，如何定办法？本所可否讨论提供意见？（此案或俟将来再提出，郭、苏二先生亦以为最好将来再讨论。）

三

1950 年 10 月 30 日

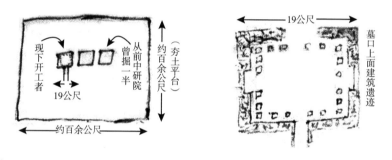

西谛

思永先生赐鉴：

开工后作了两天，即以天雨停工，廿四日始恢复工作。至廿八日虽仅五天，颇有收获，工人已添至百二十人，五千万元汇款久未到，昨日派人赴新乡拍电报。今晨收到沈先生来信并附来汇票，才知道沈先生将汇票认做收据留所归档。幸得以天雨停工，否则发不出工资了。

工作详情，容后连同照片寄奉。琉璃阁发掘殷代灰坑系椭圆形，已深达三公尺，出陶片、卜骨、骨笄等，发掘古墓十座，已清理到底者，殷代墓一，出铜戈、铜斝及铜鬲；战国墓三，有陶鼎、陶壶及陶豆、带钩、三棱铜镞及铜戈、玉珩及玉冲牙等；汉墓二，出陶仓、陶灶、枭形陶瓶、大陶罐等。

固围村大墓，已开始清理口部，发现建筑遗址，与墓葬同时，以石片及砾石砌成墙脚，作四方形，又有石础每列六个，殊为重要。已决定将工作站于下星期日迁至固围村。村西离琉璃阁工地约三里，东离大墓约二里，可以兼顾。惟大墓平列三座，是否全做，或先做一个，尚未决定。如全做，恐须追加预算。尊意如何，乞示知。〔三者皆经盗掘，以流沙填坑，故盗掘不澈（彻）底，可以一做。〕

此请

近安

后学夏鼐谨上

十月卅日

四

1950 年 11 月 6 日

西谛

思永先生赐鉴：

十一月三日来示敬悉，同仁等获悉可于十二月份预算中（前云追加预算，即于十二月份预算中增加之意）增添经费，皆甚兴奋。决定以三大墓同时于本季做完为目标。并拟将工作时间延至十二月底，以估计非五十天以上不能到底也。（据盗掘者云，深达十七公尺余，现下每日仅能出土三公寸余，故估计如此。）此间气候较北京稍暖，大概可以做到十二月底。依此预算，所需经费如下。（三大墓同时做，墓内工作可容百廿人，墓口开阔及做墓道等，可共容百五十人。琉璃阁工人为五十人。450+50＝500）

每日短工　做工　工份
　500　×　60　×5500 = 163435000　（后有铅笔字：应为 165000000）

长工	4220000
团员伙食 60 日	3038400
	170693400
填坑约需起土工程 1/5	34500000
	205193400
地价、装运费旅费约	30000000
	235193400

所以我们希望将十二月份预算列为八万斤小米，如有困难，则列五万斤亦可。惟工作目标，仅能以正中一墓及西侧一墓为主，东侧暂时不做。（此墓从前中研院曾做到四公尺而停止，补做亦较方便。）请覆示，并示知此预算之批准希望如何，以便作为指针。现下工作目标，已为二大墓。闻《瑞典远东博物馆馆刊》No. 3（?）所发表之漆绘木椁板（1928 年出土）附铜铺首，即中央一墓出土。（Karlbeck [卡尔贝克] 论文，误将"辉"写成"卫"。）

因为快信只须要两三天，所以不拍电报了。十月份经费请即信汇（不必像前次用票汇）。考察团在此间人民银行立有户头，可以即行入账。

兹附上大墓图一张，照相底片四张。（后者请在北京印相片，底片即存京，将来《科学通报》插图即可用之）大墓平面图系用 1/1000 比例，图（2）系三大墓表面建筑之相互关系。（3）（4）图则为附近地形之平面图及剖面图。照相为大墓工作情形，及建筑遗迹。辉县照相馆不及安阳者之佳，印像及冲洗皆不佳，故仅冲洗几卷。余俟返京后冲洗。（《科学通报》之通讯，须于何日以前寄京，亦乞早日通知。）

现下工作短工，已增至二百余人。日内再行添雇工人。郭子衡先生工作兴趣甚佳，据云：已打消提早离开工作站返家的计划，决定在此间过阳历年。

附上野外工作简报一纸。又《斗鸡台沟东区墓葬图说》①预算表一纸。至于《中国考古学报》，请梁先生决定好了。郭、苏二先生皆赞成每期二百五十面到三百面，即每分百廿五面至百五十面。其余可仍旧贯。十月份报销账目阅后已由马先生直接寄与沈先生。小米价钱九百元，系平原省官价，由文管会出证明书。闻辉县之政府所定稍低，为八百四十元。余容后陈。

此请

研安

后学夏鼐　敬上

一九五〇年十一月六日

又同仁中有人询问可以团中津贴做棉制服［否］？当答以可以用公款暂借做棉制服，将来由薪水中扣还。未悉尊意以为如何？

又田野设备费余款，曾商诸苏先生可购 90cmF4 镜头及 35mm 镜头各一个。又 Univeral Viewfinder ［广角取景器］一个，Leica Photometer（Weston）一个。未悉能办到否？

五

1950 年 11 月 8 日、12 日

西谛、思永先生赐鉴：

六日的快信，谅已收到，不知道赶得上做十二月的预算否？据邮

---

① 即苏秉琦著《斗鸡台沟东区墓葬》一书的图版部分，1948 年该书出版时，因经费困难未能同时印刷，后筹得部分经费用软性纸印出。这时计划装订一部分，供内部参考。

局云，九日早晨一定可以抵京。今晚收到梁先生四日晚的快信，以辉县无电报局，如果派人赴新乡拍电，恐电报到京与快信到京差不多。（五号星期日，派了马先生上新乡采购用物，六日接信后，以为快信可以赶得上，故不派人赴新乡拍电。）因为工作扩大，不易派人，所以便不另拍电报，不知道耽误了预算没有？

九月份的决算，必须在十一月底前送院，辉县的账到所后须要整理。最迟的日期，可否延至十一月廿五早挂号快递寄所？如果恐邮程有误，或提前于二十三［日］早寄京。但一切单据，皆做到廿五日为止。长工提前发全月薪水，因为工资是廿五日发放的。适可告一段落。尊意如何，请即示知，以便早作准备。工人在逐渐增加中，现决定做三大墓，工人已达三百名。日内可增至四五百名。惟组织方面，骤行增人自生困难，不得不添人监工，故将琉璃阁暂停，全部调在此间。每墓三人，三墓九人，加徐、赵二君，共十一人，仅石君仍在琉璃阁作殷代灰坑，已达七公尺，上部椭圆，下半成长方形，深达九公尺有余，故仍继续清理①。同仁等拟于此二星期内，星期日也不休息，如九月份款用不完，请于十一月份的五万斤中扣除，但希望能于十二月份预算中取得八万斤，否则仅掘至半腰以无款停工，等于白做，殊可惋惜也。瑞典《远东博物馆馆刊》第二期 Karlbeck 之漆木椁及梅原［末治］、水野［清一］《辉县出土の夹纻大鉴に就て》（《国华》四十二篇第七册），皆中央大墓所出土，被盗掘范围，不及三分之一，故希望仍甚大。

十一月八日②

---

① 后增小字：现已做到底，深达十一公尺半。
② 此页边上有铅笔字："款已提出一部分（二千万），此地尚未冻结。十一月十三日晨"

上面所写的一纸，于八日即写好，原拟接到汇款后即发出，搁置到今日，曾向银行询问了几次，正为着汇款未到而着急，今日收到梁先生十一月八日的信，才知道果然出了岔子。当晚即召集团员开会，决定明晨即派人至辉县提取一部分现款，以便万一宣布冻结时之准备（昨日十一号提款尚无问题，大致明日尚不致即遭冻结）。工作暂照旧进行，俟北京来信后，再作变更计划。

前函已提及决定三墓全做。希望十二月份能增八万斤，但刻下连十月份到手者亦无把握，不知十一月份已批准者如何？十二月份之批准希望又如何？尚乞示知，以便早作打算。（九月份尚余四千二百余万元。现每日工资二百余万元，可维持半个月。）

三大墓西、东二墓较小。现已掘至离地面 4.3 及 3.8 公尺。中央一最大，希望亦最大。西、东二墓，每墓约再需五千工，时间一个半月。中央一墓则工作范围尚未能确定，现仅及一公尺，边壁尚未找清，但费工最多，必要时恐须将此墓暂停工，明春再掘。今日工人，此间为四百三十名，外加琉璃阁十二名。

一九五一年计划出版品中《斗鸡台图版集》预算已于前函中附上，谅已收到。兹附上最近一旬工作简报。至于《科学通报》之通讯，日内即写就寄上。

此请

研安

又附上致沈锦椿先生一函，乞转交。

后学夏鼐　敬上

一九五〇、十一、十二

六
1950 年 11 月 14 日

思永先生赐鉴:

昨日（十二日）奉上一函,并附上工作简报表,谅已收到。今日收到六日关于十二月份预算的快信回执,知已于九日午前抵达,谅可赶得上做预算。惟十月份款仍未到,未悉冻结事已解决否? 我们希望明天（十五日）能接到汇款或来信,辉县人民银行并未行此办法,现已取出现款二千万作准备,此后工作,俟得尊处消息后再作决定。兹附上《科学通报》所需之通讯一则,并插图八幅,请斟酌删改后即行寄去（如果删改处较多,可交书记誊抄一遍后再寄去）。闻《科学通报》系每日二十日付印,此次因等候洗相片,故至今日才能寄上。此请

　　研安

　　　　　　　　　　　　　　　　生夏鼐　谨上

　　　　　　　　　　　　　　　　　十一月十四日晚

又附上王仲殊君①一函,请查收。

七
1950 年 11 月 17 日

西谛

思永先生赐鉴:

接奉梁先生十三日来信,知存款仍在冻结中,殊令人着急。辉县

---

① 　王仲殊（1925～2015）,1950 年毕业于北京大学历史系,考古研究所辉县发掘团成员,后晋升至研究员,曾于 1982～1988 年任考古研究所所长。

人行并不实行此办法，原拟将工人增至五百名，但于十二日接到来信后，即限止于已添之四百四十余名，今日更决定将东侧一大墓暂停（俟接到汇款后即恢复），将工人遣散百名。如此可维持至二十五号。并酌留一部分现款，以预备万一全部中途结束时，可以赔偿地价及长工川资。因为既可冻结，安知不继续冻结。同人情绪皆受打击。拖欠工资之事，决不可行。附上《中国考古学报》编辑人简历表一纸。又关于明年预算，据今年经验，三十万斤似乎嫌少，如能增添十万至十五万斤更佳（此亦为郭、苏二先生之意见）。但如总数仅百万斤，恐有困难。此事请　先生等酌定可也。

　　此请

研安

后学夏鼐　上

十一月十七日

《科学通报》通讯抵京已逾集稿期间，未悉能于本期刊登否？

八

1950 年 11 月 27 日

西谛

思永先生赐鉴：

　　廿二日来示敬悉，此间工作情形已另详"工作简报表"中，经费问题，十六日汇款，二十日（星期一）接到通知，廿二日汇款，廿五日接到通知，廿三日汇款，谅今日可到。冻结之款解决后，扣去九月份应退还之款，余款亦望汇来，至于十二月份预算，拟留作一月初工作结束后一切费用，希望能于十二月底领到。

工作问题，前以京中存款冻结，故将东大墓停工一星期，现拟即行恢复，三大墓同做。昨日止，西墓即达八公尺，夯土层已毕，显露细砂层，工作可以加速；中墓已达三公尺半，东墓四公尺半，现希望能于年底全部打透。但以天气关系，工作效率低减。西墓可无问题，其他二墓正在设法加紧工作，尚无把握。为赶工关系，前二星期皆星期日不停工。昨日又是星期，原拟继续赶工，前晚落了三寸大雪，昨日未停，只得休息。今日雪停，而天气寒冷，同仁等仍决定赶工，万一至十二月底仍有二墓未完工，恐只能等候明春再做。惟此二三个月间之守卫问题，防止盗掘殊为不易也。（闻安阳近日盗掘风又起。）

地价问题，原拟依春季办法，凡占用土地每亩白地八万元，麦地十二万元，并负责恢复原状。关于琉璃阁工地，自当仍照此办法，惟固村大墓，起土甚多，将来填坑费工浩大（恐须二三千万元）。据地

人云，所掘之方台上土地，因其下系夯土，甚为确（埴）薄，每亩价银从前仅十余万元，全部（连被积土所压者在内）卅亩，收买不过四五百余万元而已，现下收买，自然勒索提高，但或可以千□万元将来即算为发掘团赠与村政府为公产。可省去填坑之费用，未悉尊意以为如何？

前星期于中间大墓扰土中获得一错金银之铜铺首，颇精美。廿四日于西大墓之西，掘一小墓，获得陶器（鼎、豆、壶、勺等）四五十件，又嵌玉之金带钩一件，此件黄金带钩，长约20cm，宽约5cm，与梅原末治《洛阳金村古墓聚英》中图版九五②、九六①相似，而花纹及嵌玉更精美，诚带钩中之绝品也。同仁等摩挲观赏，皆甚兴奋，以

为如能再获几件如此精品，本季便可"交差"了。

此请

研安

又附上平原省文管会来文一件，请归档。又附上殷代铜器底片一张，印后即存京。致沈会计一函，请转交。

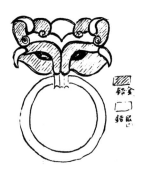

后学夏鼐　敬上

十一月廿七日

照相及带钩正面图，容下次再寄上。

九

1951 年 1 月 14 日

西谛

思永先生赐鉴：

前函谅达左右，兹奉上一月上旬工作简报表，即请核阅。又附上《科学通报》通讯稿一篇，尚乞修正后立即转交编译局，以便下期即可登出，不致间断。此间工作一星期内即可全部完竣，大约二十号左右可以离辉赴新乡候车返京。十一月份发掘费报销账目，及单据，明日即可寄所。十二月份发掘费如有剩余，当随身携京，以作整理费用。晤面匪遥，余容面馨。

专此，敬请

研安

后学夏鼐　谨上

一九五一年一月十四日

十

1951 年 1 月 20 日

西谛

思永先生赐鉴：

十四日奉上一函，并附上工作简报及《科学通报》上通讯一篇，谅登记室。此间工作已告结束，仅琉璃阁车马坑尚有尾巴工作约两三天可完毕。全体团员皆已迁回城中，标本装箱亦已达八十来箱，现惟余填坑包工问题，正在接洽中。运输方面已派魏善臣君赴新乡接洽，以免在新乡耽搁时日。如无他事阻梗，大约二十三日可以离辉赴新乡候车返京。余容面陈一切。

专此，敬请

研安

后学夏鼐　敬上

一九五〇（一）年一月二十［日］晨

致　梁思永　25通

（1951 年 4 月~7 月，豫西调查时期；1951 年
10 月~1952 年 1 月，长沙发掘时期）

—

1951 年 4 月 16 日

思永先生：

　　四月十日离京，十一晨抵郑，即转车赴汴，下榻河南文物保管委员
会（即在省立博物馆中）。偕赵全嘏秘书同赴省政府，因吴［芝圃］主
席、嵇［文甫］副主席及秘书长皆赴汉口出席会议，仅晤及文教厅曲乃
生厅长。关于各地方当局之协助事，已得公函介绍有关各县，令其协助。
在汴勾留三日，参观开封名胜及河大与省立图书馆，又观省立博物馆所
藏古物及新近采集之石器陶片。十五晨返郑州，适安、王、马三君亦于
是晨来郑。下午一同赴郑州市文教局，访王子珍局长，派汽车偕往南关
外，访殷代遗址。国民党筑垒堡所掘之壕壁上，显露灰层及灰坑，检得
鬲脚、卜骨、绳纹灰陶、将军盔式红陶、石镰刀等多件。今晨又偕孙文
青①君等赴市西北十五里之白庄，访一史前遗址，检得彩陶片（红底

---

①　孙文青（1896~1987），早年就读于北平师范大学，后在河南省博物馆工作，参加宝
　　鸡斗鸡台第二、三次发掘，并曾参加殷墟第 13 次发掘。时任河南省文管会副主任。

白衣黑彩、红底紫红彩等）、鼎腿、陶环等。午后返市，原拟明日西行，但王凤翔①君仍未来，或须再等一两天。陕西一队已出发否？郑所长有于月中赴沪之议，未悉已离京否？附上一函，即乞转交。

此致

敬礼

生夏鼐　敬上

一九五一年四月十六日

关于器物登记号，安君已转达尊意，当即遵嘱办理，即冠以"H51"于遗址名之前。

又此间以治淮工作已展开，古物时有发现，但大都为汉代砖墓，在汴时曾与文管会言明，如有重要大发现，考察团可以派人协助或全体前往协助清理，否则仍依原来计划进行广武等处调查。（禹县所发现之所谓"旧石器"，并非石器，乃自然力打击砾石所成之石片。）

二

1951 年 4 月 19 日

思永先生赐鉴：

十六日由郑州奉上一函，谅达左右。昨晚（十八日）王凤翔君来郑，故今日即首途来河阴旧县城（即前广武县城，今成皋县政府在旧汜水县城）。前日曾由马得志君赴荥阳县与郑州区专署接洽，请其通知县政府及第一区公所，并取得介绍信，故今日一切皆顺

---

①　王凤翔，史语所和考古所殷墟发掘期间经常雇用的厨师。

利。现下榻广武镇区公所中，此后来信可由区公所转，并请告诉沈先生转信。

王凤翔君云："前次北京挂号信，虽信中提及有二十万元汇款作旅费，但信中并无汇票。以为或汇辉县，故在辉等候数日，不得已借款来郑。"按汇款事系沈锦椿君办理，请就近托沈君查明见覆。北京方面团员来郑等候四日之久，正在着急王君何故不来。经王君说明后，始知又是汇款事出了岔子，是否沈君将汇票又归了档案中去？

河南省文管会今日派了三人①来参加工作，据云，十来天后即回省，以配合治淮工作，需田野工作人员甚急。但十来天即可训练出三位人员来，岂非奇迹！

陕西一队谅已出发，已有信来否？郑所长赴沪否？敬请

研安

生夏鼐　敬上

四月十九日

三

1951 年 4 月 29 日

思永先生：

四月廿五日来示敬悉。前于廿三日奉上工作简报表一纸，谅

---

① 　指安金槐、蒋若是、丁伯泉。参看《夏鼐日记》卷四，华东师范大学出版社，2012，第 377 页。安金槐（1921~2001），早年毕业于河南大学，1952 年参加第一届全国考古人员训练班，后长期主持河南全省的田野考古，进行郑州二里岗、登封王城岗、郑州商城等重要发掘，曾任河南省文物考古研究所所长、名誉所长等职。著有《郑州二里冈》《登封王城岗与阳城》等。蒋若是（1921~1994），早年肄业于齐鲁大学，1952 年参加第一届全国考古人员训练班，后主持洛阳地区田野考古，曾任洛阳博物馆名誉馆长，著有《洛阳烧沟汉墓》《秦汉钱币研究》等。

达左右。兹奉上第二周工作简报表，即请察收。工作情形，已详简报表中，兹不另赘。此次选择点军台遗址之原因，由于：（1）离城较近，不必另找工作站；（2）遗址表面遗物，且似乎代表不同之时代；（3）此为此次新发现之遗址，前人未曾做过。此虽为一隆起之低岗，颇希望能如后岗，有不同之地层，足以解决一部分问题。

王凤翔君款退汇事，谅已办妥，该款已收回否？

《考古学报》已编好否？郭公之报告，必要时或可分为二次，先刊登"上篇"，下期续完。如篇幅不够，可以向杨克强先生索取《关于安阳殷虚之马骨》一文（或向贾兰坡君接洽亦可），或向裴文中君要《甘肃二次考古记》亦可。

发掘费因迄今尚未作发掘，故迄今还花不到三分之一的钱，五月份经费何时拨发？可暂存京几天，希望不要又遭冻结。

新楼工程有消息否？如再拖延，恐今年又无希望。

秉琦兄处尚未曾通消息，有暇当写信去。尊处如有关于陕西队之消息，亦请示知！

五月份发薪时，请告诉沈锦椿君，汇寄舍下壹佰万元。汇往地点，已有一条子留在沈君处。

敬此　顺请

研安

生夏鼐　敬上

四月廿九日

四

1951 年 5 月 6 日

思永先生：

五月三日来示敬悉（五月六日晨间收到）。关于寿县发现铜器墓①（库?）事，团中同仁闻之，都很兴奋，如果属实，自然乐于往寿县走一趟。千余件之说，未免夸大，当由传闻失实。但只要不是谣传，确有楚墓发现，则所出铜器，总够高英②君工作许多时候。考察团暂时遵命不移动地址，以便联络。点军台工作结束后，拟暂在附近作调查，既不"转移阵地"，也不作"长期阵地战"，只是"打游击"。候得尊处对于寿县事有切实指示后，再行移动地址，以免失去联络。通讯处仍是"成皋县广武区政府转"，前信脱漏"广武"二字。至于"区公所"与"区政府"，不过新旧名辞之别，仍是同一机构。我们希望至晚于二十日以前能接到指示（愈早自然愈佳）。如果要我们去寿县，希望院中能给一新的护照及介绍信，即行寄来，以便应用。此间及县城皆无电报局，如果拍电报，或可拍"荥阳县郑州专署转成皋广武区政府"。荥阳县城离此间三十里，县专署府未必马上派人转送到。

治淮发现古迹事，此间通过文管会，时时得到消息报导。来广武后迄今收到他们四封信。文管会前来参加工作的安金槐、蒋若是二君，已经离开工作站返汴，奉命派往泌阳板桥水库及西平二处工作。

---

① 指寿县西门外，发现战国时期蔡候墓，出土大批青铜器事（见《寿县蔡候墓出土遗物》，科学出版社，1956），传闻有失实处。

② 高英，中国科学院考古研究所文物修整人员，精于青铜器修复，后调中国历史博物馆工作。

安金槐君已有信来。禹县白沙水库系韩维周君在彼工作。闻最近韩君赴泌阳板桥水库，与安金槐君一处工作。考察团仍是保持原来的态度，如果彼处有重要发现，团中可以派人前往协助，必要［时］全部人员前往协助。但听其报告，似乎多是汉代砖墓。禹县白沙的两处遗址，是韩君所调查发现的，并不是治淮工程发掘渠道所发现的。前在京时，闻裴文中先生今春将往禹县龙骨洞工作，未悉已出发否？河南文管会亟希望有地质兼考古的人来禹县，以便解决龙骨洞问题。

点军台发掘已达第七日，探沟二公尺宽卅公尺长，分为三段，由安、王、马三君分别负责。工人仅十二名，因为划分层次，绘测侧面及平面图，够他们忙碌了。每人指挥四个工人，有时还照顾不来。他们都觉得有兴趣。去年在安阳每人负责一百多公尺的探沟，三四十名工人。虽然记录可以六七天以后补记，侧面图等可以不要，或者用写生法，比较之下，是另有一种趣味。现在探沟深者已达到 3.7 公尺，尚未到底，各层以有灰坑及墓葬关系，不能以每二公寸为一层的简便法来处理。完全依层次土色，不管离地面的高低。第一层为表面土，第二层出细把豆，弦纹轮制红陶及灰陶，似为东周之物，第三层及第四层土色虽别，出土物大致相同，为龙山文化之黑陶及薄灰陶、方格陶，有石斧、石刀残片及蚌刀、蚌锯。但夹杂少数彩陶（红底白衣黑彩、红底红彩或黑彩），有数片为灰底红彩。有一片是黑底红彩。如果不是受烟熏或油渍变黑亮，则颇似黑陶受彩陶影响所致。总之，此文化层实为豫西之龙山文化，而夹杂少量彩陶片。文化层并未经扰乱。彩陶片之来源，可能为附近有彩陶遗址或彩陶文化居民。据河南文管会中曾在仰韶村采集者言，仰韶村亦以灰黑陶为主，彩陶片甚少，颇疑与点军台之龙山文化层相似。现下希望再往下掘，可以掘到纯粹的彩陶及红陶的文化层。墓葬已清理三墓，皆无殉葬品。其中二墓系近代墓，但打破第二层及第三层，另一正在清理中者，亦为近代墓，打破第四层，尚未到底。

《考古学报》事，请斟酌决定。或可与编译局说明清楚，交印之稿件，可能留一两篇归入第二分册中装订。每期二分册之页数，似应连续。只要目录留在最后印刷，则先印好之文章（抽印本可先装订），仍可留作第二分册之用。寿县发掘规模，虽难预计，但若仅一大墓，并不需要多人看坑，清理时也容纳不了多人。其他室内整理及研究工作，不必全部停顿，年内总可赶出几篇文章。未悉尊意以为如何？敬请

近安

生夏鼐　敬上
五月六日

五
1951 年 5 月 13 日

思永先生：

五月八日来函敬悉。寿县千余件之铜器坑忽化为乌有，未免令人失望。幸得没有闻讯后即去，白跑一趟。

此间工作情形，已另详于工作简报表中，兹不赘述。此次发掘点军台，未能解决问题，反引起新问题，此亦发掘常有之事。点军台工作，日内即可结束，颇拟于广武区内，再发掘一纯粹彩陶遗址，以资比较。（拟再掘青台，以前次收获品尽失，又未发表，等于未作）。惟点军台低处亦可再打一探沟，以决定是否另有一纯粹彩陶红陶文化

层之存在与否。

广武工作结束后，拟赴汜水。麦季渐近，如此间收工稍晚，或即由汜水赴洛阳及渑池，以便可以小规模发掘。巩县、偃师之调查，可于归途中顺便工作。现尚未作最后决定，下次当再函告。

《考古学报》第一分［册］已编好否？月底可以交稿否？审阅安阳报告时可以调阅当时田野记载，以供参考。

第三季预算，并无特别意见，惟前在京时，陶副院长及郑所长希望秋季能将辉县古物开一展览会。是否须编一预算？如能不开展览会最好，以免影响整理工作。秋季发掘费，九月份中似即须编入。郑所长何时返京？有消息否？敬请

近安

生夏鼐　敬上

十（五）月十三日

今年大学毕业生分发问题，院中已有举动否？希望能早些进行，以免如去年一样，结果落空。

六

1951 年 5 月 20 日

思永先生：

五月十七日来示敬悉。点军台工作已于昨日结束，详细情形见工作简报中，兹不赘述。现拟发掘青台，大约旬日内即可西行。五月份发掘费（此间存款，今日止尚余九百余万元），可于本月底汇往洛阳，届时当再函告通讯地点，以便汇款。此次各地所采地面彩陶标本，属于豫西彩陶系统，并无显然重要之不同（将来细加分析后，

或可分别）。点军台彩陶亦如此，其佳者与秦王寨等处相似，如红底白衣黑彩之敛口罐，红底黑彩或红彩之侈口罐（口缘下多为网纹）。但细察之，线条有时稍草率。又平行线环绕器身者颇多，似表示花纹简单化，其中一片口缘作 形，外面粗糙，内面光滑，有平行线四条。其器型受龙山文化影响，而花纹与后岗彩陶相似。又有残片，满绘方格纹（即网纹） ，黑红彩相间，似亦他处所未见。或亦受龙山文化中方格印纹之影响欤？此外尚有黑底红花者，但陶质及制法仍为彩陶系统。详细分析，当俟之异日。（第四层之灰坑中，有大片彩陶，且有鼎脚、陶环、红陶尖底瓶，及无彩红陶，似可证明为其文化中所包含之物，并非如小屯所得单片彩陶，可能由他处遗址移来，故决定不在点军台再打探沟。）

关于大学未毕业者可否允许来所工作一问题，原则上所中可以吸收未毕业者，但待遇方面，恐较已毕业者为低。院中有统一办法，我所不能例外。

房子事，暑假后添实习员，办公室及宿舍皆成问题。如新房子无力建造，有否他法，以求暂时救济房荒。王之屏①兄已来京否？敬请研安

　　　　　　　　　　　　　　　生夏鼐　敬上

　　　　　　　　　　　　　　　五月廿日

---

① 王崇武（1911～1957），字之屏，明史研究专家。1936 年毕业于北京大学历史系，与邓广铭、张政烺等同学。曾在中央研究院历史语言研究所工作，1948 年去牛津大学访学。归国后于 1953 年起任中国科学院近代史研究所研究员。此信中询问其返国事。

七
1951 年 6 月 1 日

思永先生赐鉴：

五月廿八日奉上一函，并附上工作简报表，谅已登记室。此间工作，青台发掘已近一旬。二公尺阔，卅公尺长之探沟，竟遇及墓葬达二十余座之多。其中十六座为瓦罐葬，中藏婴儿或幼童骸骨，现已设法带土掘取一座装箱运回，以作将来陈列之用。所用之瓦罐多为绳纹粗陶，但亦有细陶罐或陶鼎，就地层而论，亦当属于仰韶期之物。遗址为墓葬所扰乱，房屋结构不大清楚，但有红烧土层，当为灶址。所出陶片，上层灰黑色者较多，下层红色者较多，彩陶片亦不少，但仅得一完整者，红底深红彩，花纹简单。完整陶鼎颇多，以（已）达十余件，但未见鬲腿，亦未见方格纹陶或龙山式黑陶，石器骨器甚少。昨日已有一部分到底，最深处仅四米四，日内即可结束。昨日于近梯田边缘开一探沟，以其在离地面一公尺处露出白灰面，房屋遗迹或保存较佳。麦季已开始，数日后雇工恐不易，大约下星期即可结束西行。离广武以前，当再函告。五月份账目已结清，由马得志君将单据寄与沈先生，余款尚多，抵洛阳后再请汇款未晚。郑先生已返京否？陕西队今日有消息否？专此　敬请

道安

生夏鼐　敬上

六月一日

八
1951 年 6 月 6 日

思永先生赐鉴：

六月一日奉上一函，谅达左右，兹附上田野工作简报表，即请察收。此间工作已告结束，现拟明日或后日离广武，先赴郑州，将标本三十余箱安顿好后，再行西上，赴洛阳及渑池。此后来示请寄"洛阳市图书馆街市立文化馆郭文轩转"。汇款稍缓数日，亦可汇寄洛阳。京中近况如何？郑所长已返京否？展览会何时开幕？《考古学报》已交去否？新屋建造有消息否？余容抵洛阳后续陈。专此 敬请道安

生夏鼐 敬上

一九五一、六、六

因为正值麦季，此间竟雇不到车子，只好请马先生去郑州一趟，由郑州雇车，也许明日可以起程。

六月七日

九
1951 年 6 月 9 日

思永先生赐鉴：

六月四日来示已悉。调查团已于九日来洛阳。因为农忙，在乡间无法找到交通工具。我们赴郑州的车子是派人到郑州找来的。故沿途调查，现下实无法实行，只得先赶来洛阳。大都市中即农忙时交通工

具比较有办法。

广武工作告一段落，兹写成通讯一篇，拟交《科学通报》发表。闻《通报》现下每月十五日截止收稿，不知能赶得上否？请赐改正后，即行送编译局，最好能赶上本期发表。必要时即将原稿送上，不必誊清。可以电话先与编译局联络。

汇款请速寄来洛阳。

此请

道安

　　　　　　　　　　　　生夏鼐　敬上

　　　　　　　　　　　　　六月九［日］晚

附上稿纸八张，图十二幅（内锌版一、照片十一）

<h1 style="text-align:center">十</h1>

1951 年 6 月 15 日

思永先生：

六月十二日来信及汇款均已收到，汇款已经提取，请勿念。考察团抵洛阳后，连日调查东大寺及西工两处，即去年曾有铜器出土之处。又赴龙门及金村考察，龙门东山取石烧石灰，颇有损坏，近始加禁止。金村今春尚有盗掘，发现大坑二，闻出玉器不少，现在活动范围，已移至大路以南。闻此处表面淤土较深，故从前未能彻底盗挖，城郊附近去年曾大加盗掘，以北京方面有人收购（恐即指文物局去秋之大买古董）。今春情形较佳，并非不欲盗掘，乃由于无销路也。现下此间仍是收割小麦期中，学校中放农假二星期，尚未期满。拟在附近再作几天调查工作，选择一处发掘，同时分派二人赴渑池调查。

下月初旬或可返京。天气已热，工作效力减低，但工作费所余尚多，不能不设法加紧工作也。专此　敬请

道安

生夏鼐　敬上

六月十五日

接编译局方面来信，谓《通讯》稿已收到，由局中另抄一遍付印，七月号中可刊出。

十一

1951 年 6 月 20 日

思永先生赐鉴：

六月十八日来示敬悉。《考古学报》第五册出合刊事，如向编译局接洽能办到：（1）七月中付印，开始制版；（2）七月中以后可以继续送稿，以九月底为最后截止期，可以办理。若交稿过迟，恐合刊亦不能于今年年底以前出版。若截止收稿过早，使今年九月底完成之稿，一定要延搁到明年六月或更后始能出版，又似乎不大好。（人家攻击吾们干发掘工作者把持材料，已有口说不清，若材料已整理好，似不应再延搁。）此事请与郑先生商酌决定。

今秋赴长沙工作事，并无成见，服从组织指示。惟与南博院合组考察团事，请慎重考虑，最好不要用"合组"形式。成都王建墓发掘事前车可鉴。如欲利用南博院人才，可以另采他法。去冬曾副院长曾询问今春可否派员参加中科院发掘团学习，当答以今春工作为考察而非发掘，秋间再谈。故欲借用南博院人才，一半借用，一半学习，未尝不可办到。不必以"合组"名义，使主持发掘者"一个媳妇伺候两个

婆婆"，有时左右为难。长沙气候，是否秋间多雨，深坑能否于秋间工作，抑待水浅时进行，尚待打听。又漆器保存问题，尚未解决，殊为憾事。工作人员是否全体出发，抑仍派遣他队？新来研究实习员，挖墓并非良好训练，但为应付环境，配合实际政策，有时亦顾不了许多。豫队日内向渑池出发，归途仍经洛阳（笨重物品，拟暂放在洛阳），来信可仍寄文化馆郭文轩先生留转。大约七月初总可以返京。此请

道安

生夏鼐　敬上

六月廿日

附上寄郭子衡先生一函，乞转交。并附上工作简报表一份。

十二

1951 年 6 月 29 日

思永先生赐鉴：

六月二十日奉上一函，并附上工作简报表，谅达左右。考察团在洛阳遇雨，因之又多停了几天，昨日始来渑池。在洛阳又赴三山村调查，在城西南十五里，有周三王陵及周灵王陵。从前曾有盗掘，周灵王陵被掘开，闻出玉器等。附近小墓则出铜器、玉器及陶器。又至汉魏太学遗址调查，闻民国二十年左右，附近村民曾大加发掘，得石经残片甚多，但多为仅剩两三字之小片。曾雇工在塔湾及东大寺试掘，未有所得。现拟在渑池作采掘工作约一星期许，即行东归。

河南文管会昨日来信，邀约赴开封一谈夏季调查及秋季工作事。兹将原函抄录附上。生已去函复告以考察团上半年工作将告结束，下半年工作，须候所中作决定。俟返京商量后再以通信方法商讨具体办

法，不拟现下亲赴开封。又已另函郑所长报告此事。未悉所中对于此事之具体意见如何？或待将来返京后面谈亦可。

渑池小县，无电报局。信函可由"渑池县政府文教科转"，现拟今日下午即赴仰韶村调查。陕西队已返京否？专此　敬请

道安

生夏鼐　敬上

六月廿九日

又关于运输标本事，郑州有三十六箱待运，渑池所采标本数箱（大约不超过十箱），请即向铁路（道）部交涉通知渑池及郑州二站货运科（渑池标本拟直接交运至京）。

抄录　河南文管会孙文青、赵全嘏二先生来函

一、中南文物处顾铁符①科长于六月廿一日来汴，携治淮费一亿元，正商讨未来工作计划。

二、现正与顾科长及中央文物局谢元璐秘书商量。拟在七八九三个月间，由中央、中南、河南合组调查团，围绕治淮工程，为河南古迹古物图书及革命文物等，作普遍调查，以便了解全部情况，秋后择重点工作，并希望贵团也能参加，并作领导。初步想法是最好组成六队，每队五人至七人，你团担任一队，文物局调配华北、华东两队，我会一队，河大一队，豫省府调配干部一队。混合组织，每队以考古者作队长，另配考古、图书、革命文物、技术、事务各一人，可能时配备古建筑及地质各一人。先从

---

①　顾铁符（1908~1990），早年曾在中山大学随人类学家杨成志从事海丰地区考古调查。时任中南文化部文物科长，后调文化部文物局、故宫博物院工作。

事淮水上游各专区，如商丘、陈留、淮阳、许昌、信阳、潢川各一队，工作完成，即以商、陈、淮队转入郑州、洛阳、陕州三区，许、信、潢三队全部转入南阳，因南阳地广而远，且向未经前人到过，当不少古刹、古建、佛龛待搜检。

如荷同意，请即命驾来汴，以便商讨具体办法，确定经费，调配人力，置备工具，进行工作。

十三
1951 年 7 月 10 日

思永先生赐鉴：

七月三日及四日来示，均已收到。铁路（道）部既已答应，谅车站方面必无问题。实则此间所采标本仅装六箱，运费等级稍高，亦可照付。工作费所余尚多。仰韶工作，因天雨停工三天，故昨日（九日）始结束。挖了一道探沟，在安特生 Loc. V 之东，探沟南半的一部分正跨着旧探（Loc. V）。我们清理了九座墓葬，皆无殉葬品。墓葬打破灰坑，时代当较晚。灰层及灰坑中出土物，确如安氏所云，各种陶片混在一起，与点军台第三层相似，红陶及彩陶甚少。不召寨曾去过，为一黑陶遗址。不召寨之西，有"下城头"遗址，出红陶及彩陶，似未混入黑陶系之物。惟匆匆考察，容有疏漏。今日下山，拟今晚或明日上车东归。余容面陈。敬请
道安

生夏鼐　上

七月十日

附上给秉琦兄一信，乞转交。又请转告沈锦椿兄，此后考察团同人信件，不必再转来河南，保留在所中等候我们返京亲自来取。

十四
1951 年 10 月 12 日

思永先生：

十月八日离京后，于十日晨间抵汉口，中南区文化部文物处方壮猷①处长及顾铁符科长（博物馆科）来站迎接。仝仁等在汉口勾留一天，晤及文化部许凌青部长，承其殷勤招待。十一日晨间离开汉口，晚间抵长沙，即赴湖南省文管会，晤及蔡季襄②君。今晨晤及主任委员陈浴新③先生，商谈一切，并偕往省政府，适以王〔首道〕主席未来上班，乃将公函交与办公厅曾主任。中午文委会招待同仁等宴叙，下午搬入兴汉门外省立博物馆筹备处，房屋颇宽敞，离工作地点亦不太远。明日拟赴各地一踏查，以便决定施工地点。经费方面，不知第四季预算已批准否？长沙队可得若干？以便依照经费决定工作计划。西郊工作④何时可以完工？……

此后来示请寄"湖南长沙兴汉门外留芳岭 46 号省立博物馆筹备

---

① 方壮猷（1902～1970），字欣安，时任湖北省文化局局长、文物管理委员会副主任。

② 蔡季襄，湖南省文管会人员，原为古董商人。

③ 陈浴新（1890～1974），早年为爱国军人，曾在辛亥革命、护国运动和抗日战争中做出贡献，后参与和平解放湖南的起义活动。时任湖南省人民政府委员、文物管理委员会副主任等职。

④ 指中国科学院考古研究所在北京西部董四墓村进行的明代嫔妃墓发掘。

处转中国科学院长沙发掘团"。

余容后陈。此致

敬礼

　　　　　　　　　　　　　　生夏鼐　敬上

　　　　　　　　　　　　　　　　十月十二日

请通知沈锦椿先生，将同仁等来信转寄上述地点。又及。

十五

1951 年 10 月 23 日

思永先生：

十月十九日来信敬悉。第四季预算已批下否？长沙工作费依现下情形看来，不致太费。一亿元似可以够用。秋后水位低降，楚墓底部虽稍渗水，但用小水桶即可了事，不必租用抽水机。工人工资为每日一万二千元，马王堆大墓①，工程过大，已决定暂时放弃。现下抢救工作，先做小吴门外之陈家大山（即彩绢画出土地）。第十二兵团正在此山兴筑房屋，若不抢救，即无工作机会。惟此处盗掘甚惨，现下找到七墓，皆曾经盗过，有晚周木坑及土坑，有汉代土坑及砖墓，有一部分已到底，出淮式镜子，战国式陶器。木坑中木椁四周及上面之青灰或灰白色泥乃是不易渗水之黏土（clay），并非吸收水分之蜃炭。此处墓葬虽曾经盗掘，间或残遗些东西。对于我们初来新地方工作者，先以此作试验，亦殊值得。第十二兵团希望我们，对于盖造房屋区域内之墓葬，十天

---

① 即 20 世纪 70 年代发掘马王堆汉墓的土冢，当时因"工程过大"，放弃未掘。

内清理完毕。我们拟于本星期内开辟第二战场，在浏阳门外子弹库附近工作，因系军事禁地，盗掘情形似不会像小吴门外之严重。抽暇再赴近郊调查，找寻新地点。现下工作分五组，每组工人六名，如有大墓，须要添工。

湖南大学杨遇夫①先生询问，《积微居金文说》已付印否？何时可以出版？请询问编译局后示知，以便转告。又姚薇元君询问《北魏胡姓考》② 一文审查结果如何？如果尚值得出版（小节或须修改，如大汉族主义之类），请科学院代为介绍出版，不必列入科学院考古所专刊中（可援杨遇夫先生《淮南子证闻》一书之先例），仅求著述得以问世，不计较稿费。如何决定，尚乞示知。

四所大楼事③现下进行得如何？书库后面的宿舍修建得如何？考古所同仁能分配到几间否？原定修盖大楼之空地，是否可以与秘书处交涉，由考古所修筑临时库房及修理标本工作室，搭盖几间平房？……

尊恙谅已痊愈？同仁嘱代为问候，天寒尚乞善自珍摄。

此致

敬礼

生夏鼐　敬启

十月廿三日

①　杨树达（1885~1956），字遇夫，语言文字学家。时任湖南大学教授兼文法学院院长。著有《汉书窥管》《积微居金文说》等。

②　姚薇元《北魏胡姓考》，科学出版社于1958年出版。

③　中国科学院曾计划在考古研究所院内营建考古、近代史、语言、社会四研究所共用的办公楼，因北京市城市规划部门干涉，即将动工时中止建筑计划。

十六
1951 年 10 月 30 日

思永先生：

十月廿三日奉上一函，谅达左右。兹附上第一号工作简报表，即请察收。陈家大山工作，已暂加结束。现分伍家岭及军储库两处工作。陈家大山虽已掘到廿三座墓，但结果殊令人失望。军储库昨日开工，当日即出一坑，有铜剑、铜鼎、陶罐、陶碗，一共四件。今日伍家岭 201 号亦出铜器五件，壶、罍、盘、灯及博山炉。此间生土为第四纪红岩及红壤，为强酸性之土壤，故土坑中人骨均已溶化无痕迹，铜器亦多已全部酸化，虽青绿斑斓，极为美观，但多一触即碎。现以安阳糊人骨的办法，以麻纸糊之，返京后再修理。因为未得完整木坑，故尚未得良佳之漆器及木器。工作地点多在砖窑内，工作困难，但一个多月内砖窑以霜降后不宜烧砖，多将停工过冬，或可扩大工作。

发掘费仅余七百来万，只够维持一星期至十天，十月份发掘费如仍未批准，请设法借款汇寄。否则只得以经费不继而停工了。

……收购古物事，请宋君直接与此间省立文物委员会接洽，并告以不要用考察团名义收购。

此致
敬礼

生夏鼐　敬上
十月卅日

十七
1951 年 11 月 6 日

思永先生：

十月卅日来示敬悉，十月份发掘费二千五百万元，已经收到。依照目前规模，此款可以维持二十来天，所谓"下月发钱时"，不知指何时，能告大概日期否？若能在本月下旬以前发下，谅不成问题。如不能维持，当早一星期余函告，以便在别项下暂借汇下。十月份的账目附同单据，已于十一月二日寄给沈先生，此时谅早已收到。明年一月份希望能做入发掘费，以便如有不敷，可以弥补。

党华①君的事，中央人事部与院中人事处都不肯据理纠正华东方面的错误，恐别无挽救之法。戴家祥②已被华东师范大学邀去教"考古学"等课，浙江文教厅和西湖博物馆是有意闹别扭，和他们商量调用恐无希望。

四所大楼，市政府如肯积极帮助，依地价税所规定的地价，强制征购，甚易成功。否则人家有意居奇，高抬价格，中科院虽愿作"冤大头"，奈财政困难，拿出这许多钱更无法盖修够用的房子。大楼原址，建设局本已答应可以建两所房子的（这事询之孙岱便知）。经过我们一交涉，他们索性不准盖任何房子了。

---

① 党华，未能分配到中国科学院考古研究所的浙江大学人类学专业毕业生，后在浙江省博物馆工作，遭遇冤案判刑，平反后转至南京博物院工作。
② 戴家祥（1906~1998），字幼和，温州瑞安人。历史学家和古文字学家，早年就读于清华学校国学研究院，师从王国维，此时任华东师范大学教授，后主编《金文大辞典》。

此间发掘情形，另详工作简报表第二号中，兹不再赘。

此请

研安

生夏鼐　敬上

十一月六日

十八

1951 年 11 月 12 日

思永先生：

十一月五日奉上一函，并附工作简报表第二号，谅已收到。兹将工作简报第三号奉上，即请察收。发掘地点改变后，颇有收获。所得铜器已有三十余件，因长沙土质为第四纪红岩及红壤，带酸性甚浓，故铜器薄者多全部变成养（氧）化铜而微粒结晶化，脆弱易碎（铜镜以鍱锡较多，保存较佳），将来带回去者，不知高英君有办法修理否？伍家岭 203 出漆器多件（漆案三，漆碗二，漆耳杯二），惟木椁盖塌压于上，保存情形并不佳，恐干后即毁形，现正在设法中，暂以湿棉花包裹之。据盗墓者云，仅"火坑"①中所出漆器，可以保存。其余一干燥即坏，吾人正在做试验，希望有法补救。

徐智铭君有信来，谓人事处不准辞，亦不准兼，但彼已悔悟，决计安心工作，我已去函劝慰之。西郊工作完竣否？石、王二君②已动

---

① 长沙地区保存情况好的木椁墓，往往有易燃沼气，故俗称"火坑"或"火洞"。

② 指考古所将去参加长沙发掘的石兴邦、王伯洪。

身否？希望能带两三瓶 Acetone［丙酮］来，因为在长沙买不到。徐君能否随石、王二君一同来长沙工作，可否托石君一探问之。但是切不要勉强，以免又闹情绪。

南博有信来，要宋、王二君①年底或年初返宁，以便参加一二月出发之土改队。中科院土改队事如何？中科院座谈会讨论工作及组织问题，惜接信过晚，无法参预……

生夏鼐　敬上

十一月十二日

十九

1951 年 11 月 25 日

思永先生：

十一月十九日奉上一函，并附上工作简报表第四号。谅登　记室。兹奉上田野简报表第五号，即请察收。

此间工作相当紧张，收获亦颇不恶。如 M322 所得一矛二戈，皆带涂漆木柄，尚属完整，惜已中断，现已封藏竹管中，以便运回。M203 汉墓出土一批陶器，涂有银彩，外加几何纹漆画。又出木船一艘，长一公尺三，带有木桨及木篷。又有明器用之小车，木制外加漆鬃（轮牙似为竹制），辐条十六根。惜椁盖崩塌压坏，大致可以复原，保存较辉县所得者为远佳。木偶漆器亦不少，惜坑中积水，并非干坑（"火坑"），故保存不佳。M211 汉墓，出八两来重之金饼（马蹄金），尚有一鎏金银之铜镜，亦为佳品。惟以出土物过多，一时来

---

① 指南京博物院参加长沙发掘的宋伯胤、王文林。

不及整理，北京方面石、王二君不来，又无信来。下星期拟缩小规模，将来到底之坑，暂停工作，腾出工作人员做整理装箱工作。所中通知加紧政治学习及增产捐献，前者已请王伯洪兄负责领导，后者俟返京后再谈。一天工作十二至十四小时，星期日尚无休息，还要人增产，除非逼出人命来。我们曾想出一办法，每日八小时以外之工作及星期日加工，皆要额外工资，即将此工资捐献出来。不知道此批额外工资可以报销否？请一询会计处。一笑。

　　此致

敬礼

　　　　　　　　　　　　　　生夏鼐　敬上

　　　　　　　　　　　　　　　　十一月廿五日

　　前次附来匈牙利考古丛刊目录，兹附上奉还。此批丛刊虽然我们马上并不用得上，但全套难得。图书费如有余款，可以购下。未悉尊意如何？

二十
1951 年 12 月 4 日

思永先生：

　　十一月廿五日奉上一函，谅达　左右。兹附奉工作简报表第六号，即请　察收。十一月份发掘费报销单据已邮寄沈锦椿先生。现下工作地点又增一处。工人拟由五十名增至百名左右。此间发掘费尚存五千余万，谅可够用。石兴邦君前有函来，云十一月底左右动身来湘，但迄今日为止，仍未见前来。此间工作拟于一月初旬或中旬结束，不知能如愿否？宋、王二君接南博来信，望其于十二月底或一月初返宁，以便参加土改。中科院参加土改同仁何时出发？

　　此致

敬礼

　　　　　　　　　　　　　生夏鼐　敬上

　　　　　　　　　　　　　十二月四日晚

二十一

1951 年 12 月 10 日

思永先生：

　　兹奉上工作简报表第七号，即请察收。石兴邦兄携来尊函，已经拜读一过。关于院中指示采集标本，就地赠送一事，可以考虑。但本季长沙工作，与此间同仁商谈，皆以为虽然能照办，此间博物馆并无修补设备及人材，他们所希望的是可以陈列展览的东西，我们所掘到的破陶器，除非修补好，是不能陈列的。他们希望中科院将来能送修补好后的复本，能送他们一些。如舟车的模型，也希望能代做一份给他们。（此间省立博物馆与省立文物委员会，以人事关系，互相对立，两方面都希望我们送些标本。）对地方联系之道，亦有多端，并不一定送礼，即送礼亦并不一定要马上送去。希望院中能谅解。此间工作，拟提前结束，以便赶回参加思想改造学习运动。学习文件望从速寄来，以便可以在此间先作准备。但田野工作期中，不易搞得好，南博宋、王二君，可能留到工作结束时始返宁，已去函曾［昭燏］院长征求其同意。

　　此致

敬礼

　　　　　　　　　　　　　生夏鼐　　上

　　　　　　　　　　　　　十二月十日

二十二
1951 年 12 月 18 日

思永先生：

十二月十三日来函敬悉。十二月份发掘费三千万元已汇到，请勿念。迄今日止仅用去五千万有余，尚余六千万元（拟留二三千万作返京运费及旅费），谅可够用。此间拟于一月中旬收工，一月底以前返京。南京博物院已有信来，希望王、宋二君能于一月二十日或以前返宁，以便宋君参加土改，文林参加治淮。二者皆于一月底由宁出发。惟安、钟二君①所开之汉代大墓，不知届时能完竣否？又石、王二君颇欲做到一月底，以便"过足发掘瘾"后再离长沙。容届时斟酌实际情形，再作决定。或许分两批返京，未悉　尊意以为如何？王文林君最近几天生病，腰痛，小便带血，去湘雅医院治疗，照过 X 光。今日已愈，仍在家休息，明日或可上工。此间照相材料似较北京便宜，Kodak Super X X （1953 June）仅三万八千元一卷。Kodak 36mm（莱卡用）仅十万元一卷。惟相机亦缺货。京中如何？苏秉琦兄曾向石、王二君提及有来长沙一观之意，已去函表示欢迎。惟此事仍由所中作决定，不知苏兄已向所中提出否？附上工作简报表第八号一纸，又照相一张。

此致

敬礼

生夏鼐　敬上

十二月十八日

---

① 指考古所参加长沙发掘的安志敏、钟少林。

据闻《科学通报》近来稿子拥挤，西郊简报①迄今尚未刊出，故长沙工作简报，拟一月中旬前寄上，以便刊登三卷二期。

（小木车等照相已交照相馆印相，容下次写上。）

二十三
1951 年 12 月 24 日

思永先生：

来示敬悉。关于一九五一年研究工作总结事，已分别告诉各同仁，并拟于一月十日以前写出来寄所。因为正在赶工，星期日都不休息，又分散在三处，相距七八里，每星期巡视一两次，一次便要跑三十来里路，便是一个整天。集体讨论的机会很少，仍希望有机会能全体聚在一处作一讨论，或分开小组讨论。又此项总结，是每个研究人员一篇？或是集体的由在长沙的人合写一篇？尚乞从速示知，俾有遵循（自然寄到所中后，当然由所中摘要后加以综合，转到院中）。此间工作，子弹库与伍家岭两处皆可于一月中旬结束（宋、王二君于一月中旬离湘返宁）。惟徐家湾大墓，恐一月底不一定能完工，因为只有一墓道，又难多施工人，只好尽量赶工。附上工作简报表第九号，请察收。又附上伍家岭木椁墓及其出土物照片拾张。

此致

敬礼

生夏鼐　敬上

一九五一年十二月廿四日

---

① 北京西郊董四墓村明墓发掘的简报，见《科学通报》2 卷第 12 期和 3 卷第 5 期，《文物参考资料》1952 年第 2 期转载。

木车经初步整理后，除车盖斗尚未找到，其余皆大致清楚，已绘"构造图"，可照原大加以复制复原。这次的车子，连接笥（榫）都可照原样做，殊为快事。可向徐智铭君询问去年做车子模型的工人，明年二月份预算中可编入。

二十四
1951 年 12 月 30 日

思永先生：

顷接十二月廿六日来信，获悉 贵体欠适，未悉现已痊愈否？殊为念念。关于提早返京事，顷与王伯洪兄商酌（其余同仁，分散在复兴街及徐家湾，未及商谈）此间工作，如不受天雨影响，大约一月廿五日以前，可以结束。徐家湾大墓已露出木椁，离底部已不远；有盗坑七个，清理似不致十分费事。伍家岭工地，一月十日左右可以结束。子弹库工地多为小坑，亦随时可以结束。如果能容许延至收工后返京，多留半个月，俾此间得完满结束，自为最佳。其次为一月十日左右让王伯洪兄先返京（王伯洪兄在伍家岭工作，可以于十日左右结束），生于廿五日左右返京。如属万分必需二人同时提前返京，亦请示知，俾有遵循。宋伯胤、王文林二君在伍家岭工作，拟于一月十日左右结束，十四五日离湘返南京。如果生提前返京，此间工作拟由安志敏兄主持，未悉尊意以为如何？前日在子弹库工地清理已被盗过之"火洞"，棺椁木质皆完整如新，人骨保存亦佳，头发一束，亦尚残留。（此为来长沙后第一次"剥人架"。以前所掘百余墓，人骨皆朽腐毫无痕迹。）惜经盗掘，仅残留陶片（鼎、敦、豆）及草席布绢之残片而已。其余详工作简报表。

　　敬请

痊安

生夏鼐　敬上

一九五一年十二月卅晚

　　关于一九五一年研究工作总结一事，曾征求此间仝仁意见，都以事忙，说没有什么意见，请所中根据在京及辉县同仁写一报告可也。考古组方面或可请秉琦兄拟一草稿，经先生审阅后再送院。另有致秉琦兄一函，乞转交。

二十五

1952 年 1 月 5 日

思永先生：

　　卅一日来示及电报，均已收到。现已决定于一月十日左右与伯洪兄相偕北返。现正将经手诸事作一结束及交代。此后即由安、石、王、陈、钟诸兄继续工作。杨家山大墓主室已开始清理椁底，昨日清出纯金饼一枚，与伍家岭出土者相似，重约七两许。伍家岭工地日内即结束，现正赶测绘地形图及坑位。附上一九五一年第四季工作报告表（系集体的，包括长沙发掘团全体同人），请察收核鉴。十二月份发掘费结账及单据，亦已于今日寄给沈锦椿先生。

　　余容面馨。此致

敬礼

生夏鼐　敬上

一九五二、一、五

致　曾昭燏　6通[*]

（1951 年 ~ 1952 年 2 月）

一

1951 年

昭燏先生：

　　一月廿五日及廿九日的信，都已收到。因弟十二指肠溃疡恶化，遵医嘱休息，关于宋伯胤兄事，久稽答复，甚歉。我所年终总结时，感觉到没有尽量发挥所中潜力。如果伯胤兄只能来一个月，似乎我所中尚可设法调配人力，免得伯胤兄南北跋涉，又恐碍及你院工作，此事拟即作罢论，未悉尊意如何？

二

1951 年 7 月 11 日

昭燏先生：

　　郑局长要我所于国庆前布置好新疆文物展览会，即利用黄仲良

---

* 以下六通信据张蔚星《南京博物院藏曾昭燏师友书札考略》一文，见南京博物院编《曾昭燏纪念》，江苏人民出版社，2009。编者曾据该文所附原件核校。

先生之采集品。因为罗布淖尔出土物多已交与贵院，据云一共不到两箱子。拟恳请惠借一下。到京后由黄公择尤陈列（仅要罗布淖尔的出土品）。运费由我所负担，展览后当即全部归还。闻有一小部分贵院正在展览中，最好能一并送来，恐须抽出另换他物陈列，未免麻烦，但仍望能俯允所请。兹将正式公函附上，敬请院长大人允准为祷。

关于科学院刊物发行事，最近又有变动，编译局发行组取消，将发行业务转移新华书店等办理（见七月十一日《人民日报》第四版广告）。

《中国建设》（*China Reconstructs*）第四期（七月份）已经出版，拙作 New Archaeological Discoveries ［新考古发现］已刊出，未悉已阅及否？有何意见，尚乞见教。

顷接七月九日来信，关于宋君事已转告天木兄矣。

此致

敬礼

弟夏鼐　敬上

七月十一日

三

1951 年 9 月 2 日

［前失］

贵院已经　贵院长事先同意，谅无问题，但不知道华东文化部的反应如何？将来决定后再与尊处联系，参加者的出差费，可由发掘团出钱，不必累文物局破钞。听说文物局颇有留宋君之意。故最好不要文物局出钱。我与天木兄说："最好还是文物局原璧奉还南博，否则以后调人借用便要发生困难了。"天木兄亦以为然。至于敝所，除非事先得贵院长同意，决不拉人，请放心，决不会发生"赔了夫人又折兵"的事。张君不能参加，弟亦很为之惋惜。但是因为那边的工作站没有布置好，女孩子去不大方便，所以只好暂时如此决定了。

　　此致
敬礼

弟夏鼐　上
九月二日

四
1951 年 9 月 14 日

昭燏先生：

　　九月十日来信敬悉。王〔文林〕、李〔连春〕、宋〔伯胤〕三人的事，华东文化部已通过否？宋君据云，本月廿五日可返京，希望能按期或稍提早返京，以便加入先遣队出发。文林兄是否在南博尚有工作未完毕，否则亦可偕宋君一同来京，由此间出发。决定后请示知，以便此间办理旅行护照手续时，知道确实人数。连春兄将来可由南京直接前往长沙。关于旅费及膳宿费（除宋君京宁往返旅费，似应向文物局或贵院报销）皆可由发掘团负担。治淮工程抢救文物工作，贵院两队如何组织？是否要影响到参加长沙工作？尚乞便中示知。又关于发掘人员之工作皮鞋及工作服问题，宋、李二君曾提及，但敝所仅能提供给本所人员，每年参加两次以上者，发给一套。所外参加人员，不能发给，如果他们三人要做，须由文物局或贵院自行负担，附及。

　　此致

敬礼

　　　　　　　　　　　　　　　　夏鼐

　　　　　　　　　　　　　　九月十四日

　　此事自当由贵院自行决定，本来是您发动此事的，文林兄如不能参加整季，仅能参加一个月，则不如留在南京，直接出发参加淮河队。宋君如参加，亦希望能做一季。连春兄可参加短期，但亦能在一个月以上，未悉尊意以为如何？

五
1951 年 11 月 14 日

昭燏先生：

　　十一月八日来示敬悉。宋伯胤兄此次参加长沙工作，甚为努力。惜弟所知有限，或不能满其求知之欲望。长沙本季工作，大约一月中旬可以完毕，关于宋、王二君提前返宁以便参加土改，此乃响应上级号召，当然同意。已与宋、王二君谈过，今年年底可以返院，以便稍作休息后即可参加土改。长沙近郊二十年来盗掘甚盛，自十月十八日起开工，迄今将近一月，清理古墓已逾五十余座，其中约半数曾经盗过，尤其是大墓罕得幸免，收获品以陶器为最多，铜器亦有三十余件（镜、剑、戈、矛、鼎、壶、敦、博山炉、铺首等，皆战国至西汉之物），石壁数件。漆器因未找到"火坑"，所出者不佳，不易保存。尊驾此次参加土改，谅必多心得，不胜羡慕。

弟亦曾报名，未得批准。游介眉先生近由济南来信，学习"新知"之情绪似甚高。

　　此致

敬礼

弟夏鼐　上

十一月十四日

六

1952 年 2 月 29 日

昭燏先生：

　　在长沙时曾收到自皖北来信，以返京后事忙久未作复，尚乞原宥。关于长沙工作情形，宋［伯胤］、王［文林］二兄返宁后当已有报告，兹不另赘。前日在王天木兄处听说，宋君有信致向觉明先生，有拟脱离南博改入考古所之意，在长沙时我曾告宋君以南博当局对于彼期望甚殷，望彼能好好学习，回去为南博服务，故宋君始终未向我表示过其心中所怀之意，今既向他人有此表示，故函告　台驾，乞加留意，善加劝慰，使彼肯安心工作。此次三反运动，贵院成绩如何？冬间考察治淮工程，感想如何？今年南博发掘工作计划又如何？罗振玉《俑庐日札》谓，光绪癸巳金陵雨花台出古砖数十枚，文曰"永康元年五月卅日"等十八字，并闻此砖出土时尚有一碑，土人不敢掘而止。不知台驾已注意及此问题否？南京附近新近有何发现？思永先生入冬以来，旧病复发，遵医嘱休息，迄今已逾两月，尚卧床未销假。郑所长虽返国，但文物局事情甚多，很罕来所，弟能力绵薄，焦头烂额，终日忙碌，抽暇写此信，乞恕草草。

弟鼐

一九五二年二月廿九日

关于此事，不必向宋君说明传闻之来源，如宋君向您明白表示态度，您也可以为全国考古工作的前途着想，暂时离开本位主义，对于他的愿望加以考虑。经过思想改造运动，大家都希望更好地为人民服务。

致　商承祚　2通[*]

（1952 年 1 月、3 月）

一

1952 年 1 月 28 日

锡永先生：

顷由顾铁符兄转来尊函，敬悉一切。长沙古物赖　先生宣扬，始引人注意，但盗掘继续十余年后，始有正式发掘未免过晚，故此次工作三个余月，共发掘百五十余墓，仍未能发现一完整之"火洞"，殊为憾事。规模以杨家山（徐家湾）之墓为最大，主室及前室合并计算墓室长廿一公尺，阔十公尺余，为木椁葬，但为西汉墓，有盗洞七个之多。所得之物有漆器残片，上书"杨主家般"（其毗邻之一大墓，已被盗掘一空，曾出漆器多件，现藏湖南文物［管理］委员会，其一题"杨主家盘，今长沙王后家"，又一器题"元康四年"），铜器残件，滑石鼎，陶器、纯金制之"马蹄金"（重约八市两），完好如新之汉木简一片，上墨书"被绛函"三字。此外在伍家岭亦掘过一西汉木椁墓，出木船、木车、木俑及漆器等。伍家岭汉墓颇少，除泥制马蹄麟趾金

---

* 商承祚（1902~1991），字锡永，系夏鼐就读清华大学历史系时的授课老师。
通信时，任中山大学中文系教授。根据商承祚子商志馥提供的扫描件录入。

外，亦出一纯金制之金饼，重量及形状皆与徐家湾所出者相同。泥饼
与郢爰泥版，常与泥半两及五铢钱放在一处，其为当时货币之仿品，
毫无疑问。铜器有黄龙元年（汉宣帝）之铜鍪（釜类）等。识字岭之
墓，以战国时者为多，出有带柄之铜矛、铜戈及带鞘之铜剑。木椁保
存佳者，皆经盗掘过，但木椁及木棺结构尚可复原。各墓出土器以陶
器为最多，铜镜则战国式（淮式）及西汉精白铭文镜等皆有之。在长
沙时亦曾闻悉楚墓以1940年在城东南黄土岭所掘者为最大，出完好漆
器数十件。先生第二次赴湘所得之漆器精品，即此墓中所出，现在土
堆尚存，但殉葬品恐已盗空。囷翁主墓闻在柳家大山（浏阳门之东
北），出土铜器一部分归蔡季襄兄，现归湖南文物［管理］委员会。
闻柳家大山及陈家大山为盗掘最利（厉）害之区，故未去发掘。现
下工作拟暂作结束，因京中三反运动及思想改造运动，皆已展开，奉
命提前返京。现拟抽暇先写一简报，附以图片，交中国科学院编译局
于《科学通报》上发表。[①] 至于正式发掘报告，整理工作繁重，恐颇需
时间。整理时有困难之处，当修函　请教。回忆二十年前，曾在清华园
选读　先生"甲骨学研究"一课，后以兴趣不在古文字学，改攻近代史，
清华毕业后又改攻考古学，久未聆　先生教诲，不知　先生尚忆之否？

　　敬请

著安！

生夏鼐 敬上

一九五二年一月廿八日

子植先生闻仍在贵校执教，尚乞代为问候。

---

① 简报《长沙近郊古墓发掘记略》，署名"考古研究所湖南调查发掘团"，发表
　　于《科学通报》1952年第7期。又见《夏鼐文集》第四册，社会科学文献出
　　版社，2017，第126~132页。

二
1952 年 3 月 16 日

锡永先生：

　　来示敬悉。长沙不仅得汉简，收工前又于战国墓中得竹简，所书之字类似蔡君所得之缯书。又所获战国木俑，胸前亦有文字，为六国奇字，多不可识。泥爰版与泥半两同出一墓，泥金饼与泥五铢同出另一墓，皆为完整墓葬，决无上层混入下层之事。战国墓中之白膏泥曾经化验，乃是地质学上之黏土，并非蜃灰（试以浓盐酸，不起反应，知其中不含蜃灰）。因三反及思改运动忙迫，尚无暇整理，但拟先写一简报，登于《科学通报》中。

　　此致
敬礼

生夏鼐　上
三月十六日

致 刘节[*]

（1952 年 4 月）

1952 年 4 月 3 日

子植先生：

　　三月二十七日来示敬悉。尊见甚是，已交吾所加以考虑。泾渭流域以限于人力，今秋至多只能派人前往调查以□将来选择重点作发掘。目标拟以西周遗迹为重点，周秦两族的先世自可包括在内。长沙楚墓的报告，以现正赶写辉县报告，尚未着手整理，计划于明年度内将长沙报告写竣，幻灯片亦可加考虑。现下工作甚繁重，而人手不够，尤其是年轻能去田野工作发掘的工作者，更感缺人。不知　先生历年执教粤中，亦有高材生愿从事此项工作而尚可自由调动者否？专此

　　敬请

著安。

　　寅恪师前乞代为问安。

后学夏鼐 敬上

四月三日

---

　　* 刘节（1901～1977），字子植，夏鼐的温州同乡，时任中山大学历史系教授。著有《古史考存》等书。

致　郭沫若　7通[*]

（1953 年 11 月~1972 年 11 月）

一

1953 年 11 月 12 日

沫若院长：

　　新近由洛阳工作归来，昨日获读《人民文学》11 月号《关于晚周帛画的考察》。按此画并非放置陶敦中，前年在长沙时曾遇及盗掘此墓之"土夫子"谢少初，据云陶敦虽然同出一墓，但帛画系折叠好放一竹筐内。竹筐未能保存，帛画及其他遗物售与蔡季襄。后又询蔡季襄，据云帛画确是由谢少初购得，至于如何弄错了，说成在陶敦中放置，他也记不清了。如此，则大作中所提出的疑问。可以冰释。敬礼

夏鼐

1953 年 11 月 12 日

---

　　*　夏鼐与郭沫若之间通信甚多，夏鼐生前保存的郭沫若来信即有 12 通（现存中国社会科学院考古研究所资料室），我们在郭沫若纪念馆保存的书信资料中未能查得夏鼐致信，现据夏鼐自存部分信稿录入，其数应该并不止此。第四至六通，均系郭沫若撰写《古代文字之辩证的发展》一文时，夏鼐为其提供有关资料的信函。据《夏鼐日记》记载，郭沫若除多次致信夏鼐查询资料外，还曾亲到考古所与夏鼐、陈梦家等面谈。

二

1962 年 3 月 20 日

沫若先生：

　　承惠赐墨宝，不啻百朋之贶，无任铭感。孙诒让先生纪念会题词一幅，已交邮寄去，敬代为申谢。

　　昨阅《光明日报》所刊大作《李德裕在海南岛上》一文，所论极是，敬佩敬佩。按李德裕贬死年月，本有异说。昔年陈寅恪先生曾撰文考证此事，亦以贬崖州司户为大中二年九月事，《旧唐书·宣宗本纪》系之于大中三年为非是；以卒年为大中三年十二月，《祭韦执谊文》"大中四年"之"四"字为后人所加。可谓英雄所见，不约而同。惟陈先生以贬潮州司马仍当以大中元年为是，又疑《祭韦执谊文》或为"仇家伪作"。不知尊见以为如何？陈文见《历史语言研究所集刊》五本二分。

　　此致
敬礼

夏鼐　敬上

六二、三、廿

三

1963 年 3 月 16 日

沫若先生大鉴：

　　前次承蒙为　孙仲容先生诞生百十五年纪念题词，无任铭感，当即将墨宝转寄浙江（杭州）大学。当时适以贱疾恶化，未克即行修函申谢。三月六日夜间，十二指肠溃疡外突发生穿孔现象，当立即送入医院，诊断后即胃切除手术，乃得转危为安。忆当年朱自清先生即胃穿孔救治稍缓致死，今得不步朱先生之后尘，皆新社会之赐也。现已能起庆（床），惟遵医嘱继续疗养，俾得早日恢复健康，以继续为建设社会主义而努力。病中无聊，曾吟成《病中偶吟》二首，另纸录出附呈，以供一粲！

　　此致

敬礼

　　　　　　　　　　　　　　　夏鼐

　　　　　　　　　　　　　　　六三年三月十六日

　　录近作打油诗《断肠词》二首①，敬呈　沫若诗翁郢政

断肠词（有序）

夏鼐未定草

　　序曰：断肠者，外科手术切断肚肠也。要以革命者的乐观精神战胜疾病。

　　　　　病榻孤灯夜阑时，往事低徊苦缠思。

　　　　　学究鸿荒人未老，志吞沧海命如丝。

　　　　　绮年旧梦迷庄蝶，老境禅心胜米石。

　　　　　自己完全不着急*，七字真言是吾师。

---

① 此《断肠词》后修改为六首，见《夏鼐日记》卷六，华东师范大学出版社，2012，第326～327页。

＊原注："既来之，则安之，自己完全不着急"，乃毛主席赠王观澜同志养病诀中语。（见北京医院翻印《以革命者的坚强意志战胜疾病》一文，原载《中国青年》1961 年 4 期。）

其二

得便高歌失即休，不将愁痕锁眉头。

胃虽三分还留一，肠曾寸断非为愁。

身卧斗室羁幽燕，魂绕乡关到温州。

吟罢新诗酣睡去，不觉红日上东楼＊。

＊原注：所住之病房，适为东楼。而"红日上东楼"，亦为反修正主义完全胜利之征兆也。

四

1965 年 6 月 25 日

65 年 6 月 25 日覆［提纲］

（1）器物　《甘肃考古记》图版三

No. 15《史前学研究》

No. 2《馆刊》2 期，高本汉文，图版五

（2）比例　《馆刊》2 期，高文，图版五、5

器高 27cm　图高 6.7cm（×4＝26.8cm）

图中圆形径 6mm（×4＝24mm，器中圆形径）

《甘肃考古记》，圆径 14mm（×2＝28mm）

故知为 1/2，英文原文 1/2 可据。而译文作原式者误也。

（3）照片原图没有这样整齐，不像用"规"绘成。

五

1965 年 9 月 30 日

沫若院长同志:

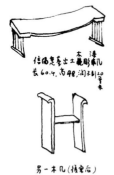

信阳楚墓出土彩绘漆几
长60.4,高48,阔不到20厘米

另一木几(残变后)
通高57,长45,阔18.6厘米

　　九月廿五日来示敬悉。古代之矮几,实有二种:一为凭几 (溰几或憑几),东周时已有之,河南信阳楚墓出土有木几二件,二者形制互异,但皆为凭几 (见《[河南信阳楚墓文物] 图录》一一〇及一一三图,北京历史博物馆有仿制品),形如上图 (一长60.4,高48,阔不到20厘米;另一通高57,长45,阔18.6厘米)。《孟子·公孙丑下》所谓"隐几而卧",《礼记·曲礼上》"谋于长者,必操几杖以从之",皆指此类凭几。几面窄狭,仅足以搁置臂腕,汉墓中似未见,南京六朝墓中常有陶凭几,几面更为窄狭,属东晋及以后时期 (图见另纸)。一为案几,起源于食案。食案即今之托盘,案面较宽,上置杯碗。古时或下设矮足,《急就篇》颜注云:"无足曰槃,有足曰案。"东周时即有漆案,信阳楚墓中已有之 (《信阳图录》一一四图,仿制物北京历博有之),汉墓中出土漆案、陶案甚多 (见《洛阳烧沟汉墓》页137及204,图六四2-4),但案足皆甚短矮,盖仅以置物,不以搁臂。伸臂取物,案不必高,而举案齐眉,高足反觉累赘。至东汉时,案几兼作书案之用,形状亦有变化,案足加高。此种书案,似乎东汉晚年至三国时始盛行。但东汉初年文献上即有述及,《后汉书·刘玄传》云:"韩夫人尤嗜酒,每侍饮,见常侍奏事,辄怒曰,帝方对我饮,正用此时持事来乎? 起抵破书案。"

东汉末年则有孙权拔刀斫前奏案（见《三国志·周瑜传》裴注引《江表传》），又曹公作"欹案卧视书"（"案几属也。《史记》曰"高祖过赵，赵王张敖自持案进食"）（《广韵》卷四，周祖谟校本403页"案"字条原注）。高足案几实物，有乐浪出土东汉末期之十九号木案（高三八厘米，长宽 2.16×1.13 ［厘米］。见《乐浪彩箧冢》一一〇页、图版七一），江宁赵史岗东晋墓出土之陶案几（图见另纸）等。图像则有辽阳三道壕东汉晚年墓之壁画（图见另纸）、山东沂南画像石等。此种高足案几（书案）之盛行，或与隶变为楷书有关。未悉　尊意以为如何？至于凳桌之制，则似始于唐代而盛于宋代，可参阅《白沙宋墓》页　（注　）①。

　　此覆，顺祝

节日愉快！

夏鼐

六五年九月卅日

六

1965 年 10 月 16 日

沫若院长同志：

　　十三日来示敬悉，以为"不同意见，正所希望"，足见虚怀若谷。关于文字起源问题，谨述鄙见如下，惟　先生详察：（1）凡事先粗后精，确如来示所云。但粗陋不等于草率，稚儿初学涂鸦，诚属粗陋，但并不草率，今传世之埃及象形文字、苏米尔楔形文

———————

　　①　信稿原文如此。

字，其最古老者，亦皆古朴粗陋而不草率。当时可能亦有较草率者，同时并行不悖，已失传。（2）真正的文字，其产生在阶级社会已发生之后，乃当时"知识份子"为统治阶级服务而创造者。此辈为统治阶级管事管账，乃深感文字之需要，同时有余暇修养，足以创造文字。近东古国皆然，无阶级社会中仅有文字胚胎之图画及符号，并无真正的文字。图画及符号，可作为制造文字之素材，但本身并非文字。今日我们已习用文字数千年，但有时仍使用图画及符号。（3）事物之发展，有逐渐嬗变者，亦有飞跃突变者，依具体条件而定。就古人图画而言，旧石器晚期即已有之，而且画得已很像实物，可说已有数万年之长远过程。但文字之产生，似根据阶级社会发生后之需要，短期内即完成其能起文字功能之一过程。埃及古文字，现存之属于第一王朝者，并不如后来者之精练，恐即可算是埃及之"原始文字"。第一王朝不仅为阶级社会，且为统一上下埃及之国家，或许有较之稍早之文字，但似亦属于阶级社会。至于更早之埃及原始社会，亦有彩陶，上绘图画及符号，但迄今未发现文字。两河流域之最古文字，亦象实物形，并非楔形，发现于寺院废址中，乃僧侣统治阶级所使用。（4）彩陶中有甘肃之辛店文化彩陶上绘图，更近似文字，唐兰《古文字学导论》二十七页，姜亮夫一论文，皆以辛店图形为中国原始文字，以为汉字根源所从出［《杭州大学学报》（人文科学版）第二期（一九六三年）105页］。但辛店文化已有铜器，时代似相当于中原之殷周时代（安特生《甘肃考古记》17 页图 5）。甘肃朱家寨仰韶文化墓中发现骨板，上有符号，原发现人以为近似原始文字（同上 14 页图 3）。新疆有岩画（《文物》一九六二年 7~8 期 112~113 附图 1~6），广西花山亦有岩画（《文物》56 年 12 期），但皆为少数民族遗物，与汉字之起源无关。贵州红崖古刻，亦属此类，而清人以为三代文字，误也。

　　此复，顺致

敬礼！

夏鼐

六五年十月十六日

七

1972 年 11 月 28 日

沫若院长：

　　最近收到《文物》第八期，拜读了关于《三国志》残卷的大作，文中提到"例如爪哇猿人最初只发现一个牙齿，但由一齿可以定其为猿人（第四页）。这里是将"中国猿人"误为"爪哇猿人"了。

　　爪哇猿人是荷兰人杜布瓦（E. Dubois）于 1891～1892 年在爪哇发现的。当时发现的标本一共四件：一件头盖骨、一件左股骨和二枚牙齿。后来不久，又发现一枚牙齿。因为股骨的性质显示已有直立行走的能力，但是头盖骨很原始，接近猿类，所以定名为"直立猿人"〔这在有关人类起源的各书中都有提及，例如麦克迪（G. G. Maccurdy）的《人类起源》1924 年版，313 页〕。

　　至于中国猿人的发现，最初确是只发现牙齿。这是 1924 年日丹斯基（O. Zdansky）在整理周口店化石时发现的。这个发现是 1926 年十月在北京欢迎瑞典皇太子的会上宣布的（这皇太子便是今年九十高龄的瑞典国王考斯达夫六世）。牙齿化石的性质，类似人齿，但又不完全相同。第二年（1927）在发掘工作中又发现一枚左下臼齿，它的特征更为显著。解剖学家步达生（D. Black）根据这一枚牙齿的性质，鉴定为"中国猿人北京种"。1929年裴文中发现了完整的第一个头盖骨，证实了当时根据一枚牙齿的鉴定确是合乎实际的。这段故事是世界考古学史上的一段佳话。（见贾兰坡《北京猿人》1950年版19~24页。）

大作中这个小错误，对于文中的论点并无影响。如果尊意认为有改正的必要，可以将这信稍加删改后寄给《文物》编辑部作为勘误之用。

《长沙马王堆一号汉墓》的报告稿子，已经基本上修改完竣，现已分批交给文物出版社付排。俟清样出来后，当呈送请审，以便最后定稿。

我和王仲殊同志最近拟应湖南博物馆领导同志的约请，前往长沙参观马王堆汉墓出土物，并且也想顺便解决在审稿过程中的一些小问题。如有指示，请告诉王廷芳同志由电话示知。

此致
敬礼

夏鼐

72 年 11 月 28 日

致　安志敏　11通[*]

（1955 年 11 月～1956 年 7 月，黄河三门峡水库区
调查时期）

一

1955 年 11 月 10 日

志敏同志：

十一月二日及七日来信，均已收到。

唐山遗址^①山坡部分如一二年尚不致破坏，可待将来再正式发掘。

考古会议筹备工作做得如何？洛阳报告已着手继续进行否？

尹达^②同志的《关于硬陶文化的问题》^③，已经阅过。可以在下期《［考古］通讯》上发表。我的意见是：

---

* 安志敏（1924～2005），时为中国科学院考古研究所副研究员，兼任文化部、中国科学院合组黄河水库考古工作队副队长，后晋升研究员。这 11 通信，第一通，据陈星灿《跋夏鼐先生给安志敏先生的一封信》，见所著《20 世纪中国考古学史研究论丛》一书（文物出版社，2009）；其余 10 通，原由黄河水库考古工作队成立初期曾在队部协助工作的赵其昌保存，21 世纪初移交考古所资料室，现据原件录入。信中提及而未注明者，均为当年考古所青年研究人员。
① 指唐山大城山遗址，1955 年河北省文管会前往调查发掘，发掘报告见《考古学报》1959 年第 3 期。
② 尹达（1906～1983），原名刘燿，1938 年赴延安参加革命后化名，早年参与殷墟发掘，时任中国科学院历史、考古二研究所副所长，后曾兼任考古研究所所长。
③ 发表于《考古通讯》1956 年第 1 期。

（1）关于名辞问题，原是不妥当的，但暂时只好像尹达同志文章所说的"权且暂时使用"。否则改称什么呢？我很同意他的意见，主张用"龙山文化"一名，而不用"黑陶文化"一名（这一点我也曾与你谈过几次）。至于"吴越文化"，因为时间、地点都太死板限定，且不合实际，更不能采用。

（2）关于时代问题。郑州二里岗殷代遗址中出过这类陶片（有一器颇完整），但分量不够。春秋战国时似仍有此类陶器，闻江苏南部吴越时代烽墩中曾发现过，不过至少有些是和石器同出的，毫无疑问。江西、江苏、浙江、福建、广东各地之例甚多，决不会都是偶然混合在一起。（我们在长沙五里牌所掘到的，虽非原来文化层，但所出此类陶片与所出石镞、石凿共生，似无问题。）至于是否新石器晚期呢？第一，我以为先要承认南方的新石器时代的延续时间较长，华北已进入铜器时代，可能东南沿海尚是新石器晚期。中国是可以比得上欧洲一洲，中国各地区的发展，尤其是远古时代，是不平衡的。尹达同志用"中国的新石器时代"一语，本有语病，我以为这或指当时中国文化的核心地带（即华北黄河流域），或指现今中国境内古代各新石器文化。这点希望他能够在这篇文章中加以明确化。其次，与石器共存的带有这种陶片的××文化，是否属于新石器晚期，抑或已属于铜器时代，自然很难确切答复，因为材料不够。即使做了正式发掘，铜器时代居住遗址中未必一定有铜器发现。但是就目前的知识而论，这种××文化只发现石器和陶片，我们恐只能将它算是新石器晚期。正像许多人怀疑龙山文化中已有铜器，但因没有证明，只好暂时归入新石器晚期。或许可以称之为"金石并用时代的文化"，不过我们只知道有石器而没有发现过与之并用的铜器。

（3）至于所发表的图版中二器，是否属于这××文化，因为我对于这××文化并未搞清楚，而对于这二器的出土情况也不清楚，为了慎重起见，我赞成尹达同志的意见，最好不用。但是说这两器决不是××文化中的遗物，或决不会是新石器时代的遗物，我亦不敢断言。听说江苏南部春秋战国时陶器有相类似的，但是早在新石器时代晚期已发生这形式的陶器？我们现在无法答复。关于这一点，希望尹达同志能加考虑。如果同意，可将第 5 页 1~2 行的语气减轻一点。这些不成熟的意见，姑且写出以供参考。

又尹达同志书①于红山文化蓖（篦）纹陶二器，2 号印得不清楚，4 号并非蓖（篦）纹陶，我前天已另写信给尹达同志，兹不再赘。手头无《［赤峰］红山后》一书，不知你能代为一查否？

敬礼

夏鼐

十一月十日

冯文尚未收到，俟收到阅后再提意见。我返京日期候所中决定。离京时尹达同志嘱在洛主持调查工作至十一月底十二月初，可能有改变，俟所中通知再决定。

又及。

二

1956 年 3 月 21 日

志敏同志：

三月十八日来信已收到。洛阳情况，黄展岳②有报告。马得

---

① 尹达：《中国新石器时代》，三联书店，1955。
② 黄展岳（1926~2019），时为研究实习员，后晋升研究员，曾任《考古学报》副主编。从事汉代考古研究，主持汉长安城南郊西汉礼制建筑遗址的发掘，参与《长沙马王堆一号汉墓》的修改和定稿。

志①赴洛，根据具体情况解决发掘问题。

黄河水库调查事，伟超②谅已来陕，可否会兴镇③一队先行出发，请考虑决定。［刘］增堃同志如果西安修理陶器工作完竣，可以让他参加会兴镇发掘室内整理工作。复查必须四月中旬告一段落，以便写报告。我打算争取早日来陕，但日期尚未能□□□等候学部计划办公室决定。

敬礼！

鼐

三月廿一日

三

1956 年 3 月 28 日

志敏同志：

廿四日的来信及简报已收到，给靳④信已转交。

我前星期曾回复你一信，谅刻下已收到。为恐怕你已离西安赴会兴镇，所以这信托［石］兴邦同志转交给你。

水库工作队闻已分组出发，甚喜。会兴镇的发掘工作，不知已开始否？

---

① 马得志（1923～2016），时为中国科学院考古研究所技正，后晋升研究员，曾任考古研究所西安研究室主任、汉唐考古研究室副主任。主要从事唐长安城考古研究。

② 即俞伟超（1933～2003），时为中国科学院考古研究所研究实习员，后为北京大学历史系研究生、教授，调任中国历史博物馆馆长。

③ 会兴镇即今三门峡市区。

④ 即靳尚谦，时为中国科学院考古研究所办公室主任。

关于去年采集的标本，我去年离洛阳过早，仅看到极少的一部分（陕州灵宝的）。所中如有标本，尤其是你所说化石的标本，我当设法检看一下。

夏季及秋季的发掘工作，要视春季复查结果再加决定。我以为仍只能重点发掘，所谓重点是指：（1）遗物特别丰富；（2）遗迹保存特佳；（3）有新鲜的前所未见的遗物，或整个是一种新的文化。

刘家峡的要求，当与三门峡相同。至于水位高度，我要去打听一下，再告诉你。

万分之一的地图，吴汝祚①同志携陕的，不知仍在西安否？前天听文物局陈滋德处长说，原以为存局的一份少两张，花费了一天查对，结果亦是全份无缺，其中图例一张，检视图一张，分图248张（依照检视图的划分，应该只有247张，但其中1-49-40Γ B③分印两张，故有此数）。吴同志带去的全份，听说比存局的多了两张，不知曾核对一过否，希望将结果告诉我们，以便给文物局收据。十二年远景规划没有多余，并且不是定稿。黄河水库工作独立成一项。

我打算早日赴陕，但院部讨论计划事又往后延，闻□□上旬始召开。只要能够脱身，我即来陕。裴文中先生已返京，广西队的收获谅已见报端。

夏鼐

三月廿八日

---

① 吴汝祚（1921~2016），时为中国科学院考古研究所研究实习员，后晋升副研究员，从事中国新石器时代考古研究。

四
1956 年 3 月

志敏同志：

三月廿六日来信已收到。

关于发掘费问题，已与［会计］齐［光秀］同志谈过。四月份发掘费，可以设法于四月五日以前汇出（或即用电汇）。至于三月份，因为原来没有预算，须取得院会计处同意，所以延迟几天，数字也减少。你不能太性急。

水库报告的草稿，应修改成为对黄委会的简报，不要成为《考古通讯》的简报。费用要根据遗址来做。人力可以动员历史研究一二所及大学历史系学生参加，不能抱右倾保守思想，我们应根据需要与可能，放手做去。我们提出的数字，也未必□□批准。

远景计划会议又延期至四月初旬，日期尚未定。周永珍①同志已出医院，但体弱尚不能上班，决不能长途跋涉，俟其身体恢复到能做长途旅行时，即可来陕。白万玉②同志已请［其］准备来陕，四月一日离京。

此次运西安的书籍万余册中，即有陕西县志多种。西安书铺如有县志，请开具书名给曹［联璞］同志，以便核对后决定购买与否，

---

① 周永珍（1926～2019），女，时为中国科学院考古研究所研究实习员，后从事编辑工作，晋升副研究员。

② 白万玉（1899～1970），中国科学院考古研究所资深技工，早年曾随安特生采集古物，参与过中瑞合组中国西北科学考察团工作，晚年参加定陵发掘卓有贡献。

不能擅自购买，打乱了购书的制度。此致

　敬礼

（下部残）

给黄石林①同志一信，请转交

五

1956 年 4 月 4 日

志敏同志：

　　三月卅日来信已收到。致赵铨②同志的信，亦已转交。因为明天
［王］伯洪离京来陕，所以匆匆写这封信。（因为开会的关系，这信
又搁下了。）

　　黄委会的要求，口头上已说好，我们只交中文本，翻译俄文由他
们自己办理，时间已打进去。（4）投资费用估计表，即发掘费（如
会兴镇）或保护费用（如炳灵寺）。（3）有关措施的经济指标表，已
请文物局与之联系，要求解释。这些资料和简要报告同时交。（正式
报告所附费用评估表，应更精确。）

　　关于刘家峡水库调查事，炳灵寺由文物局另行组织一调查队专门
负责，已通知文物局。（张［珩］③ 处长因公出差，半个月后始回京，
幸得庄敏④同志于前日返京，我与庄同志联系的。）

---

① 黄石林，考古研究所人员，1955 年毕业于武汉大学历史系，曾充徐旭生
先生助手。
② 赵铨（1921~2016），考古研究所照相师，时任技术组组长。
③ 张珩（1914~1963），字葱玉，书画鉴定家，时任文化部文物局文物处副
处长。
④ 庄敏（1927~1995），时为文化部文物局文物处人员，后曾任文物局副局长。

关于三门峡调查纪录，我记得都是复写的，各组带去复查的一份之外，队部应保留一份，以便查核。

院中集中讨论远景计划，屡次改期，听说历史科学可能集中于上海，尚未决定，我能否月中来陕，亦能（成）问题。周永珍同志身体稍恢复后即来陕。希望你精神上有准备，可能这报告由你们草拟好直接送文化部转交。

敬礼

夏鼐

四月四日

六

1956 年 4 月 17 日

志敏同志：

四月十一日及十三日的来信，均已收到。周永珍同志来陕后，您可以抽身到会兴镇去一趟了。观来信，会兴镇工作无法大规模展开，请依据具体情况，抽回人力。西户路及户县第三电厂工地，闻需人颇亟，可与〔王〕伯洪同志一商，参加一部分人力。黄河水库今年工作，主要为调查，仅会兴镇今年建筑区须要提早。其余可以于明年利用黄委会预算的钱来做。今年须要训练一些人员，以作明年展开工作的准备。

关于水库内化石产地，已与杨〔钟健〕① 老谈过，古脊椎室准备明年派技工二人参加黄河水库工作队，以发掘化石为主，亦可作考古

① 杨钟健（1897~1979），字克强，地质古生物学家，时任中国科学院学部委员、古脊椎动物研究室主任。

工作助手，归队部指挥，如有重要发掘，再调大将出马。希望你将工作量及费用做进去。（据了解，水库范围内并不多，仅有零星露头，海拔较高处即在水库以外。）

黄河队可以搬进分院去，我与靳主任将于五月初旬来西安。

敬礼

夏鼐

四月十七日

七
1956 年 4 月 25 日

志敏同志：

四月二十日及二十二日来信，都已收到。

关于黄河水库今年工作，我前函已告诉过你。今年仍以调查及钻探为主，不要做大规模发掘。我与尹所长及文物局方面都谈过，希望将发掘经费打在水利部"水库经费"中，开一先例。今后关于水库区域都可如此办理。下半年决不能要那么多的发掘费，不仅是所中发掘费没有如此之多，并且也违反所中的政策的。地方干部虽以黄河水库名义调来，但文物局与各地文物机构已有了解，是调他们来受训练的，以替代训练班。改作其他发掘工作是可以的，人家不会有意见的。洛阳只有马得志、黄展岳、魏善臣三人，连练习生也没有去，如何再调人。关于人事问题，靳主任已来西安，可以就近一谈。经费依原来预算，已告诉齐光秀同志汇寄。黄河概况图原图，仍在所中，是否须要携来西安？

刘家峡水库的调查任务书，没有正式交给文化部。关于任务各项可依三门峡规格，日期可依兰州勘测处所通知的，于六月底交出初步报告。我们的调查工作可以继续进行，以便交正式报告时可以补进补充材料。调查工作不一定于五月底或六月底结束（自然要于五月底作一初步总结）。

鼐　四月廿五日

历史教学社寄来一函，现在附寄给你一看。《中国建设》中我用英文发表一文介绍半坡发掘，另包邮给你和兴邦同志各一份。我拟于五月十日以前来西安。

又及

八
1956 年 5 月 14 日

志敏同志：

来信已收到。调查报告今天才知道是在尹所长处，刚去取来，尚未阅读。张〔珩〕处长说，黄委会答应可以延到六月一日以前交去。你们到甘肃后，谅已开始工作，有些新收获否？获读寄来的通报，说俞伟超同志也纳入刘家峡水库调查队，不知会兴镇发掘，谁在那里负责？我因为有事，又须延期出发，但争取于月底以前来陕，在西安稍留数天后，即来兰州。前接何乐夫同志来函，是给我们二人的。我现在附寄（下残）……顺便代为转交。（如果你已离兰州，你可以写一封信……附去。）杨克强先生拟于廿一日至廿五日之间来西安，要看一看黄河调查队……化石标本，我已写信给靳主任，请予以方便。但是……化石标本放在何处，装在那（哪）个箱子，望你立刻写信在西安的同志，早日开箱取出，……鉴定。

鼏

五月十四日

九
1956 年 5 月 28 日

志敏同志：

　　五月廿四日来信已收到，二号通报亦已收到。炳灵寺事，前次接信后，即与张［珩］处长接洽，知余鸣谦①同志等已出发。张掖地图亦已催其从速送来。三门峡水库调查［报告］已删去三分之一，已加打字，共计六份，现由郑所长审查，月底可送交黄委会（已同意六月一日以前交去即可）。所中所留之二万五千分刘家峡图，已交沈锦椿同志交邮挂号寄兰州。会兴镇经费，必要时可由文化部文物局负担一半。我因事拖延至今，但本星期可以成行，六月初旬可来兰州。

　　此致
敬礼！

鼏

五月廿八日

---

①　余鸣谦（1921~2021），古代建筑与石窟寺修复专家，时任文化部古代建筑修整所工程师。

·197

十

1956 年 6 月 9 日

志敏同志：

五月底曾寄上一信，告知三门峡报告已交黄委会，当已收到。顷接王明①同志转来六月六日来信，知刘家峡调查工作，亦将接近完成，甚喜。

我原定五月底离京，郑［振铎］所长劝我延迟一星期，有事要商酌。我买了六月九日的火车票，结果远景规划委员会、社会科学部决定六月十日开会，共开三天。尹所长以主持历史小组，故劝我退票，留京开会后再赴西安。现退票改购六日十三日火车票赴洛阳，然后赴会兴镇再转西安。当在二十日以前抵西安。关于今后工作布置，可在西安面谈，必要时或来兰州亦可。我在西安有数天勾留，当再函商。此致
敬礼

鼐

六月九日

---

① 王明（1911~1992），字则诚，道教思想专家，时任中国科学院考古研究所所务秘书，1957 年初调任哲学研究所研究员兼中国哲学史研究室主任，著有《太平经合校》等。

十一
1956 年 7 月 11 日

志敏同志：

返京后又为琐事所牵，到今天才挤工夫给你写信。会兴镇之行，结果如何？我已预订本月十七日的飞机票，与庄敏同志一起去新疆①，此去大约有一个月的勾留，来信可由航空寄"新疆乌鲁木齐市省文化局李遇春同志转考古训练班"。昨天所中开了一次学术委员会，已通过将你提升为副研究员，除了向你道贺以外，望你继续努力！此外，又追认去年所务会议已通过的提升苏［秉琦］同志为研究员，王明同志为副研究员。昨天开会时裴［文中］② 先生亦出席，我曾将周堡等处的石器给他看，他亦以为与内蒙古一带细石器文化，似乎不同。又你来京时，希望将所采集的所谓"旧石器及骨角器"，携来北京，再请裴先生鉴定。□□我在西安时已断言这些未经人工，但尹所长意见，最好还是请裴、贾［兰坡］③ 诸公再作鉴定，表示尊重他们的研究部门。

敬礼！

鼐　七月十一日

---

① 夏鼐与庄敏前往新疆，参与自治区文化厅举办的考古训练班工作。
② 裴文中（1904~1982），旧石器考古专家，中国科学院古脊椎动物与古人类研究所研究员。
③ 贾兰坡（1908~2001），旧石器考古专家，中国科学院古脊椎动物与古人类研究所研究员。

致　北京大学历史系办公室转科学工作处[*]

（1956 年 11 月）

1956 年 11 月 29 日

关于担任你校研究生导师的事，因为事先并不知道，并未征求过意见，我现请示我院领导部门批准。在未获得批准以前，不敢擅自应允担任。

为了及早发榜，我以为可以依照导师林耀华①教授的意见，决定录取与否。

我的私见，以为这次仅有一位研究生②，可以由林耀华教授担任导师即够了，最好能饶了我吧！

又此次研究生考试，"考古学通论"一门，我并没有出题，也没有阅卷，你校送来阅卷费十一元，现在退还，请转交实际上出题与阅卷的同志为盼。

---

* 　根据中国社会科学院考古研究所资料室藏作者自存底稿录入。

① 　林耀华（1910~2000），民族学和文化人类学家，时任中央民族学院和北京大学历史系教授。

② 　招收的研究生是张忠培，由苏秉琦与林耀华共同指导，夏鼐未担任导师。

此致

北京大学历史系办公室转科学工作处

夏鼐

一九五六年十一月廿九日

致 陈梦家 4通[*]

（1958 年 7 月～1959 年 1 月）

一

1958 年 7 月 10 日

梦家兄：

来函早已收到。尊事曾与尹达同志商谈过，他答应竭力设法，因他事忙，也不能马上便办好这事。昨日遇到时，据云已与何其芳所长说妥，由文学所向北大借用。此事谅无问题，请勿远念，久稽裁答，歉甚。

此致

敬礼！

夏鼐

七月十日

---

* 陈梦家的夫人赵萝蕤，系北京大学西方语文系教授，写此信时精神失常，希望借调到文学研究所，以便家庭照顾生活。

二

1958 年 7 月 27 日

梦家我兄：

七月十四日来信已收到。

关于嫂夫人暂调文学所工作一事，又发生周折。文学所已同意，并派人去过北大两次商洽，最初北大西文系允考虑，后来系内讨论后，坚决拒绝。据云，如果须在城内做翻译工作，北大亦可考虑，总之不欲外借。闻嫂夫人曾有函询问文学所，文学所恐回信明告真相，刺激太强，故不敢复信。可否请兄设法婉告，请其少安毋躁。总之，依照情况大概可以请北大方面尽量照顾，具体办法，权在北大。尹达同志答应有机会再与北大方面商谈。

关于《卜辞通纂》等二书，不知经于公①批改后，原书仍在否？如原书仍在，虽经批改涂抹，不妨仍归还图［书］室。若已如《居延汉简》，剪贴损坏，原书已毁损无余，请告知真相，当嘱图书室注销。

京中没有什么事，所中赶写报告者仍在赶工中，另有几位在历史博物馆协助选择标本及布置陈列，以便十一国庆开馆。于思泊先生曾来京，现已返吉。容希白②夫妇来京，携学生十余人参观京中各处，

---

① 于省吾（1896~1984），字思泊，古文字学家，时任东北人民大学（后改称吉林大学）历史系教授。考古研究所经郭沫若同意，请他对郭著《卜辞通纂》《殷契粹编》二书提出意见，现行版本上的眉批，即郭沫若审阅于的意见后所加。

② 容庚（1894~1983），字希白，古文字学家，时任中山大学中文系教授，著有《金文编》等。

便住在考古所中。商锡永先生亦在京协助历史博物馆陈列工作。

敬礼

弟夏鼐

七月廿七日

三

1958 年 9 月 18 日

梦家兄：

八月六日来信，早已收到。因为我病了一场，由感冒变成肺炎，天天打青霉素，卧床休息了廿多天，以致久稽裁答，尚望原宥。北大已经上课，嫂夫人工作问题，谅已解决。

中共中央和国务院今日公布了关于确实表现改好了的右派分子的处理问题的决定，未悉读后有何感想？

此致

敬礼

夏鼐

九月十八日

四

1959 年 1 月 27 日

［前缺］

《中国铜器集》的延期出版①，并不是所中的意思，你知道的。自从"厚今薄古"方针提出后，我所的不定期刊物便长期积压在那里，居延汉简及洛阳报告都是如此。我也与尹达同志谈过，他也认为这样是不合理的，当设法催促一下。

郑公的遗著，在欢迎金日成首相的宴会中我曾与茅盾同志谈过，现在人民出版社已决定出版郑公全集，由茅盾同志为编纂委员会主任。② 关于美术考古方面由考古所负责，我已代为答应下来。只要能出版，不必一定由所出版（我以为由人民出版社或较由所出版为佳）。未悉尊意以为如何？对于编辑方面有何高见？梁公［思永］考古论文集③已在印刷中。

此复，顺致
敬礼

夏鼐
一月廿七日

---

① 陈梦家著《美国所藏中国青铜器集录》，奉命延期出版后，书名被改为《美帝国主义劫掠的我国殷周铜器集录》，内部少量发行。2017年恢复原书名，由中华书局出版补订本。

② 茅盾为编纂委员会主任的《郑振铎全集》，曾由人民文学出版社出版第一卷，随即被搁置。后于1998年，由花山文艺出版社出版《郑振铎全集》20卷。

③ 中国科学院考古研究所编辑《梁思永考古论文集》，科学出版社，1959。

致 《文物参考资料》编辑部*

（1958 年 3 月）

1958 年 3 月

《文物参考资料》编辑部同志：

本刊今年第 2 期有一些内容，需要订正和说明。

59 页"国外简讯"，说秘鲁 3500 年前的古墓附近石头上"刻有人和动物的图形，如喇嘛、猫、猴和鸟"。按"喇嘛"当为 Llama（美洲驼，或译驼马）之误。这种驼马为美洲土产，秘鲁在公元前的新石器时代便已驯养为家畜。古代美洲不会有喇嘛的图像，正像贵刊去年 5 期 82 页的简讯，说福州永乐十年的碑文是以"汉文、满文、回文书写"，不知道满文乃明末万历时才仿蒙古文字所制的，同样犯了时代的错误。

45 页安志敏同志《关于考古调查工作的一些经验和体会》一文中，提到我在《考古通讯》1956 年 1 期关于调查工作时采集陶片标本所说的话："调查时对于陶片，只能于各种不同的陶质（包括胎质、颜色、制法、表面处理各方面）的陶片，每种选取一两片作为

---

　　* 据《文物参考资料》1958 年第 5 期第 76 页。

代表。"他认为这样是不够的，有的遗址因采集标本过少或无代表性，在鉴定年代或文化性质上常发生困难。按，我那句话的后面紧跟着便说："优先选择那些器形上带有不同形式的口缘或底部或耳部的或表面上带有花纹的。如果是有花纹的，可依装饰的纹样和装饰方法的不同，每种选择一两件作为代表。（原文第4页）我的意思是：不同的器形（表现于口缘、底部、耳部等）和不同纹饰的陶片，都要采取代表。至于那些平素无纹的腹部残片，也应该依陶质的不同而选择一两片为代表。安同志的引文斩去了下半截，便好像我的意思只取不同陶质的陶片各一两片便够了。我始终以为如果不限于陶质，而兼及器形和纹饰，每种都取一两片是足够作为代表的。至于各种的数量大致多少（即它们的比例如何），在调查记录中说明一下便可以了。关于同异的标准，各人的看法可能不同；缺少经验的或者将不同类的误认为大致相同，因之采取过少。所以如果遇到这种有疑问的情况，那应该如安同志所说的，宁可多采取一些。或许由于我前次的那篇文章措辞有不清楚处，所以解释一下，以免误会。

此外，51页《山东发现的明代兵船》一文中，有七个"舱"都误排成"舵"字了。

夏鼐

1958年3月□□日

致　牛兆勋、靳尚谦*

（1958 年 10 月）

1958 年 10 月 20 日

兆勋、尚谦同志：

今晨由广播中获悉我所郑振铎所长以飞机失事遭难的消息，不胜震惊和哀悼。我已以私人名义写信给郑所长的家属吊唁。所中如有旁的表示（例如公祭时送花圈等），希望能加进我的一份。

郑先生治丧委员会组成后当有所布置。但就我们考古所而论，如何纪念郑所长，希望与尹达同志商量一下，早日着手，以便配合。我以为应该在《考古学报》及《考古通讯》上写追悼的文章（传略及介绍他在考古工作方面的贡献），可分别指定负责写作的人。如果郑所长留有关于考古方面的遗作，应加以整理发表。（我知道他对于陶俑和瓦当曾发生兴趣，但不知曾有写作否？）

我的病是慢性的，虽稍有进步，但是很慢。九月四日进院，再过半个月便已届二个月的期限了。我想出院恢复工作，至少可以部

---

* 牛兆勋、靳尚谦时分别为中国科学院考古研究所行政副所长和办公室主任。根据考古所资料室藏原件录入。

分恢复工作。俟医师于最后一星期诊视决定后，当再通知。

　　此致

敬礼

　　　　　　　　　　　　　　　夏鼐

　　　　　　　　　　　　　　　十月廿日

致　王世民　2通[*]
（1958 年 10 月）

一

1958 年 10 月 22 日

世民同志：

十月廿日来信已收到。郑所长的遇难噩耗由 20 日晨间广播新闻中获悉后，我怔住了。真想不到像他这样精力充沛的人，却突然像流星一样由空中消逝。我以私人名义写信慰问他的家属。今天阅报，知道治丧委员会已组织成立，不知如何布置。关于郑先生的生平，可以向院部人事处及学部情报室搜集资料，可能有他的自传及著作目录。关于考古方面，据我所知道，郑先生是抗战胜利后才着手于此的，从前虽曾写过《近百年古城古墓发掘史》（万有文库本），那是半编半译的一本东西。抗战胜利后，郑先生对于祖国文物发生很大的兴趣，一方面收买古物（以陶俑为主），一方面出版图谱加以传布（如《西域画》《中国历史图谱》等）。我与他初次认识，便由于他到南京来搜集考古方面的照片。解放后郑先生当了文物局局长及考古所所长，

---

* 王世民（1935~　），1956 年毕业于北京大学历史系考古专业，时为中国科学院考古研究所学术秘书室人员，后晋升至研究员，从事考古学史和商周铜器研究。根据所藏原件录入。

主要工作是领导及组织考古工作及保护文物工作，宣传文物政策，起了很大的作用。至于著述方面，多为通俗性或半通俗性的考古文章。因为郑先生活动的方面过多，所以对于考古方面，未能深入。前年"向科学进军"口号提出后，郑先生曾想写一本秦汉瓦当的书，所长室的书架上的书籍，便是郑先生由图书室中提出预备做此项工作，但终始未曾着手。这是就我所想到的随便写下，以供参考。

关于所中资料室的方针任务，希望所中大家能讨论一下。方针任务明确后，才容易进行工作。

我的病是慢性的，因之进步也很慢。在休养所原定二个月。九月四日进院，再过十来天便期满了。我想不延期了。出院后可以恢复工作，至少可以部分恢复工作。最后决定，还待与医生商量后再说。

关于杂志等东西，似可不必寄来。因为我估计不久即可出院了。

此致

敬礼

夏鼐

10 月 22 日

二

1958 年 10 月 28 日

世民同志：

廿四日的信已收到。因为上星期又发作一次，呕吐后，遵医嘱卧床静养几天，不准活动，昨天才起床，所以今日才作复。《考古通讯》的最后校对已过，恐已来不及了。

关于郑先生对于考古事业的贡献，我前次的信中已提到，主要的方面是起了提倡和推进的作用,其次是出版传播资料。郑先生的学术活动,最初是文学创作和翻译,后来是搞中国文学史,主要的是俗文学方面(戏剧和小说),三本的《中国文学研究》包括了他的重要论文。由于收集文学史资料,转而研求版本学及版画,由版画而转到美术史,最后才注意到美术考古学。郑先生是精力过人的人物,是一个多面手。他在考古学方面学术上的成就,远不及文学史方面的伟大。(近两年他曾向我透露过想辞去考古所长,专搞文学所长。恐他自己的估价也是如此。)解放后他以一身兼任文物管理工作和考古研究工作的领导,关于考古工作的组织、提倡、宣传、协调各方面,是起了很大的作用的。我们写纪念他的文章,应该多多从积极方面着笔。

关于他的生平事略,前半段我知道的较少。抗战期中,他留居上海抗日,珍珠港事变后,日军占领租界,郑先生转入地下工作,坚持不屈,发挥高度爱国精神,同时又抢救当时散出的古书,为伪中央图书馆购买珍本入藏,编印出《玄览堂丛书》第一集(第二集系抗战胜利后编印),对于保存及流传古籍,贡献不少。解放后所编印的《[古本]戏曲丛刊》,收集数百种善本戏曲,加以影印,功绩很大。去年曾拟编印金石学丛书,已经拟目,惜未实现。国务院科[学规划]委员会,郑先生不但是委员,还兼考古学组组长。(寄来的《生平事略》①,第3页第1行有两处的"艺术传统"都误作"艺术传说",排印时谅已改正。)

我本想写一篇追忆郑先生的追悼文章,写了一半因为病发又搁下了。前次梁所长去世时我也在病中,在病榻上写了那篇追悼文章。这次希望也能写成,发表与否,是另外一问题。

---

① 指王世民执笔撰写的《郑振铎同志传略》初稿,后发表于《考古学报》1958年第4期。

安志敏同志的讲稿①，我匆匆看过一遍。我有两点意见，提出以供他的参考：（1）不要太繁琐枯燥。要知道听众是不大熟悉中国情况的外国知识分子。例如讲旧石器初期，只要谈中国猿人文化及周口店15地点便够了，13地点的可讲可不讲，至于第4地点、第3地点，便可省略去不谈。又如谈到旧石器中期其他地点说，"如甘肃、内蒙古、陕西、山西等"，在我们是熟悉的省名，但在埃及人听起来，这些地名几乎没有意义。我以为应设法减少这些地名，减少细节，将节省下来的篇幅让给重点特写，以明白流畅的叙述方法，加以描述。（2）与国外的材料，尤其是埃及的考古材料的比较，可以多一些。但不要强不知以为知。比较时要精确可靠，不要闹出错误来，弄巧成拙。否则宁可藏拙。又比较时要具体一些，不要太空洞。例如篇末小结中说"中国的旧石器文化与欧洲、非洲的旧石器文化的关系如何，也是值得讨论的"。但是下文对于非洲完全没有讨论到，埃及学生可能觉得失望。对于欧洲的，也嫌空洞。例如说与什么文化"近似"，到底"近似"在什么地方？"近似"程度如何？又如说"动物化石相似"，是那（哪）些动物？可能学生要问到这些问题，最好能准备一下。这两点是供安同志参考。希望听了不要气馁。整风后应该"敢想，敢说，敢干"，我不过提出"干"的方向而已。

赵斐云［万里］所藏的永乐大典图②，这事是郑先生经手的，如果赵先生愿以五百元出让，请你交所中图书委员会考虑决定［曹联

---

① 1958年11月安志敏代替病中的夏鼐去开罗大学讲学而准备的讲稿。

② 赵万里（1905～1980），字斐云，版本目录学家，时任北京图书馆研究员。所藏抄摹《永乐大典》卷九五六一引《元河南志》"古代洛阳图""十四幅一册，曾由郑振铎所长经手借至考古所；郑振铎逝世后，该图原件奉还赵万里本人，并曾在《考古学报》1959年第2期刊发。

璞同志知道那（哪）几位是图书委员]，如果所中图书费有多余，我以为也可以购买下来，算是完成了郑先生的生前一件心事。否则可由编辑室将各图制版（文字说明不必制版，此事我曾与饶惠元同志谈过），以便在《［考古］学报》上发表，原书退还给赵先生也可以。因为这是一个传钞本，文字说明是钞录者所补的（原本现存日本东洋文库）。

因为上星期我的病又发作一次，我的出院可能要延期。因为主治的医师［靳大夫］自己也病了，进城治疗去了，日内即可决定延期多久。医师提出建议后，我再与所中联系。

我所订阅的《参考消息》，请告诉通信员李裕东同志转告邮局，下月份仍转寄小汤山疗养院。这事须每月办理一次，前月也是这样办的。

敬礼

夏鼐

10 月 28 日

致 刘敦愿[*]

（1960 年 6 月）

1960 年 6 月 20 日

敦愿同志：

来信已收到。拙恙为慢性溃疡病，近已好转，承蒙 锦注，敬谢厚情。

前次文斾来京，未能谋面晤谈，甚以为歉。

关于"十年考古"①（初稿）意见，已代为转交"十年考古"编辑小组，所论甚是。编辑小组虽限于能力，但可以做到的，一定采纳照办。其中旧石器文化一部分，古脊椎所已有清稿，曾作为内部资料由科学出版社印行。"十年考古"当然要收入。但以其已有铅印清稿，故初稿中暂不放入耳。

---

* 刘敦愿（1918~1997），考古学和美术史家，早年毕业于国立艺专，1947 年到山东大学任教，师从古史专家丁山，曾去齐鲁大学旁听吴金鼎讲课、参加第二届全国考古人员训练班。从事日照两城镇等遗址的调查。后创办山东大学历史系考古专业，任考古教研室主任，并当选中国考古学会第一、二届理事。此信稿由北京某旧书网下载获得。

① 1962 年由文物出版社出版时，书名正式定为《新中国的考古收获》。

此致

敬礼

夏鼐

60 年 6 月 20 日

致 徐森玉[*]

（1960 年 9 月）

1960 年 9 月 9 日

森玉先生道鉴：

接奉来示，敬悉一切。关于张明善[①]君之事：张君为人朴实，来所数年，工作表现尚佳，曾数次拟为转正，列入我所正式编制。最近于夏间，所中尚与之商榷此事，征求其同意。奈张君以正式编制评比定级较低，工资将减少，虽有福利金可资挹注，仍恐不敷家用，坚决不肯转正。此次精简运动，所中接到指示，正式编制尚须大加裁减，临时工无重要任务者实无法保留，故只得暂停其工作。张君曾托另介工作，已与文物局张葱玉处长商谈过，请其于故宫、史博及北图代为安排，同时由所中人事科再为推荐。但现下京中各机构皆正在讨论精

---

* 徐森玉（1881~1971），原名徐鸿宝，晚年以字行。文物界前辈学者，精于古籍版本和碑帖拓本。早年曾任北京大学图书馆馆长、故宫物院古物馆馆长。1949 年后，历任上海市文物保管委员会副主任委员、上海博物馆馆长、全国第二中心图书馆馆长、中央文史馆副馆长等职。此信据夏鼐自存底稿录入。

① 张明善，系北京庆云堂碑帖铺店主、《善本碑帖录》作者张彦生之子，精于碑刻墨拓、整理与研究，曾在考古所临时工作，与邵友诚共同参与拟由徐森玉主编《历代石刻图录》的资料准备。

简方案，恐须定案后始能考虑吸收新人，此事恐难立即解决，此后当仍继续努力代之设法，请抒　廑念。此事因奉令迅速执行，未能事前函商，甚为抱歉，尚乞　原宥。专肃

　　敬请

道安

后学夏鼐　谨启

一九六〇年九月九日

致　黄文弼　3通[*]

（1961 年 8 月，1964 年 7 月）

一

1961 年 8 月 8 日

仲良先生：

八月四日来示敬悉。青岛虽为五三年旧游之地，但当时新休养所尚未建，休养人员亦不多，今日情况当已大为不同。关于选补空房之事，拟写信到所中，请其与院干部局一商。不要求移地休养，只要求由烟台返京，路过青岛时能否过宿几天。（因烟台无直达北京之车，须在济南市换车，并且济烟线仅有慢车，没有快车，不如由青岛乘直达快车返京为佳。）如果不能办到，或请烟台交际处介绍给青岛市交际处，住旅馆几天。据闻烟台赴青岛之火车，每天一次，系夜半二时许抵青岛，如果不事先接洽好住处，临时找宿处颇为不便。苏秉琦同志建议，离烟台返京时，取道海路，顺便一游大连、旅顺，然后乘船至天津返京。此亦为办法，尚未决

　＊ 此三信由黄文弼孙黄纪苏提供扫描件整理。

定。徐旭老①亦有此意。崂山亦曾于五三年游过，当天匆匆往返。台驾此次"准备二十号进崂山"，是否预备山中消遣几天？抑仍是当天往返？连日烟市颇热，几乎每天随徐老、苏公去海水浴场"泡蘑菇"。此间这几天又来哲学所容肇祖②、杨一之③等，颇为热闹；惟语言所吕叔湘④同志原定二十八号来，后改期八月二日，但迄今未见踪影，恐已改变计划。

　　此请

旅安

夏鼐　顿首　八月八日

二

1964 年 7 月 5 日

仲良先生大鉴：

　　抵青岛后，谅起居佳胜！昨日接友人王君来信，谓收到所寄刊物后，发现"西北文化展览特刊"中，目录上虽有大作《新疆考古之发现与古代西域文化之关系》一文，但正文中此篇已被撕去，仅留

---

① 徐旭生（1888~1976），原名炳昶，晚年以字行。历史学家和考古学家。早年曾任北京大学哲学系教授兼教务长、中瑞中国西北科学考察团中方团长、北平师范大学校长、北平研究院史学研究所研究员兼所长。1949 年后任中国科学院考古研究所研究员。著有《中国古史的传说时代》等。
② 容肇祖（1897~1994），中国哲学史专家，曾任中国社会科学院哲学研究所研究员。
③ 杨一之（1912~1989），西方哲学史专家，曾任中国社会科学院哲学研究所研究员。
④ 吕叔湘（1904~1998），语言学家，曾任中国社会科学院语言研究所研究员兼所长。

下纸根。前次取来时未加检查即行邮寄，不知是否　先生从前因有他用而撕下另放？又王君来函询问："文章中有些图画、地图、照片，先把它空在那里，可以吗？"亦请一并示知。

　　此上，顺请

暑安！

夏鼐　敬上　七月五日

三

1964 年 7 月 25 日

仲良先生：

　　接奉七月廿一日来信，知　贵体近来颇佳，每日注射 B6 液，似颇见效，甚为欣慰。我已决定七月卅一日离京，八月一日抵青岛（湛江大路七号疗养所），贺昌群先生拟偕行，不知届时　台驾尚在青否？牛兆勋所长已于二十日返京，一切均佳。易漫白①同志寄来文稿一篇，嘱阅后转交　先生审阅。因不欲于　先生休假期中加以打扰，故留在所中托王世民同志转交。郭宝钧先生已由大连返京，据云休养收效甚好。

　　此覆，顺请

暑安

夏鼐　七月廿五日

---

①　易漫白（1925~1989），考古学家。1951 年毕业于清华大学。1957 年为中国科学院考古研究所师从黄文弼的研究生。20 世纪 60 年代为新疆维吾尔自治区科学院考古研究所考古队长。70 年代任湘潭大学教授。

致　李仰松[*]

（1964 年 7 月）

1964 年 7 月 22 日

仰松同志：

来信及大作均已收到。我读了一遍，我的意见是，我同意你的看法，酿酒不一定与阶级社会同时发生（将来也不会与阶级社会同时消灭），方扬之文多武断及不妥处。但是你前文提出的理由，已够充分，方扬之文并不能驳倒你的（这篇有的地方，如强调尖底瓶为酿器等，徒引起更多的无谓争论）。而你这一篇并没有提出新的强有力的论证，似乎可以不必发表。学术讨论并不像村妇骂街，"以后息者为胜"。让读者阅读你的前文及张、方二家之说，自作判断可也，未悉尊意如何？

敬礼

夏鼐

七月廿二日

---

[*] 李仰松（1932~　　），考古学家，1954 年毕业于北京大学历史系考古专业，后为该系教师，晋升至教授。据李仰松《夏鼐先生的一封复信——纪念夏鼐先生逝世 10 周年》（《文物天地》1995 年第 4 期）录入。李仰松曾在《考古》1962 年第 1 期发表《对我国酿酒起源的探讨》，主张我国酿酒起源于仰韶文化时期。方扬则在《考古》1964 年第 2 期发展《我国酿酒当始于龙山文化》，提出讨论。

致　马得志[*]

（1964 年 8 月）

1965 年 8 月 14 日

得志同志：

八月三日来信已收到，关于 114 厂中遗址的处理，甚妥，即可如此办理。武［伯纶］[①] 馆长来京尚未晤及，听说住在同仁医院 453 号，有暇当去探视。牛［兆勋副］所长等已于十一日离京下去"四清"。

关于历史地图中汉唐长安城图[②]，可以先作唐图，城区图可以我们为主，绘制过程中可以征求地理所意见作修改补正。必要可再做些钻探工作，但希望明年年底以前交上草图。（郊区近乡则由地理所为主，我们可襄助之。）至于汉长安城，因为王仲殊、黄展岳二同志皆下去"四清"，等到年底他们回来后再说。

---

*　此信据《沐雨楼来鸿集》（北京图书馆出版社，2007）录入，原书注释多误。

①　武伯纶（1902~1991），陕西省文博界前辈学者，时任陕西省文化局副局长、陕西省博物馆馆长、陕西省考古研究所所长等职。

②　指谭其骧主编《中华人民共和国国家历史地图集》中考古研究所承担的项目。

　　　　此致

敬礼

　　　　　　　　　　　　　　　　　　　　　　　夏鼐

　　　　　　　　　　　　　　　　　　　　　　八月十四日

致 方壮猷 2通[*]

（附陈梦家致方信 4 通。1966 年 1 月）

一

1966 年 1 月 10 日

欣安同志：

元旦来信及拓片，均已收到，知江陵楚墓发掘①，有重大发现，甚为喜悦，敬贺敬贺！

关于拓片文字，已转请梦家兄代为考释，兹将结果附上，即请察收！

我同意他的意见，此墓仍当是楚王族贵族之墓，不是什么越王墓。年代方面，此剑只能作为上限，不会早过战国早期。墓中出土物五百余件，其他亦有铭文者否？纵使无铭文，就器形亦可断代。综合全部出土物观察，当可得其年代。其他器物中具特征者，能否将照片见示，以便交所中同志代为鉴定。当然此项照片或拓本，只供研究之

＊ 2 通信及所附陈梦家致信 4 通，均系湖北省博物馆原馆长谭维四提供，据考古所资料室藏复印件录入。

① 详见湖北省文物考古研究所《江陵望山沙冢楚墓》，文物出版社，1996。

用，非事先得尊处同意，决不发表。不知此墓简报，何时可以写出来？如能寄来交《考古》刊登，更所欢迎。

又此剑连柄共长若干？剑茎部分长若干？有便望示知！

此致

敬礼

夏鼐

66 年 1 月 10 日

二

1966 年 1 月 17 日

欣安同志：

前覆一函，并附梦家兄一函，谅达左右。顷接一月十日前后两函，及所附拓片，知又有新发现，甚为欣喜！

关于越王剑铭文，前日遇及唐兰同志，据云，亦已收到尊处寄去拓本，他亦以为乃越王勾践剑，此问题可云已将解决。

木椁上刻字拓本，亦已交梦家兄代为考释，并请其直接函复尊处。

好几年未去湖北，很想能在大型楚墓揭盖时到江陵一广眼界，但不知能如愿否？

敬祝

掘安，并颂

春节愉快！

夏鼐

66 年 1 月 17 日

【附】陈梦家致方信 4 通

1966 年 1 月 8 日

壮猷先生：

　　夏所长转示元旦来信并剑铭拓本两张，曾作了初步的研究，认为剑铭应读作"戉王匄浅自乍用鐱"，匄即《说文》"匄"字，"匄浅"疑即越王勾践。我在《蔡器三记》一文（《考古》1963年7期）中曾举"越王匄浅之子"剑两具，以为越王句践之子鹿郢，戔或菁即践（越兵器中"□"字多为饰笔）。若所释不误，则此一次出土是第一把越王勾践剑，可与传世吴王夫差剑比美。淮南市蔡家岗蔡声侯墓出土吴、越、蔡三国兵器（详《蔡器三记》），则江陵此墓所出越王剑，与蔡声侯墓所出同例。且两墓俱出"王"铭尖形兵器两件（即来信所谓刀，《考古》63年4期简报称为匕首，江西也出过），似此则漳河干渠之墓未必为越王墓，仍当是楚王族、贵族之墓，其年代恐亦未必与屈原同时，可能早到战国初期。此墓器物五百余件，当能据之作约略的断代，以上不过揣测而已。

　　此致
敬礼！

陈梦家

一九六六年一月八日

1966 年 1 月 12 日

壮猷先生：

前日由作铭兄转奉一信，谅已收到。昨晤唐兰，彼亦释江陵出一剑为"越王句践"，唯第三字作"鸠"。我细看"戉王雈戋之子"两剑，第三字作雈，从"隹"甚明，故应改释为"鸠"。前释句（《说文》读为鸠）有误，特为更正。此剑是句践所作，已可肯定。（我旧作《六国纪年》一书关于越器曾稍有论述，其中有不少错误，近年已多加修订，但均未发表。）此剑形制、长度函盼见告，以作比较。

敬礼！

陈梦家

一月十二日

1966 年 1 月 19 日

壮猷先生：

一月十日手教，昨始寄到。承赐拓本照片四种，谢谢。前有一函与夏所长信同寄，后又补寄一信至江陵，均谈到越王剑是句践所作，铭文是"雈浅"二字，唐释"鸠浅"是也。形制完美，甚可珍贵。但寄来照片无尺寸，且柄部格部最属重要，最好能有细部拓本或照片。句践剑出土江陵，自可庆贺。昨与作铭所长谈，若此剑由尊处写一介绍，在《考古》发表，则我们当可补充一些比较资料。但不知如此与你们"简报"全部发表是否不便，请考虑再说。从来信上看，望山亭两墓似乎和信阳长台关两墓相仿，都格［外］丰富，可以说明问题的现象和器物一定很多。椁上刻字两种，尚难以确认。它与以前出土所刻（方向上下左右）者不同。惟"隹王既立"除王字外，余均可商。鄂地下蕴藏两周文物，极其丰富，考古前途无量，可预祝也。腊末岁初，犹在工地，既佩且羡。匆复即请

撰安

陈梦家

一九六六年一月十九日

1966 年 4 月 30 日

壮猷先生：

前奉手教，迟未奉复为歉。苏秉琦兄带回江陵大墓照片册匆匆翻看，其年代似在战国初期，即公元前五世纪，不能很迟。此墓所出与近来侯马所出盟书同一时期，南北两宗为□今发掘工作中之珍异，弟本拟对越王剑作一总述，因五月初去京郊参加四清竟不能成。上海博物馆藏越兵比较重要，闻将在《考古》刊出，可作参考，但江陵墓之重要似不仅越王剑一事而已（至于椁上刻章，似工匠所为，与墓主无关）。竹简照片效果极好，闻之甚喜，将来刊出后再作研究，行前匆匆为《考古》第五期作了一篇《东周盟誓与出土载书》，对侯马盟书稍有阐释。因对《左传》很不熟悉，恐不免有错误，但从而深感东周一段考古尚大有可为。四清工作队定五月三日出发，地点靠近西山，大约总有十个月左右的时间。匆匆不尽，即请

撰安

弟陈梦家谨启　四月卅日

致　傅振伦[*]

（1973 年 12 月）

1973 年 12 月 22 日

振伦同志：

来信和大作均已收到，请勿念。

读来信后，知已返京。谅不久当可安排适当工作，甚慰！

大作已匆匆读过一遍，足见用力之勤，对于燕下都之关心，数十年如一日，此种毅力，甚为钦佩！我对此所知不多，不敢置喙。现已将大作转交我所《考古》编辑部，嘱其交专人审查，早日决定刊登与否，并请其直接与尊处联系。

专此奉复，顺致

敬礼！

夏鼐

73 年 12 月 22 日

---

* 傅振伦（1906~1999），字维本，历史档案与博物馆学家。早年师从马衡等人，参与燕下都考古发掘、居延汉简和故宫文物整理等工作，曾任中国历史博物馆研究员、中华书局编辑，并在中国人民大学档案系等处执教。此信据北京某旧书网下载整理。

致 李作智 2通[*]

（1975 年 5 月，1977 年 3 月）

一

1975 年 5 月 14 日

作智同志：

来信已收到。考古所目前正在搞运动，将来当然还是需要人的，我们还向北大要今年考古专业毕业生呢！不过，目前还不能调进人员，并且据我所人事科同志说：北京市近几年控制户口颇严，由外地调进人员，纵使所属机构同意，在北京还是报不上户口，所以一般都是调动北京有户口的。你的困难，我很同情，但一时无法帮助，甚歉！

此复，顺致

敬礼！

夏鼐

七五年五月十四日

---

* 李作智，系北京大学历史系考古专业 1959 届毕业生，曾在内蒙古文物队工作。当时未能调入中国社会科学院考古研究所，后调中国历史博物馆。据北京保艺术博物馆万利群同志提供电子本整理。

二
1977 年 3 月 31 日

作智同志：

三月廿八日来信已收到。关于你的调职事，我所编制有困难，纵使将来编制问题解决，可以添人，但外地户口，亦不能解决。如果借用一两年，还可以考虑。然而你的愿望恐不在此，若你仅只要借调一两年，以便留住北京照顾家庭，则手续如何办理，历博及内蒙方面的意见如何？尤其是内蒙方面愿意否？尚望了解情况后告知，以便向所中建议。

此复，顺致

敬礼！

夏鼐

七七、三、卅一

致 石兴邦 2通[*]

（1976 年 1 月，1977 年 7 月）

一

1976 年 1 月 29 日

兴邦同志：

一月廿五日来信已收到。你的情况，马得志同志返京后曾与我说过，希望这事能够尽早顺利解决。如果你能于二月中这事解决后即来京，那更好了。

关于你对花纹的看法，我要提醒你两点：（1）"绘画花纹者"，不论是采用写实的手法，或图案化的手法，都是根据自然界许多事物的反映而绘出的（如螺旋纹、圆圈纹、卍字纹，都是世界某些民族所常见的），决不都是由某一花纹（例如"人蛙纹"）演化而来，你不要"演化"的内容包括太多；（2）图腾是一个氏族（clan）的，不是整个部落，甚至于各地的许多部落一切氏族，都用一个图腾，并

---

* 石兴邦原为考古研究所人员，曾任副研究员、研究员和学术秘书，后调陕西省考古研究所，任副所长、所长。他与夏鼐通信颇多，因年事已高，未能找出。此二信，系由《叩访远古的村庄——石兴邦口述考古》（陕西师范大学出版社，2013）一书录出。

且民族志中似乎没有以"人形"为图腾的。你如能于二三月中来京，一切可面谈。此祝春节愉快！

夏鼐

七六年一月廿九日

二

1977 年 7 月 19 日

兴邦同志：

来信已收到，并且已交给牛兆勋同志看过。

你那天早晨离京，我到所后即到你的宿舍去，半路遇到小黄老①，知道他刚刚送你上公共汽（电）车赴车站，可谓失之交臂。

来信中谈到下川报告的事，据黄展岳同志说，拟将王建②等同志的调查发掘报告，编到［《考古学报》］明年第一期中③，今年年底或十一月底以前即须付排。你们的报告，如能赶得上，可以一起发表。否则先发表他这一篇，然后再依次发表你们的一篇。他们的这篇要加工，还要你在审查意见中所提出的，补上器物号等。如第一期来不及，或放在第二期发表，好在《学报》明年改季刊，相差三个月而已。

我曾与牛［兆勋］所长谈过，我们觉得这样安排也可以。我希望你不要斤斤计较，不要以为他的报告利用你们发掘的成果，好像是

---

① 黄石林的绰号，简介见本书第 192 页。
② 王建，山西省考古研究所人员，曾任该所副所长。
③ 王建等：《下川文化——山西下川遗址调查报告》，《考古学报》1978 年第 3 期。

窃取你们的果实。你们的工作收获较大，材料更丰富，结论具有更大的说服力。实则便是同时发表，第一次工作一定摆在前面，别人也会认为他们的结论在前，你自己的审查意见中还不是建议他们修改多吸收后来你们发掘工作的经验吗？

下川的工作，似乎可以结束。原来的发掘地点，可以掘得更多的标本，但大部分恐是重复的，要发掘到化石、骨器或居住遗存，希望不大。最好能将地质地层搞清楚。可以在附近做些调查工作，如果能找到更好的堆积包括洞穴堆积，可以试掘，可以转移阵地。不知你的意见如何？可以与张子明①同志等及山西同志商量一下。

所中运动仍在继续中，曾开过党员会及全所大会，揭批"四人帮"在所中的影响，……但不妨碍展开业务工作。

不久，又要考虑考古所的明年计划以及远景五年计划。你有什么意见，也可以提出来。山西队同志对于运动及工作计划有什么意见，都可以提出来，写信给党支部或运动小组，以便所中考虑。

顺祝

工作顺利！

夏鼐

77 年 7 月 19 日

子明同志等望代为问好！

---

① 即张子明，中国社会科学院考古研究所下川遗址发掘工作人员和报告编写人员。

致 罗宗真 4通[*]

(1977 年 1 月~1981 年 6 月)

一

1977 年 1 月 7 日

宗真同志：

您的十二月二十四日来信，于年前信已收到。

多年未见，但由熟人处也知道你的一些近况，这几年来，你做了不少工作。我近几年身体还好，不过，年龄大了，已不及你们青年人那样精力充沛，但是，还是可以工作。

你的《宜兴晋墓第二次发掘》，听说决定在《考古》上发表，不久当可付排。扬州的发掘工作，我听徐苹芳同志谈过，这遗址很重要，隋唐的扬州，正像解放前的上海。"腰缠十万贯，骑鹤上扬州"、"十年一觉扬州梦"，这些诗句，我们少时多读过的。像你来信中所说的，鉴真和尚赴日本以前，也曾在扬州龙兴寺为僧，井上靖的说

---

* 罗宗真，时为南京博物院人员，后晋升研究员。此信据罗宗真《夏鼐先生的三封书信——纪念夏鼐先生逝世十周年》一文录入。该文在《中国文物报》1995 年 6 月 18 日第 2 版刊发时仅收第一、二、四封信，编入《罗宗真文集·历史文化卷》（文物出版社，2013）时，增入第三封信。

法，可能是根据日人的考据，日人对于鉴真的研究论文和专著颇多，例如：安藤更生所写的《鉴真和上》（1963年东京春秋社）。徐苹芳同志对于扬州唐代寺庙的史料较熟悉，我将你的信给他看，希望他能告诉你。他答应了，但因为他生病，这几天请假没来所。等他来所时，我再催他一下。叫他写信给你，恐怕你久等回信，所以匆此奉复。

顺致

敬礼！

夏鼐　77年1月7日

二

1977年1月28日

宗真同志：

来信及《文博通讯》，均已收到，谢谢。苹芳同志写了封信，现在附上，即请察收。

扬州唐城是一个重要中古城市，如果有新的重要发现，我和苹芳同志都很愿意来现场参观学习。不过这需要你单位出面致函考古所总支征求同意。总之，预祝你们在工作中有更多更大的收获！

此致

敬礼

夏鼐　77年1月28日

三
1979 年 9 月 4 日

宗真同志：

八月廿九日来信及附来照片，均已收到，谢谢。仲殊及徐苹芳二同志处，亦已代为问好。他们二人将于十月初赴美国访问，最近颇忙，嘱代向你问候，他们不另写信给你了。

关于扬州青花瓷片，我曾问过日本学者三上次男（他写过一本波斯古瓷的书）。据云，此片花纹风格，颇似波斯古瓷，但是他未睹实物，亦不敢遽下断语也。

尧化门六朝大墓的发掘工作进行得如何？如有重大结果，尚望示知一二。

此复，顺致

敬礼

夏鼐　79 年 9 月 4 日

姚院长及青芳、伯胤同志等望代为问好。

四
1981 年 6 月 7 日

宗真同志：

来信及大作《扬州唐代青花瓷》均已收到，谢谢！

扬州会议后，马得志同志直接赴长安，故尚未晤面，但由其来信中，知颇多收获，甚喜。

　　大作中注（12）提及贱名上冠"中国社会科学院考古研究所所长"职称，似可不必冠以职称，文中提及别的同志，皆不附职称。学术论文不是衙门公文，实不必附上长衔。正式发表时能否删去？

　　扬州青花瓷片的发现，自是一个有兴趣的发现，值得研究。但正如大作所说的"这片青花，来自何处，还待研究"（7页2行）。

　　大作第1页说"1957年（原文如此，怀疑是1975年），浙江龙泉金沙塔出土北宋初年青花瓷碎片"。按龙泉金沙寺塔的擅自拆毁，确是1957年的事，不会晚到1975年。其事见《文物参考资料》1957年1期52页，1956年1月间拆毁崇因寺双塔之后，"又拆毁了另一座艺术价值更高的金沙寺塔"（但是可能发生于1956年，而1957年上交文物到省博物馆）。正式发表时，可以删去你在括弧中的按语。

　　此复，顺致
敬礼！

夏鼐　81年6月7日

致　杨锡璋　2通[*]

（1978 年 1 月、3 月）

一

1978 年 1 月 28 日

锡璋同志：

一月廿六日的来信已收到了。我读后很高兴，我便把你的信给牛兆勋同志等所中领导同志们看。我们欢迎你重返所中工作。

关于向院部要求将你调来北京，这问题估计不大。你的意见是先调你回考古所工作，然后在有机会时再解决两地分居问题，我们也同意。不过，现在你是苏州市博物馆的干部，这是调干的工作，手续上要本单位的同意。可否请你先向博物馆的领导反映，说考古所现下要开展业务工作，亟需业务上能拿得起的业务人员，很想把你调回考古所，继续殷墟的研究工作，希望他们能放你返所。你，可以将你的情况，详细向他们解释。如果他们同意可以放你走，请你来信告诉我

＊　杨锡璋（1935~2021），1958 年毕业于北京大学历史系考古专业。长期在安阳殷墟从事考古发掘与研究，卓有贡献。累任至研究员，曾任中国科学院考古研究所夏商周考古研究室副主任。1976 至 1978 年，曾因夫妻两地分居，调往苏州博物馆工作，后仍调回考古所。夏鼐致函 2 通，即为调他回考古所事。原信系杨锡璋本人面交编者。

们，以便我们这里办理手续（不只是编制名额问题，还有你的北京户口问题）。如果他们不愿意放，那便须要你去说服他们，总要取得他们的同意。否则，我们这里冒昧去调人，被顶了回来，那下一步更不好办了。

余容后叙，此覆，顺致

敬礼！并祝

新年愉快！

夏鼐

78 年 1 月 28 日

二

1978 年 3 月 8 日

锡璋同志：

获读来信，知道你由于消化道出血入住医院，现已出院，仍在家休息。这病我从前也患过几次，尚望好好地休息，以便早日恢复工作。

我因为参加五届人大，今天才返所，看到你的信，已与林泽敏同志商量，她也收到你的来信。我们这里只等待你们那里领导同意，便可以办调职手续。因为是所中旧人，不必再做审查人事档案和业务鉴定等手续了。

望善自珍摄，此覆，顺致

敬礼！

夏鼐

七八年三月八日

致 曹锦炎[*]

（1978 年 3 月）

1978 年 3 月 11 日

锦炎同志：

来信已收到了。

关于甲骨文研究，社会科学院历史研究所设有甲骨文组，由胡厚宣教授领导，今年准备招研究生若干名，你如欲投考，可以与历史所联系（北京市建国门内）。

关于学习资料方面，亦可向他们联系，因为我们考古所自陈梦家教授去世后，现下没有人专搞甲骨文的。

此复，顺致

敬礼！

夏鼐

1978. 3. 11

---

* 曹锦炎（1949~ ），后师从于省吾，进行古文字学研究，在吉林大学考古专业获得硕士学位。曾任浙江省博物馆副馆长、浙江省文物考古研究所所长等职。此信据曹锦炎本人提供扫描件整理。

致 苏秉琦[*]

（1978 年 8 月）

1978 年 8 月 11 日

秉琦同志：

好久没有你们的消息，后来知道你在烟台医院治疗，所以托玮璋同志给你一信。现在接到你的来信，知道虽仍在医院，但已逐日好转，甚慰。希望你安心休养治疗，以便早日出院返京。来信已托玮璋同志送到府上给嫂夫人一阅，以便你们府上大小放心。望勿远念。

所中一切如常，院部现在紧抓工作，希望各所成立新的学术委员会和改研究组和研究室。我所的学术委员会，包括所内外专家，名单正在酝酿中，研究室拟于最近成立，以便展开工作。

我所的学术委员会的老委员，除你我之外，所剩不多。老成凋谢，亦没有办法。如何补充，正在考虑中，希望你也能提点意见。

各所研究室，历史所已宣布，胡厚宣、杨向奎、张政烺等恢复名义当了研究室主任。我所的三个研究室，老组长大半去世。我们本来想让你光担任学术委员，不担任研究室主任，让年轻的同志担任，但

---

[*] 此信录自《苏秉琦往来书信集》第二册，社会科学文献出版社，2021，204～207 页。

是第三组没有合适的人选当主任。初步想叫卢兆荫同志担任，但他已担任编辑室主任，他本人和所中有些同志也不同意，黄展岳同志亦是同样情况。最后决定仍请你担任第三研究室正主任。我记得你以前担任第三组主任时，黄老不服气，老是闹别扭。现在没有这个问题了。同时我们拟让马得志、徐苹芳为副主任，可以协助你工作。有些具体事务，可以让他们去做，必要时还可再配备一个秘书（或干事）。因为院部催着所中早日决定宣布，所以不等你回信便打算明天于所中宣布了。

北京大学来信给社会科学院，要求你回去继续担任考古学教研室主任。事前他们派人来我所联系，并且说征求过你的意见。社会科学院领导同志，征求我所同意后，已答应了北大。让我告诉你一声，可能北大另有信给你。

目前你还是安心休养，望告诉高广仁同志，所中同意他暂留烟台，以便照顾，将来和你一起返京。

敬礼！

夏鼐　78.8.11

致　穆舜英[*]

（1979 年 8 月）

1979 年 8 月 11 日

舜英同志：

7 月 27 日来信已收到。关于调查楼兰遗址事，具见工作之辛苦，甚为钦佩。

至于发掘楼兰遗址问题，前闻北京电视台 ［接］ 受了日本电视台的金钱，愿意尽力为日本电视台效劳，被中央领导人批评为"卖国主义"。拍摄电影事虽继续进行，但我们考古工作决不能为日本电视台要拍电影而效忠。这是一个原则问题。我们电视台为之出介绍信，说一切古物古迹，不管已发表过或未发表过，只要与《丝绸之路》有关，都要让日本电视台拍摄。这是一个"乱命"，电视台没有这个权力，这是国家文物局的权限，便是文物局也要依据文物法令的规定。

我的私见，调查工作可以多做，而发掘工作要尽量控制，少做为妙。像楼兰遗址这样重要遗址，准备工作及技术力量如果跟不上，可以暂缓。已经埋沙二千年了，再等候一时期亦何妨！如果要发掘，一

---

[*]　穆舜英（1932~2008），女，1960 年毕业于北京大学历史系考古专业，后去新疆工作，曾任新疆文物考古研究所研究员，兼所长等职。根据夏鼐自存信稿录入。

定要依照发掘古物法令；主动发掘都要呈报中央审批后才可发掘。我也知道这法令好些地方没有依法办理，但愿国家文物局要"整顿"一下，不能再像从前那样下去。

你们既已打报告给国家文物局和中国社会科学院胡乔木、邓立群二院长，他们会批复的。我的上述的意见，只是个人的私见，以供参考。

我所新疆考古队来新后，一切承蒙你们照顾，敬（谨）表示谢意。

此致
敬礼！

夏鼐

79 年 8 月 11 日

致　赵青芳　3通[*]

（1981 年 3 月~1984 年 8 月）

一

1981 年 3 月 21 日

青芳同志：

3 月 18 日来信已收到了。

您太客气了，来信中开端是"夏所长"，末尾又是"后学"。我们四十多年的交情，当我于 1941 年初抵李庄月亮田时初次相逢，然后在李庄同在中博筹备处工作，朝夕相共；后来我离开了筹备处，但仍时常晤面。今后请您不必客气，互相以同志相称呼便很好，否则，我便要以"赵院长"相称了。

玉器方面的材料，承转告汪遵国同志寄来，甚为感谢。我将于 27 日（下星期五）离京赴美讲学，大约一个月始返。如果寄件到京时我已离京，我托我所秘书处代为收下存留，请勿为念。为此事，我

* 赵青芳（1912~1994），早年系中央博物院筹备处人员，参与彭山崖墓发掘。1949 年后，先后任南京博物院群工、陈列、考古三部主任，夏鼐致信时任副院长。根据南京博物院编《赵青芳文集》（文物出版社，2012）录入。

要向您和汪遵国①同志道谢！

关于彭山发掘工作，当时由吴［金鼎］博士、曾［昭燏］小姐和我参加工作，还有营造学社的陈明达同志。我当时声明，田野工作结束，我便回家乡，整理做报告事，我不参加。对于材料，我也没有再过问。我只知道建筑部分由陈明达同志作记录，由他整理，始终没有交给队里。我有空当设法找他谈谈此事。不知你们对于彭山这批材料的整理工作有何想法？吴、曾已作古人，剩下的只有我和陈同志。还有吴太太②，听说在济南，但没有联系过。后来高去寻也参加过，他去台湾，听说已当上史语所所长了。

兹托徐元邦③同志带上此信，其余容我回来后再谈。

此致

教（敬）礼！

夏鼐

81 年 3 月 21 日

二
1983 年 4 月 11 日

青芳同志：

去年 9 月底我由美国参加檀香山的商文化国际讨论会后返京时，

---

① 汪遵国，考古学家，1959 年毕业于北京大学历史系考古专业，时为南京博物院人员，后晋升研究员。
② 吴金鼎夫人王介忱，曾参加彭山汉代崖墓发掘。
③ 徐元邦，时为中国社会科学院考古研究所编辑人员。

曾收到你的 9 月 25 日来信，商谈关于彭山发掘报告事。后来 11 月间在上海参加中国古陶瓷国际讨论会中遇及罗宗真同志，曾将我的意见托他告诉你，谅已知道。

我返京后，也曾问过陈明达①同志。据云墓葬结构图纸是他亲手绘制的，原来是一式二份，一份是在营造学社，放在清华营建系，"文革"后找不到了（你们或可再向莫宗江②同志一询，他或可再找找看），另一份交与贵院。他希望你们再寻查，这也是他的心血呢！

关于发掘记录，田野记录的体裁与发掘报告不同，不能照原文发表，一是要综合整理，原始记录有的可归并删节，例如 77 墓不必逐墓描述，可以并成一墓葬登记表；只个别的墓，可以再作为例子，详加描述。二要增添材料，例如出土陶器，当时未粘对，现在应分型分类，在综合讨论陶器陶俑之后，在墓葬登记表应注入类型，不能像原始记录说"杯一，碗一"。可惜我目前腾不出工夫，但仍想在你们初步整理后，我能来南京住半个月或一个月，商酌报告体例，或可负担一部分的写作报告任务。我不知道你现下整理彭山材料的工作进行到什么地步？

南博建院五十周年纪念，你所写的回忆录，勾引起我的旧梦和回念，可惜我没有工夫写出来，以补充你的回忆录。王天木同志说，他也有此感。

听说宋伯胤同志要到西安去，未知确否？三十多年的老巢，何以

---

①　陈明达（1914~1997），中国建筑史专家。早年为中国营造学社人员，参加彭山汉代崖墓发掘。时任中国建筑科学研究院历史理论研究所研究员。

②　莫宗江（1916~1999），中国建筑史专家。早年为中国营造学社人员，时任清华大学建筑系教授。

想脱离南博，另择一枝口？

　　此致

敬礼！

　　　　　　　　　　　　　　　　　　　夏鼐

　　　　　　　　　　　　　　　　1983 年 4 月 11 日

　　姚迁①同志等望代为问候！

<h1 style="text-align:center">三</h1>

<h2 style="text-align:center">1984 年 8 月 20 日</h2>

青芳同志：

　　8 月 9 日来信已收到。

　　关于彭山汉代崖墓发掘报告，闻已写出初稿，甚为欣喜。我听高去寻说，牧马山是土坑墓，不是崖墓。不知是否如此？报告中收入牧马山墓地否？

　　我听说这报告将交文物出版社出版。一般出版社接收稿子后，他们在付排以前会找人审阅。我因为目前较忙，明天起参加在北京召开的第三届国际中国科技史讨论会。9 月 2 日还要去法国巴黎参加联合国教科文组织召开的一次会议，往返又须一星期余。所以此事不要一〔直〕等我，你们可直接寄给文物出版社。至于序言，也可不必我来写，因为已有报告，一般报告都不加序言。我目前没有工夫看你们的稿子，如果不看稿子，决不会把序言写好。所以这写序言的事，也就免了吧！

---

　　①　姚迁（1926~1984），时任南京博物院院长。

　　最近接到王㐨①同志印发的一份致《人民日报》的信，抗议您院某同志窃取他所主持的修复古书的技术而取得发明奖一事。这事的详细情况，我也不十分清楚。王同志已于去年离开考古所，调往历史所。不知此事您院亦有所闻否？事实真相如何？（在考古所时，他曾提及此事，我劝他不必计较，所以这事便搁下去。此次他事前也没有与我商量。当然他离开我所后，我们便很少接触。）

　　专此奉复，顺颂

撰安！

夏鼐

84 年 8 月 20 日

———————

①　王㐨（1930~1997），文物清理、修复和古代纺织品研究家，对马王堆汉墓和法门寺地宫纺织品清理与研究有重要贡献。原在考古研究所任技术室副主任，后调历史研究所协助沈从文进行古代纺织品与服饰的研究。

致　高至喜　3通[*]

（1981 年 9 月~1982 年 5 月）

一

1981 年 9 月 25 日

至喜同志：

九月十三日来函已收到。

关于侯良①同志参加考古学年会事，我曾与学会有关同志商谈过。商谈的结果如 9 月 10 日考古学会复信中所云，他们是向我汇报过的。我记不清俞伟超同志与我谈话的内容，但是我是无权答应额外邀请任何人参加年会，除非得到常务理事会的同意。要求参加年会的同志不止一人，我们只能依照规定加以限制，此事请向侯同志解释一下，请其原谅。

承惠寄猪尊②照片一纸，为前所未见。湖南地下宝藏，层出不

　＊　高至喜，时任湖南省博物馆馆长，1982 年 9 月参加夏鼐率领的中国考古代表团，前往美国檀香山，出席商文化国际讨论会。据高至喜本人提供原信扫描件录入。

　①　侯良，湖南省博物馆原行政馆长。

　②　即豕尊，湘潭船形山 1981 年出土的商代晚期铜器，见《中国青铜器全集》第 4 卷 135 号，文物出版社，1998。

穷，甚为可喜（此尊定名，似以豕尊为妥，较为古雅也）。

　　此复，顺致

敬礼！

夏鼐

八一年九月廿五日

二

1982 年 5 月 10 日

至喜同志：

　　前接美国方面邀请我中国社会科学院派遣一代表团于九月间美国檀香山参加国际性的商文化讨论会。代表团成员不限于社科院，双方议定一名单，请阁下参加。闻我院外事局云，此事已得到湖南省方的同意，并答应由省方承担往返旅费的外汇（在美的一切费用由美方负担），闻之甚为欣喜。

　　关于组织代表团及与美方联系事，仍由我院外事局负责。但我院要我担任代表团团长，请辞未允。关于业务方面，如论文的审查，要我组织力量审查一下。至于办理出国手续、治装及护照等事，则请与我院外事局联系。出发以前要集中于北京，您何时来京？最好也与我院外事局商洽。论文初步决定要于 5 月 20 日前寄来，但是如果来不及，于月底以前寄来亦可。寄我院外事局或寄我所均可。

　　代表团现定代表九人，翻译一人。有张政烺、胡厚宣、王贵民、郑振香、杨锡璋、殷玮璋、安金槐等，大家都是熟人，谅你也几乎都认识。这名单您知道便好了，不必向别人说。原来有大学中的人，由于教育部不愿负担旅费，不想参加，所以只好算了。

　　此致

敬礼！

夏鼐

1982 年 5 月 10 日

三

1982 年 5 月 27 日

至喜同志：

　　五月廿日来信已收到。

　　关于论文事，知已寄出，谅不日可以收到。

　　今日收到大作，匆匆阅读一过，甚佳。打印本有几处措辞似可稍加修正或由于打印之误：

　　（1）2 页 12 行"凸出之鼓形物"，似应作"凸出之带形物"。

　　（2）5 页 1 行"鼻梁似一牛头"，《文物》66 年 4 期作"鼻梁似为一头牛"。图形不清楚，但似为一"牛头"，而非"一头牛"，是否可改为"兽面的鼻梁处作牛首状"？

　　（3）5 页 17 行"B 式"，应作"BⅠ式"。

　　（4）6 页 12 行"重　　公斤"，能否将这件标本称一下，填入斤数，以求描述体例的统一。

　　（5）9 页 10 行"商末"应作"商末"。

　　（6）15 页 11 行"妥浪陀"今一般译为多伦多，即 Toronto，在加拿大。

　　（7）15 页 13 行"纽约 Wacker 的"应作"纽约发刻（Wacker）

收藏品中的"。

（8）18 页 5 行 "（4）" 与 "（41）" 之间，漏列 "（6）"，见陈氏论文原文 125 页。

（9）21 页 1~3 行及 6~7 行的《考古学报》1977 年 2 期，都应改用正式报告《殷虚妇好墓》（1980）的页码和图号。

此外，这报告需要配合以幻灯片（约 30 来张左右）。请准备好，随身带去。未发表的标本，最好不要把未发表过的照片拿出来，我们还是要留一手。注释中（如［10］、［12］、［15］、［19］、［23］、［27］、［52］）提一笔便够了，不必加以照相及幻灯片。

15~16 页所说湖南出土商代器物的 "非常明显的地方特色"，与所谓 "湖南的土著文化"，希望能准备一个材料。可能在你的报告后讨论和提问题时，有人提到这问题。可以备而不用，不要临时被人家一 "将" 军，措手不及。

您何时结束党校学习？做衣服是否长沙可以解决，或者要到北京来定制（北京一般做西服要两三个月）。余容后叙。

此致
敬礼！

夏鼐

82 年 5 月 27 日

致 赵振华、朱亮[*]

（1982 年 1 月）

1982 年 1 月 6 日

振华

朱亮 同志：

我所高天林同志由洛阳返京，携来 1 月 3 日大札及所附拓片及照片共九张，均已收到，谢谢！

这枚金币，是东罗马皇帝福克斯（Focas）的铸币，年代是公元 602 至 610 年。正面半身像侧仍可看到他的拉丁文名字。背面为有翅膀的胜利女神像，像侧有 VICTORIA（胜利神）的拉丁字。查钱谱，确是这皇帝的金币（J. Sabatier：
Monnaies Byzantines，1862 年初版，1955 年重印版，251 页）。

这座墓葬很重要，可惜为基建部门施工时所炸毁，但仍希望您们能尽之所能及，努力把简报写出来，写好后，能否寄给我所的《考

---

* 赵振华、朱亮时为洛阳市文物工作队人员，现为洛阳市文物考古研究院研究员。此信由赵振华本人提供复印件。

古》上发表？①

关于基建部门在洛阳炸毁古墓事，已引起各方注意，人大及政协闻都有关于此事的提案，要求禁止此类事件再次发生。你们如发现仍有破坏古迹古墓情况，望随时反映到中央来，以便要求采取必要的措施。

此复，顺致
敬礼！

夏鼐

1982 年 1 月 6 日

---

① 该考古简报，后发表于《中原文物》1982 年第 3 期

致 宫大中[*]

（1982 年 4 月）

1982 年 4 月 19 日

大中同志：

　　承惠赠大作《龙门石窟艺术》一册，已经收到。匆匆翻一下，大作内容丰富，图文并茂，诚为研究龙门石窟艺术必读之书也，有暇当再仔细阅读，如有所得，当再函告。专此致谢。顺致

敬礼，并颂

研安

夏鼐

一九八二年四月十九日

致 唐云明 3通 [*]

（1983 年 10 月、11 月）

一

1983 年 10 月 25 日

云明同志：

十月廿三日来信已收到。

藁城台西报告能找到这么多的老专家写鉴定的文章做为附录，真是不容易，希望能早些付印，以便佳惠学林！

关于璇玑问题，我的主要论点，已见《考古》殷代玉器一文中（其中也应用了藁城出土的一件），你们可以参考。至于另写一文，虽有此意，但缓不济急，将来也许交《考古》发表，盛意甚感！方命之处，尚乞原宥！

敬礼！

夏鼐

83 年 10 月 25 日

---

* 唐云明，1954 年毕业于第三届考古工作人员训练班，后为河北省文物考古研究所研究员，曾主持藁城台西村等重要遗址的发掘。此三信由河北省文物局张立方同志提供复印件。

二

1983 年 11 月 13 日

云明同志：

10 月 30 日的回信已经收到。

关于璇玑的问题，最近《考古》编辑室收到一位叫做曲贵春的作者写的一篇《璇玑考辨——兼与夏鼐同志商榷》的稿子，我读过一遍后，退还给《考古》编辑室，请其另外交专家审查，我不便对这稿发表意见。这稿中仍坚持玉制的所谓"璇玑"是天文仪器。又说："在考古学界有学者认为遗址所出土的这种玉器就是天文仪器"（原注：承河北省文物研究所唐云明先生 1982 年 5 月 26 日来函见告）。这当然是你没有看到我在《考古》上所发表的殷代玉器［文章］以前的意见。我不知道你现下的意见如何？当然，各人都可以保留自己的意见，或修改自己的意见。这是因为我现下正在写一篇《所谓"玉璇玑"是天文仪器吗？》，很想听听各方面的关于这问题的意见。曲同志的文章，对于我也很有益处，因为他的论点可以促动我的思考。你认识他吗？他没有留下地点，只说由信箱×××号代转。

听说你仍在病中，希望你好好保养和治疗，以便早日恢复康健。

此致

敬礼

夏鼐

1983 年 11 月 13 日

三
1983 年 11 月 30 日

云明同志：

11 月 16 日来信已收到。

我因为扁桃腺发炎，身体发烧，十九日住院，今天才出院，病已痊愈，仍需在家休息几天，不日即可恢复正常工作，堪以告慰。

关于曲同志稿子的事承蒙见告，谢谢！我也是这样看法，像藁城及安阳各地出土的所谓"璇玑"，是起不到齿轮作用的。拙作初稿已写就，约三四千字，以讨论会上宣读论文不能超过 20 分钟也。拟在讨论会上听了意见后，再加修改交《考古》发表。

我前次收到大札，谓台西报告久无消息。我即托杨泓同志去文物出版社打听情况，并希望能早日发排。此次来信谓文物出版社已有信致尊处，台西报告总编已签发。闻之甚喜，希望能早日出版。

关于大百科考古学卷的条目，已在陆续分组审查中。旧新石器、汉唐等组已陆续开过，殷周组亦跟着上去。组中审阅结果如何，自然会与尊处联系的，请勿为念。

我大约十二月十一或十二日赴广州转往香港，约两星期即返。其余的话，容后再叙。

此祝

近好！

夏鼐

83 年 11 月 30 日

致 赵丰[*]

（1984 年 10 月）

1984 年 10 月 24 日

赵丰同志：

　　十月十三日来信及所坿（附）"树叶锦"抽印本，均已收到，谢谢！蒋同志说："一般考古发掘纺织品，都由我介绍。"这并非事实。有些同志将出土纺织品托我鉴定，我是愿意效劳，但是一般是他们自己或就近向专家请教。荥阳青台出丝麻织品，我还是第一次听到，我不知道这标本现在收藏地方，也不知将在何刊物发表，请您直接与郑州方面联系可也。至于博士研究生，我不敢"误人子弟"，所以并没有带。匆复，顺致

敬礼！

夏鼐

一九六（八）四年十月廿四日

---

* 赵丰，1982 年毕业于浙江丝绸工学院，后获中国纺织大学博士学位，现任杭州中国丝绸博物馆馆长。此信据赵丰本人提供扫描件录入。

致 吴铭生[*]

（1984 年 11 月）

1984 年 11 月 14 日

铭生同志：

十一月九日来信已收到，知道您近来工作顺利，还写了几篇文章，甚为欣慰。

《四川文物》第三期文章已看到，因为四川方面每期出来也都赠寄我一本，并且向我约稿。《湖南考古文献目录》亦已收到，谢谢！

普查工作现下进行得顺利否？此项工作要有耐心，要假以时日，要有愚公移山的精神。我比您还长十多岁，明明知道许多工作都没有法子完成，但是起了一个头，子子孙孙可以继续干下去，终有完成的一天。

湘西古墓清理报告写出后，望早日寄给《考古》。

此复，顺致

敬礼！

夏鼐

84 年 11 月 14 日

---

* 吴铭生，1953 年毕业于第二届考古工作人员训练班，后在湖南省博物馆、湖南省文物考古研究所工作。此信据吴铭生本人提供复印件。

致　张光直　46通[*]

（1974 年 1 月～1985 年 6 月）

一

1974 年 1 月 30 日

张光直先生：

您 1973 年 11 月 27 日来函已收到。

关于您希望来国内参观访问的愿望，我是能够理解的。据我所知，近年来旅居国外的外籍中国学者，多想回国参观访问，但由于目前条件所限，未必能一一满足。不过，我觉得，您如愿自费来华旅行，可向我驻美联络处提出申请。

此复，并致良好的祝愿。

夏鼐　1974 年 1 月 30 日

---

[*] 张光直，美籍华裔考古学家，先后任耶鲁大学、哈佛大学人类学系教授。这些书信，全部录自李卉、陈星灿编《传薪有斯人——李济、凌纯声、高去寻、夏鼐与张光直通讯集》（三联书店，2005）。对其注释稍作调整。

二

1976 年 4 月 12 日

张光直先生：

　　您好！3 月 11 日来函收到。

　　大作《台湾省原始社会考古概述》① 一文已经拜读了。但是，我还是觉得您的文章不便在《考古》杂志上发表，请谅解。至于稿子本身，遵照您的意见，留在我这里，不寄还给您了。

　　谢谢您的盛意。并祝

春安

夏鼐　1976 年 4 月 12 日

三

1976 年 8 月 18 日

张光直先生：

　　你好！7 月 23、26 日两次来信都已收到。

　　关于你和你的朋友们计划在明年 6 月下旬举行学术讨论会，专门讨论中国文明的起源问题事，我感谢你对我和安志敏同志等的邀请，但是，我和我的同事们由于工作忙不拟前往参加，请谅解。

　　你去年能到国内来参观访问，我们感到很高兴。你来考古所标本陈列室参观时所照的一些文物照片，如你所了解的那样，已在国内考

---

　　① 《台湾省原始社会考古概述》，《考古》1979 年第 3 期，第 245～259 页，署名"韩起"。

古或其他刊物中发表过了的文物照片，你可以在文章里使用，尚未发表过的，则只供你自己参考之用，不宜发表。至于类似你所提到的那种绳纹陶曾在何处发表，因我一时想不起来了，又抽不出时间专门去查，所以不能告诉你，尚请原谅。

专此，顺祝

暑安！

夏鼐　1976 年 8 月 18 日

四

1976 年 12 月 30 日

张光直先生：

11 月 29 日来信收到。信中所附《殷商文明起源研究上的一个关键问题》和《中国考古学上的放射性碳素及其意义》两篇论文①，有空时要好好拜读一番。

8 月 25 日来信早已收到，因当时忙碌，未能及时作复为歉。承寄来《史前的普韦布洛社会的复原》一书，谢谢！

此祝

新年快乐！

夏鼐　1976 年 12 月 30 日

---

① 《殷商文明起源研究上的一个关键问题》，载沈刚伯先生八秩荣庆论文集编辑委员会主编《沈刚伯先生八秩荣庆论文集》，（台北）联经出版公司，1976，第 151~169 页；《中国考古学上的放射性碳素及其意义》，《台湾大学考古人类学刊》1975 年第 37、38 期，第 29~43 页。

五
1977 年 9 月 28 日

光直教授：

来信和照片都已收到，谢谢您。

您的学生代寄的那本书复制本也已收到。已嘱所中资料室同志把它译成中文，现正在翻译中。谢谢您对于这事的安排，并请代向您的学生 Goodrich 致谢。（又苏联科学院考古学研究所 Кучера，С. Китаская Археология① 一书，我所曾于去年向苏联订购，迄今没有收到。不知您处有否这书？内容有什么意见？）

《碳-14 测定年代和中国史前考古学》一文，已经在《考古》1977 年 4 期上发表，不知道您已见到否？阅后如有什么意见，请不吝指教，写信告诉我。

洛阳赵芝荃②同志等已收到您寄给他们的照片，嘱代致谢！

祝您在新岗位上工作顺利！即祝

研安！

夏鼐　1977 年 9 月 28 日

---

① 《中国考古学 1965~1974：自旧石器时代到殷商：发现与问题》（俄文），莫斯科：科学出版社，1977。

② 赵芝荃（1928~2016），时为中国社会科学院考古研究所助理研究员，后升研究员，著有《偃师二里头——1959—1978 年考古发掘报告》（中国大百科全书出版社，1999）等。

六

1977 年 11 月 28 日

光直教授：

因为我最近率领一个考古代表团去伊朗进行参观访问，并参加伊朗考古中心所召开的伊朗第六届考古年会，11 月 5 日返北京后，才获读你的 10 月 6 日和 10 月 13 日来信。你寄来的 S. Kuchera[①] 的书的复印本，也收到，谢谢你的盛意。书已交给我所图书资料室，准备把它译成中文，以供内部参考。

关于你对拙作《碳 -14 测定年代和中国史前考古学》一文的意见，承你写出见示，甚为感谢。（1）关于仙人洞和甑皮岩的数据，我以为"都嫌过早"，这只是表示我的一种看法。当然可以有不同的看法。（2）我的本来意思，是说根据现有的 ^{14}C 数据，仰韶文化 5000~3000，龙山文化 2800~2300，至于 3000 与 2800 之间是应该由两者之一去填充或平分，这待今后测定的 ^{14}C 数据来确定。如果泛论仰韶、龙山文化的年代，当然可以由自己的推论把这空档填起来。（3）"马家浜文化来源于较早的河姆渡（下层）文化"，当然是指二者之间还有相当大的差异，所以定名为两种文化。其间变化的情况，在河姆渡遗址的发掘中，有些线索，但还须更多的资料。（4）误排的字，承指出，谢谢！已嘱《考古》编辑部在"勘误表"中列入，加以改正。

又拙作中为 HF-1 及 HF-2 的两个数据，现已查明它们的实验室

---

① S. Kuchera 即前信提到的 Кучера，С. ，波兰考古学家。

编号为 L201A 和 L188C-1，为哥伦比亚大学 Lamont 碳-14 研究所所测定的。

　　此复，顺颂

研安！

夏鼐　1977 年 11 月 28 日

七

1978 年 4 月 5 日

光直教授：

　　你于 3 月 13 日寄来的给《考古》编辑部的副本，已经收到了。给编辑部的原信，我也已看到了。你这样关心祖国的考古事业，很使我感动。谢谢您的关心。

　　我把您这信给所中一些同志（包括一些编辑同志）传阅，并征求他们的意见。他们都觉得你的意见很宝贵，值得我们仔细考虑。有些问题我们从前也曾考虑过，并且也考虑过解决的办法，因为这个问题不止出现于《磁山》① 一文中，而是国内发表的许多报告（包括简报）中所共同具有的一些问题。

　　第一个问题是分类、分式的标准。我相信大多数报告编写者原来都是心中多少有一定的标准，不过有些标准不明确或不适当，这决定于编写者的学术水平和所下的功夫。如果必要的话，分类应作些解释，说明每类器物的特征和分类的标准。当然，有些一目了然的，便可不必解释了。

---

① 　邯郸市文物保管所、邯郸地区磁山考古短训班：《河北磁山新石器遗址试掘》，《考古》1977 年第 6 期，第 361~372 页。

每一类器物下的分式问题，现下报告编写者常常偏于分得过细。一式中应该包括好几种相近似的器形；作者可以多发表一些不同的器形，但不必每个器形都叫做一个式。

至于你信中所提出的三点原则，我以为都很好。实际上，像你信中所说的"（这些原则）在《考古》《考古学报》所发表的考古报告里多半是经常使用的"。今后应更抓紧一些，由编辑同志提请作者们注意。至于术语的使用也应考虑，应该尽量少用，但也不能完全不用。

第二个问题是器物分类的标准和目的。我以为发表资料的报告中的分类不能像发表研究成果的论文中的分类那样要求严格。你所说的分类三个目的都是指研究工作中的分类。作为发表资料的报告中的分类，还有另外二个目的，因之须要把可能有分类意义的器形都列举出来。它的目的是：（1）便于读者可以根据它重行分类分式。报告编写者限于水平，自己没有把握。这种情况下，多发表一些器形要比任意弃去不用要好一些。否则那些不发表的东西，便要成为"冤沉大海"了。（2）以便读者可以根据这些分类，经过研究以后，选择出几种类型作为分期的标准化石。有些特征不是本质的，不能作为恢复古代生活之用，也不能作为与其他遗址其他文化的器物类型相比较之用，但是却可以作为分期的标准化石。像来函所说的，分类过于琐碎和过于粗糙都不适当。至于如何"恰到好处"，这又是［得］依靠编写者的学术水平。

最后，关于类型系统问题。这是要统一化，以便比较。我们正计划编辑一些"集成图谱"，如"殷墟陶器图谱"之类，以便统一编号。这种"集成图谱"出版后，报告编写者可以根据图谱中的序列的编号加以列举，只要插入新发现的新类型便可以了。这工作打算最近即开始着手。

总之，目前的这些考古报告，大多数只是提供素材。当然，即使作为提供素材之用，有些分类也是不适当的，须要加以改进。你的意见很好，我已请编辑部同志加以注意。再一次谢谢你提供宝贵意见。

又前次来信中承蒙指出我在《考古》1977 年 4 期中拙文的排印之误，现已在《考古》1978 年 1 期 57 页勘误表中加以指正。对此特致谢意。不过第 238 页注（31）的《亚洲学报》22 期（1959），经查对原书，所引期数不误，并不是来信所说的 20 期。感谢你的关心。

顺致良好的祝愿！

夏鼐　1978 年 4 月 5 日

八
1978 年 9 月 25 日

光直教授：

8 月 4 日的来信和大作的抽印本，都已收到。

我们知道你将作为"汉代研究代表团"的一员再来访问，很是高兴。

你信中提出的三件事：（一）关于安排到考古所座谈考古新发现和新研究这事，在你们来京时提出这要求，我想是可以办到的。关于标本方面，有些我们所里也没有，但总可就所中所收藏的，尽量满足你的要求；（二）我不知道你信中所说的文物局的负责人是谁？他所说的："未发表的材料，国内可以酌情供给"是怎样"酌情"？我们考古所的规定是尚未公布的材料一律不予提供，但可以尽早加以公布。你也是干这一行的人，大概能理解具体做田野工作或实验工作的

· 271 ·

人的心情；（三）关于你们想参观的地点和机关，请尽早向科技协会提出，以便接待单位安排。我的初步感觉，不是太少，不是有遗漏，而是太多了，恐不能满足要求。你们要考虑到国内旅行时要把等候飞机班［次］的时间打算进去。

因为我八月底参加一个代表团到意大利去，9 月 23 日才返国，才看到你的第二次来信。关于中国古代铜器研究座谈会的事，是否可以依照你信中的建议，等你 10 月间来京时面谈。如何？不久便要晤面了，其余容面叙。

专此奉复，顺颂

秋安

夏鼐　1978 年 9 月 25 日

九
1979 年 5 月 16 日

光直教授：

接读 4 月 30 日来信，知道你曾与中国社会科学院代表团会晤并相谈甚欢，殊为欣慰。

关于去英国的事，因为宦乡①团长临时改赴美国，所以推迟了。延期到何时前往，现尚未定。不过我将参加周扬②副院长所率领的中国社会科学代表团于 6 月 5 日赴日本参观访问，为期三周。听说你也将于 6 月间赴日本讲演，也许我们可以在日本晤谈。如果你在日本访问之后再来北京，当（到）时我们还可以在北京再次面谈一切。

---

① 宦乡（1909~1989），国际问题专家，时任中国社会科学院副院长。

② 周扬（1908~1989），文艺理论家，时任中国社会科学院副院长。

今年的中美学术交流的计划中，下半年有我所付（副）所长王仲殊同志应邀赴美讲学两个月，题目是汉代考古学，大约从十月开始。此事你在美国亦已有所闻。像你在 3 月 19 日的来信中所谈的一样，他愿意以你们哈佛大学作他的主要对象。谢谢你的欢迎的盛意，并且希望你鼎力相助，特此预致谢意。

此祝

近安！

夏鼐　1979 年 5 月 16 日

这信未发之前，我收到你五月十七日的电报，知道你由于未能获得护照签证，六月份不能来华，实为憾事。正像你在电报中所说的：希望不久的将来你仍能前来。如果你六月中来日本，我们可以在日本会晤，面谈一切。我将于 6 月 27 日离日本返国。

夏鼐又及

十

1979 年 7 月 5 日

光直教授：

6 月 25 日的来信已收到。我是 6 月 27 日由日本返国的。6 月 24 日我们参观大阪市民族博物馆时，他们还谈到你参加会议的事，可惜我们这次在日本未能晤面畅谈。本来是可以"他乡遇故知"，却变成"失之交臂"了。能在电话中作一次长谈，也可算"聊胜于无"了。（周原有字甲骨片数是如今已确定的片数，可能在整理过程中还有所发现。）

大作《台湾考古》已在《考古》三期上刊出。依照我们对于

· 273 ·

刊登国外来稿的方法，不致送稿费，《学报》送抽印本，《考古》无抽印本，只好多送几本刊物。现由编辑室邮寄上二十册（道林纸与白报纸各十册），请查收。这稿从前考虑暂不刊登。但自今年初我国人大常委会发表了《告台湾人民书》以后，我们对台湾的政策有所改变，大家都关心台湾各方面的情况，所以将大作及时刊出。据我所知道，最近两三年台湾似乎没有非常重要的考古新发现。

我们的考古学会已于四月中在西安开成立大会，《考古》三期中已有简讯，四期中有更详细的报导。会上选举理事，决定为台湾考古界保留若干理事名额。不知道台湾的考古界对此事有什么反应？你如有所闻，望告诉我。

《中国考古学文献目录 1949—1966》（1978 年出版）是"限国内发行"的工具书。在外面是买不到的。现已嘱图书室寄给你一册，连同我新出版的《考古学与科技史》一起邮上，尚祈指教。

此复，顺颂

近安

夏鼐　1979 年 7 月 5 日

十一

1979 年 9 月 20 日

光直教授：

接九月五日来信，知书籍已经收到，甚慰。

前两次来信，也都已收到。

光谟①已知道他父亲去世的消息，关于高②的事，据何教授③云：解放后初期（1950 年左右）是在石家庄白求恩医院工作，现下在何处工作，连他也不知道，但允许代为打听。我也请胡厚宣④教授代为打听，因为他们是同乡，熟人较多。如有所闻，当再函告。

承蒙你和方闻⑤教授函邀明年六月初旬赴美参加中国青铜器讨论会，并嘱代为组织一中国代表团前来参加，费用由你处负责。盛意甚为感谢。现已请示领导，俟得同意后，当再函告，请转告方闻教授。（代表团人选，也已初步联络，闻马承源⑥同志将随展品来美，或可就近参加。）

仲殊同志将于十月二日离京赴美，你大概已经知道。

此复，顺颂

著安！

夏鼐　1979 年 9 月 20 日

---

① 即李光谟（1927～2013），李济之子，马克思主义著作翻译家，时在中国人民大学任职。

② 即高去寻之子高适际。

③ 即何兹全（1911～2011），历史学家，时任北京师范大学历史系教授，著《何兹全文集》等。

④ 胡厚宣（1911～1995），甲骨学家，时任中国社会科学院历史研究所研究员，主持编辑《甲骨文合集》，著有《甲骨学商史论丛》等。

⑤ 方闻（1930～2018），美术史与文化史专家，时任美国普林斯顿大学艺术与考古系教授。

⑥ 马承源（1928～2004），中国青铜器专家，时任上海博物馆馆长，主编《中国青铜器全集》。

十二

1979 年 11 月 19 日

光直教授：

九月二十日曾寄上一函，谅达左右。此间情况，王仲殊、徐苹芳①二先生来美后，当已面陈一切。

关于您和方闻教授函邀明年六月初旬在美召开的中国青铜器学术讨论会一事，现在我院已决定接受邀请。代表团成员，除您们前函中提出的张政烺②、马承源和我三人外，李学勤③先生据历史所负责人表示，因为他今年新近参加过在美国加州召开的马王堆帛书讨论会，他和张政烺教授是他们所中古文献和古文字方面的研究室负责人，所中工作紧张，不能二人同时离开，所以决定不来参加了。我想改请考古所的张长寿④先生参加。长寿先生是我所殷商（周）考古研究室主任，《沣西发掘报告》主要编写人，近几年有几篇关于中国青铜器的论文发表于《考古学报》1977 年 2 期（笔名"殷之彝"）和 1979 年 3 期中，想您们必会同意的。至于论文题目，俟决定后再行奉告。方

---

① 徐苹芳（1930~2012），考古学家，时任中国社会科学院考古研究所副研究员，兼第三研究室副主任；后为研究员，兼副所长、所长。著有《中国历史考古学论集》等，又合著《居延汉简甲乙编》《元大都》等。

② 张政烺（1912~2005），字苑峰，历史学家和古文字学家，时任中国社会科学院历史研究所研究员，著有《张政烺文集》（五册）。

③ 李学勤（1933~2019），历史学家和古文字学家，时任中国社会科学院历史研究所研究员，曾任所长，后调清华大学历史所。著有《新出青铜器研究》《东周与秦代文明》等。

④ 张长寿（1929~2020），时任中国社会科学院考古研究所副研究员，兼第二研究室主任；后为研究员，兼副所长。合著《沣西发掘报告》《张家坡西周墓地》，又著《商周考古论集》。

闻教授曾为此事两次打来长途电话，很是抱歉。请将这信内容转告方闻教授。

　　顺请

著安！

　　　　　　　　　夏鼐　1979 年 11 月 19 日

十三

1980 年 6 月 22 日

光直教授：

　　别后经华府赴贝克莱参加讨论会三天，已于六月七日离美返国。经东京过宿，已于十二日安抵北京，堪以告慰。

　　此次来纽约参加会议及波士顿康桥之行，承蒙殷勤招待，多方照拂，甚为感谢！政烺及长寿二先生亦嘱托代致谢意。

　　贝克莱讨论会由吉德炜（David Keightley）[①] 教授主持，周法高[②]、周鸿翔[③] 等先生亦参加。万家保[④] 先生则仅参加伯纳（Barnard）[⑤] 教授论文的讨论。伯纳教授提出论文之一，为中国古代

[①]　David Keightley 中文名吉德炜，美国历史学家，时任美国伯克利加州大学历史系教授。

[②]　周法高（1915~1994），中国语言文字学家。时任"中央研究院"历史语言研究所研究员、台湾大学教授。曾任国内外若干大学讲座教授。主要著作有《上古音韵表》等，主编《金文诂林》等。

[③]　周鸿翔，时任美国洛杉矶加州大学教授，著有《美国所藏甲骨录》等。

[④]　万家保（1925~2009），金属铸造专家，曾与李济合著《殷墟出土青铜觚形器之研究》《殷墟出土青铜爵形器之研究》等。

[⑤]　Noel Barnard，中文名巴纳，时任澳大利亚国立大学教授，编著有《中国古代的冶金遗迹》《古代中国与东南亚的青铜时代文化》等。

采矿技术，有打印本，不知已获阅否？他的论文中，亦以介绍铜绿山古铜矿为重点。根据《文物》上所发表之简报①，与拙作大致相同。惟将原文四十万吨误译作 40 thousand tons［千吨］，相差颇大。又将露天矿场译作 The Lou Tien mine，作为专门地名，不知"露天"乃 open working，乃一普通形容词。我均曾加以指出，承其虚心接受。他的论文中又提出辘轳结构复原之另一设想，添设一平行木轴，利用齿轮旋转。我以为此乃欧洲书斋中学者之幻想，绝非中国古代所用辘轳之原状。彼亦觉未妥，但仍不欲放弃其"创见"。但《文物》原来之复原图亦有未妥处。归来后，与王振铎先生讨论过，应另作一复原图（由《天工开物》书中插图得启发）。拙文将来正式发表时，此点拟作修改。或许再加入近一年来发掘之新材料。

讨论会论文集事，不知现下进行如何？拙作"中文稿"修改后，拟先在《考古》上发表②。未悉尊见以为如何？

前闻七月间将应中国科学院（古脊椎所）之邀，前来北京访问。不知日期确定否？古脊椎所的中国猿人化石展览将于七月初在日本展出。贾兰坡先生等将于七月三日前往日本参加开幕式，并在日本参观访问十天左右。裴文中先生身体已稍恢复，闻将于九月间赴日本讲学二星期。

专此奉达，顺颂

撰安

夏鼐　1980 年 6 月 22 日

---

① 铜绿山考古发掘队：《湖北铜绿山春秋战国古矿井遗址发掘简报》，《文物》1975 年第 2 期。

② 夏鼐、殷玮璋：《湖北铜绿山古铜矿》，《考古学报》1982 年第 2 期。

十四

1980 年 10 月 11 日

光直教授：

来信已收到。关于退还税款事，我已与张长寿同志谈过，等你处寄来单据，当可即签字退回。

蓝田玉的初步鉴定，是变质岩 Metamorphic Rock。白色灰条斑的部分是大理石 Marble，绿色的是蛇纹岩 Serpentine。后者性质近于岫岩玉（也是一种蛇纹岩），现正在作进一步的鉴定。您拿回去的那块曾作鉴定否？

最近四川大学童恩正①同志已去加大洛杉矶分校讲学及进修，工作一学期后可能到哈佛大学。不知您校已决定否？他临行前来我所告别，并嘱我向您打个招呼。如果他来哈佛，望您予以照拂！

我将于后天（10 月 13 日）动身赴瑞典 Gothenburg 大学，接受 Félix Neubergh Prize，并作一次 Félix Neubergh Lecture②。大约 10 月 27 日返京。

最近曾遇及周鸿翔教授及 Mrs. Wilma Fairbank③，周已返美，费将赴昆明。

匆此，顺请

研安

　　　　　　　　　　　　　　　　夏鼐　1980 年 10 月 11 日

---

① 童恩正（1935~1997），考古学家，时任四川大学历史系副教授，正在赴美访问。著有《昌都卡若》（合著）、《中国西南民族考古论文集》等。

② 菲力克斯·纽伯格讲座。夏鼐应瑞典哥德堡大学的邀请，作为 1980 年"菲力克斯·纽伯格讲座"的讲演人，前往该校讲演，并接受纽伯格奖，见于《夏鼐日记》卷八，华东师范大学出版社，2012，第 474 页。

③ 费正清夫人费慰梅。

十五
1980 年 12 月 23 日

光直教授：

8 月 25 日及 12 月 3 日来信，均已收到。

承邀约在纽约之后赴尊处小住，并在四月二十日做一个学术讲演。盛情很是感谢！我已函告李铸晋①教授，把尊处之行安排进去。并请您与李教授直接联系。我于 4 月 12 日离开堪萨斯到纽约，要在亚洲协会作一个讲演。在赴波士顿之前或以后，我想去华盛顿住两三天。如在波士顿之后，则将由华府直接赴旧金山。加州两个分校吉德炜、周鸿翔二教授曾分别来信，邀我在彼处作学术讲演。我已请李教授统一安排日程，在旧金山或其附近勾留几天，然后离美返国。现下中美已直接通航，班期或可易于安排。在美诸位朋友的热情，前次来美时已经感受很深。此次又承殷勤邀请，但恐以不舞之鹤为羊公辱耳！

关于退还扣税事，不知近来有消息否？如果不能退还，那便也算了。承蒙代为办理一切，甚感。W. 沃森②教授处已有来信，汇款已收到，汉简照片印洗后即会寄来。

此复，顺祝

新年愉快！

夏鼐　1980 年 12 月 23 日

---

① 李铸晋，时任美国堪萨斯大学美术史教授。
② 即 W. Waston（1917~2007），中文名华生，时任英国伦敦大学教授，著有《古代中国青铜器》等。

赵复三[①]先生闻已于前日返京，尚未晤及。童恩正先生已赴加大（洛杉矶分校），闻明春将来哈佛，来哈佛时尚望加以照拂，公私交感。

又及

十六
1981 年 1 月 24 日

光直教授：

前后两函，都已收到。前一函已转交赵复三先生请他向院外事局反映情况。这几天他正在接待美国代表团（U. S. SociaI Science&Humanities Delegation，团员有芝加哥的 R. McCormick Adams），比较忙，过两天我再找他说一下。

后一信中讯及在尊处讲演事。铸晋教授已有来信告诉我在美日程的安排。我已回信表示同意。关于题目，铸晋教授希望 The Murphy Lecture［墨菲讲座］能稍带专业性的，两次的能有共同性，以便将来可合在一起出版。他建议谈汉代的，能与美术史联系起来的。我决定这两讲的题目是"汉代的玉器"（Continuity and Innovation of Jade Tradition in Han China）及"汉代的丝织品"（Silk and the Silk Route of the Han Period）[②]。这两题恰是王仲殊同志的汉代考古学中所未谈

---

①　赵复三（1926~2015），时任中国社会科学院世界宗教研究所副所长，1989 年后在美国定居，著有《基督教神学》等。

②　两次讲演的讲稿合为夏鼐著 Jade and Silk of Han China［《中国汉代的玉器和丝绸》］收入 *Helen Foreaman Spencer Museum of Art and The University of Kansas*，Kansas，1983。《汉代的玉器》中文稿，又见《考古学报》1983 年第 2 期。

的，他也同意我这选题。现正在写作中。此外我还准备了两个题目，一个是通俗性的，公开演讲用，即最近中国考古新发现（已有英文稿，稍加增改即可），一个是安阳妇好墓（已有中文初稿），主要是谈这墓出土的铜器与玉器，准备在洛杉矶讲，因为届时中国青铜展览正在该地展出，陈列品有妇好墓的铜器和玉器。四个讲演都需要有幻灯片，我所前曾制有一部分（仲殊同志曾在美国使用过），现补制一部分即可。在尊处的演讲，你以为哪一个题目比较适宜，请您酌定后告诉我。

至于使用汉语或英语，堪萨斯的稿子是用中文，我希望他们翻译，因为他们有要用英文出版的计划。至于其他两讲，我可以自己译成英文，请你们润色一下。至于讲时是否自己用英语，我的英语曾长期不用，不免生锈，需要 brush up［练习］。您以为哪一种效果较好，请您们酌定。各地的讲演，也不必统一办理，依据听众的情况及翻译易找与否，可以酌情处理。您以为如何？

此复，顺颂

研安！

夏鼐　1981 年 1 月 24 日

十七

1981 年 2 月 20 日

光直教授：

二月七号来信已收到，讲演定四月二十日，讲题定为"汉代的丝绸及丝绸之路"，便如此决定好了。但是我知道的也不多，从前曾对此题稍作研究，未能深入，不知能［否］餍足听众的要求？盛名之下，其实难副，我常有此感！只得勉为其难。

不知铸晋教授曾通知您否？我此次来美，拟携老伴同行，以便路途有伴。此次堪萨斯大学讲座津贴颇为丰厚，足够开支也。承代为在 Faculty Club［教员俱乐部］订定房间，恐需要一间有 double beds or twin beds［两张单人床或一张双人床］大概不成问题吧！琐事烦渎清神。另当面谢！

此复，顺颂

研安

夏鼐　一九八一年二月二十日

关于参加考古会议（与 UNESCO［联合国教科文组织］联合举办）一事，正在联系中，估计当无问题。又及。

十八
1981 年 3 月 18 日

光直教授：

接读二月二十八来函，知已在教员俱乐部订定房间。此次承蒙费神代为安排一切，盛情高谊，铭感之至。

现已取得由北京至堪萨斯机票，将于三月廿七日上午由北京起飞。抵堪城后，将在该处停留二星期。在美日程，已承铸晋教授代为安排。如无变化，则将于四月十八日中午十二时半由纽约起飞，下午一时二十分即抵波士顿，系 EA054 班机。如有改动，至迟当在纽约打电话预先奉告，请勿为念。

在堪萨斯两次讲稿，系 The Franklin D. Murphy Lecture［墨菲讲座］，并非通俗讲演，将来还要印刷出版，故颇伤脑筋。两次讲演中

文稿，已陆续寄去，请铸晋教授找人翻译。关于专门名词及难译之
处，已在寄给他的原稿上注出英文，以供其翻译时参考。来波士顿
时，当携来一份英文稿，以便再照本宣读一次（幻灯片亦随身携
来）。不知尊意以为如何？现将《汉代丝绸及丝绸之路》中文稿随函
附上，即请察收。并请过目后勿吝指正。因不知尊处听众兴趣及业务
水平，亦不知讲演时间长短（尚须留放幻灯时间）。或须作一些修改
或节删。此事请勿客气，可即在稿子上修改或签注意见，以便照改。
因为台端熟悉美国方面行市，且为此次在尊处讲演之荐主，尚望鼎力
协助。唐人朱庆余诗："画眉深浅入时无？"此之谓也。一笑！

恩正兄曾有信来，盛道抵哈佛后承蒙多方照拂，衷心感谢，并谓
正努力工作，以期不辜负所望。四月来哈佛时当可晤面。遇及时望代
为问候！

专此奉达，顺颂

研安！

夏鼐　1981 年 3 月 18 日

十九
1981 年 4 月 25 日

光直教授：

在洛杉矶通电话后，已于 24 日来旧金山，现等待 29 日班机返
国。两件行李，已经取出。此事承蒙您代为交涉，取得完满结果，殊
出意外。在教员俱乐部被窃①，已是一意外；被窃后重要物品，皆能

---

① 夏鼐夫妇在哈佛大学教员俱乐部遭窃事，见《夏鼐日记》卷九，华东师范大
学出版社，2012，第 30~31 页。

物归原主，更为一意外。欣喜可知。惟为您增添麻烦，心中甚为不安，敬谢高谊。秀君为被窃事两夜未能入睡，得电话通知后，始破泪（涕）为笑。昨日游 Disneyland［迪斯尼乐园］尽兴而返。她嘱我代为向您致谢。童恩正同志为此事亦出力不少，请代为致谢。

取得行李后，打开检查，重要东西除相机及计算机（器）外都仍保存。惟其中亦有检寻未得者，可能盗者弃置在公共场所以后又被人捡出一些。现将失物清单另纸开列。照相机及照相附件原有发单一纸以备海关之用，现在也附寄给您。我怕在海关时这张发单被检查出，还会被认为另外匿藏一架照相机，一笑。

关于 Shang Civilization Conference［商文明讨论会］事，已与周鸿翔教授谈过。他会与您联系的。

此外，还有购缺期的期刊事，我忘记了当面与您谈。*Radiocarbon*［《放射性碳素》］已经购得。*American Journal of Archaeology*［《美国考古学杂志》］和 *Archaeology*［《考古学》］二种，曾与 P. P. Katz 谈过，她说如有存货，可以赠送考古所图书室。可以请您与她联系一下，当时我没有带缺期书单，她的电话是 212-732-51 54。办公地点是 53，Park Place，New York，10007。*American Anthropologist*［《美国人类学家》］，未曾联系过。《大陆杂志》，不知您有办法为之补一些否？现将缺期单子二张附上，请斟酌办理。这些也不必着意，以后有机会再办亦可。

承借用的小手箱，已交周鸿翔教授，请其代为转交。谢谢您。

秀君嘱向您夫人致谢招待，并关心您夫人的关节患［炎］，嘱代为问候。

顺祝

研安！

夏鼐 1981 年 4 月 25 日

于旧金山总领事馆

行李中我原放置有 Han Jade［汉代玉器］和 Han Silk［汉代丝绸］讲稿各一袋。此次打开检查，Jade 的中文稿及幻灯片都还在（但未见英文稿及封袋），但 Silk 的中英文稿及幻灯片，全部未见，不知何故？我已函告李铸晋教授，将（请）其将二文的中英文稿都复制一份寄来旧金山，但迄今尚未收到。如果到了过晚，则只好嘱王安国博士代为转到北京。留在纽约的大衣，已由毛瑞博士寄来，为朋友们添了许多麻烦。年老健忘，奈何！奈何！ 鼐又及

二十

1981 年 5 月 7 日

光直教授：

4 月 25 日在旧金山收到失而复得的两件行李后，曾经检点一过，开列失物清单一纸奉上，谅可收到。廿九日上午 Dr. Riegel 交来尊函一封，内附 Lechmere 发单一纸（复制）。因为当时我们匆匆上街购物即赴机场上机，无暇执笔。同时因为已经开列清单（全部失物）及 Lechmere 发单（正本），所以便没有即写回信给您。发票中物，除 1（相机）2（皮套）二项以外，余物都仍在（所丢失之 Skyligh filter［滤光器］系另一家购买，不在此发票上）。实则大部分失而复得，已是万幸。惟赔偿事重烦清神，殊为不安也。

此次来哈佛，虽遵嘱作了一次讲演，勉强应付，恐贻笑大方。由于我的疏忽，致使教员俱乐部发生前所未有之失窃案，有损清誉，殊使我愧疚于心也。

· 286 ·

返国后，长途旅行，殊为困累。休息几天，始恢复常态。

关于商代文化讨论会事，在洛杉矶时，周鸿翔教授曾与我商谈过。返国后，又遇及吉德炜教授，亦曾说及此事。他近日在我所看书，王仲殊同志将其安排在前次台驾在所时读书之室，吉德炜教授似颇满意。

晤会匪遥，余容面罄。

内子嘱附笔致谢殷勤招待之厚谊，并嘱代向嫂夫人问好。此颂研安！

夏鼐 1981 年 5 月 7 日

童恩正教授相逢时望代为问好。内子很感谢他的照顾。

二十一

1981 年 8 月 28 日

光直教授：

八月四日来信已收到，知请假已准，台驾将于十一月初来京开会，甚喜，敬表示欢迎。

亚洲考古会议，将有十国参加：中、日、印、印尼、锡兰Srilanka、巴基斯坦、泰、缅、马等。观察员原定五人，因旅费等自理，故迄今仅有尊处复信应邀，其他如英、法、瑞、日，皆未得复，恐由于经费无着落，故未能决定也。

中国古文字学会本届仍邀请外宾，现定于九月十五日至二十日在太原召开，周鸿翔、倪维孙①等闻皆将来参加。当有一番热闹。

---

① 即 David Shepherd Nivison，中文名倪德卫，美国中国古文字学家。著有《儒家之路：中国哲学研究》《三代年代学的关键：今本竹书纪年》等。

书评①已收到，承蒙过奖，倍增汗颜，敬谢雅意。

附上亚洲会议通知一份，乞查收。

前次失物赔款，当已取出，此款可以费神代为汇寄法国巴黎戴学绍先生收，扣除汇费之外，可全部汇去。此款即作结束。我将于十一月赴法开会，戴君为内子之表弟，其通讯处如下：Monsieur Tai Hueh-shao，Rue Claude Decaen，75012，Paris，France［法国巴黎克劳德·德卡昂路］

费神之处，另当面谢。匆此，顺祝

研安

夏鼐　1981 年 8 月 28 日

二十二
1981 年 9 月 23 日

光直教授：

九月八号来信已收到。关于汇寄失物赔款事，承蒙费心代为办理一切，汇款亦已寄出，甚为感谢！

亚洲考古会议事，教科文最近来电，谓亚洲参加国中除中国以外，其余九国由教科文发函各国教科文全国委员会，邀请各派遣一人，速报代表人名及论文或报告，迄今只有三国回电通知代表人名，故教科文建议延期举行。原定十一月二日开会，恐筹备来不及。我们复电同意他们的建议，并告以今年内我们另有任务，只能延到明年春间。到今天为止，尚未收到他们回电。等接到回电后，延期到何时，当再函告。教科文办事官僚主义气严重，不下于我国。此事可能对台

---

① 张光直：《书评：夏鼐〈考古学与科技史〉》，Isis 72：317-318，1980。

驾计划有所影响，甚为抱歉，尚望原宥！

　　前次纽约讨论会之讲演费，所得税之退回，恐已无望。承代为领出之款，其中张政烺名下175美金，由张先生自行处理。闻彼已有信由孙毓棠①教授带往美国转上，嘱寄给孙教授，不知尊处已收到否？张长寿同志与我名下之350美金，请将其中90美金留下给张同志。如何处理，将由张同志直接函告尊处。余款除已代付者外，请将余数全部就近以现钞交熊传薪②同志带下。熊同志于展览会结束后于十月中旬返京。此事亦告一结束。前后屡次烦渎清神，感谢之至。

　　此信托周鸿翔教授捎回美国投邮。关于周教授来京联系明年殷商文明讨论会及在太原参加古文字学会情况，想周教授必会详陈一切，兹不赘述。

　　专此，顺颂
研安
　　嫂夫人前望代为问好！

　　　　　　　　　　　　夏鼐　1981年9月23日
李秀君嘱附笔问候！

二十三
1981 年 10 月 21 日

光直教授：

　　前后两函，均已收到。我也知道亚洲考古会议决定延期的消息一

---

① 孙毓棠（1911~1985），时任中国社会科学院历史研究所研究员，著有《孙毓棠学术论文集》等。
② 熊传薪（1940~2022），时为湖南省博物馆人员，后曾任馆长。

定会使你失望的，但是像你所说的也有好处，只好以此自慰。今后决定以后再告诉你。

童恩正教授及熊传薪同志返北京后，都已会过面，他们已返原单位，他们对于你的照拂，都表示感激。

前次代领的我们三人的讲演费，张政烺同志的＄175，由他托人领取，不知已取去否？张长寿同志的，请留存＄90，如何使用，他会直接写信告诉你的。这样一来，恐剩余的不多了（我颇怀疑是否超支了）。如果超支，请函告，以便由我负责补还。熊同志取去20元，已告诉过我。

我已将来信中关于王仲殊同志书①的出版事转告给他了，他将直接写信给你。

余容后叙，顺颂

撰安

夏鼐　一九八一年十月二十一日

二十四
1981 年 11 月 2 日

光直教授：

十月廿三日来信已收到。

周鸿翔先生九月廿三日曾晤面，托其捎信，据云：廿七日可返美。我以为可以比航邮快一些，想不到十月中旬才寄到，殊出意外。周先生于九月廿四日由北京机场出境时，带了在郑州买的伪刻甲骨，被海

---

① Wang Zhongshu. *Han Civilization*. New Haven：Yale University Press，1982.

关扣住，要由国家文物局鉴定后才可出境。他让海关打电话给我所中，我正出去了。实则我在所也没有办法，这是要由国家文物局来鉴定与批准出口。周先生可能为这事感到不愉快，不知他同你说了没有？

汇款事真对不起，我抄漏了门牌号。据说这条路很长，戴君的门牌是39号。为了保险起见，可以再添上他的铺子店号 Le Restaurant "La Porte Dorée"［黄金门餐厅］。我想有门牌便够了。但是要赶快寄去，戴君已垫款将机票寄来，我们夫妇将于本月（十一月）十三日离京，二十七返京。希望能于二十五日以前寄到便好了。必要时可以电汇，手续费及电报费可以在余款中支付。或者将汇票放在航空信挂号寄去便可以了。

此事麻烦了你，谢谢您。顺祝

秋安

夏鼐　一九八一年十一月二日

关于存款账目，我这里没有细账，完全委托您了（我还保存你几次所开的账单）。据我所记忆的，是相符的。谢谢您。可以照您来信所提的意见办理。这事不着急，全部清理以后，这135元左右的钱有机会托人带来便是了。或者明年如果我来美国或者您返国时面交亦可。

鼐又及

二十五
1981 年 11 月 16 日

光直教授：

我已于14日抵巴黎，遇及敝戚戴君，知你的汇款已经寄到。这事麻烦你不少，很是感谢！

在巴黎休息一天多，已于今天上午开会。由比利时 Ghent 大学 de Laet 教授主持。到会者有八人，其中有檀香山（Honolulu）的 Solheim① 教授，据他说是你的 Friendly Enemy［畏友］，私交虽笃，而学说常相左。还有 Pakistan［巴基斯坦］的 A. H. Dani②、墨西哥的 Lorenze、西德莱比锡的 Heriman、纽约的 Carraso、非洲 Senegal［塞内加尔］的 Diop，连我一共八人。尚有加纳的 Nunoo 教授，苏俄的 Okladnikov③ 请假未来。会议开到 18 日，即行结束。我们准备二十六日离巴黎，二十七日即可抵京。今后来信，仍寄北京考古所。

这次讨论的是 *History of Science and Culture of Mankind*［《人类科学文化史》］的增订本的编写，现在是商谈编写体例问题。具体写作的分配，尚须待提纲批准以后，才可着手。

专此奉达，顺颂

研安

夏鼐　1981 年 11 月 16［日］晚

二十六
1982 年 3 月 16 日

光直教授：

接读三月四日来信，敬悉一切。

关于商代文明讨论会事，我院外事局已收到华盛顿来电。我们完

---

① 即 Wilhelm（Bill）G. Solheim Ⅱ，美国考古学家，著有《菲律宾中部考古》等。

② A. H. Dani，达尼，巴基斯坦考古学家，著有 *Sindhu-Sauvira：A Glimpse into the Early History of Sind* 等。

③ 即 Aleksei Okladnikov，奥克拉特尼科夫（1908~1981），苏联考古学家，所著《滨海地区遥远的过去》有中译本。

全同意来电所拟的日程安排，也同意将芝加哥改为波士顿。至于补请高至喜①、林沄②二位参加事，我院正在联系中，有结果后当由我院直接电复华盛顿美中学术交流委员会，望勿念。

承蒙约请我们的考古学者访问贵校事，盛意甚为感谢。但是我们现下各项工作较忙，来函所提的两位，都是您所说的"离不开"的人。这点您当能理解，望您原谅。

张政烺先生的事，他说九月间参加开会时面谈。他决定不转托他的朋友代办了。张长寿同志最近收到纽约寄来的 75 美元的支票，当为前年所扣的所得税的退款。不知猜得对否？张政烺先生和我都没有收到。不知这事你知道详情否？前次是承您与纽约大都会博物馆接洽的，现在又以这琐事烦渎您，很是不安。谢谢您。

此复，顺致

敬礼！并颂

研安！

夏鼐　1982 年 3 月 16 日

老张：听说书快出来了，预备先寄下一册，谢谢。中华书局办事拖拉，付排已久，尚未见校样。此问近好。

仲殊　3 月 16 日③

① 高至喜（1932~ ），时任湖南省博物馆馆长，著有《商周青铜器与楚文化研究》等。
② 林沄（1939~ ），时在吉林大学历史系考古专业任教，著有《林沄学术文集》等。
③ 此为王仲殊附笔。当指 1982 年耶鲁大学出版社出版、由张光直负责翻译和编辑的王著《汉代文明》一书。该书的中文版为 1985 年中华书局出版的《汉代考古学概说》。

二十七

1982 年 5 月 22 日

光直教授：

顷接五月十四日来信。知前函竟走了一个半月以上，殊出意外。长寿兄事，因为他不在京，出差西安，当将尊意转告诉他。我与苑峰先生的退税，迄今尚未收到。我也是这样想：迟早会寄来的。九月檀香山之会，我们这里正在积极准备论文，六月初当可全部送上。见面之期不远，余容面罄。仲殊、苹芳、得志三兄，将于廿六日（下星期三）赴日参加中日中古都市讨论会，约两星期即返。汉文化一书，耶鲁出版社闻将送一批到日本出售，配合讨论会开会时机，当可多售畅销。

此致
敬礼！

夏鼐　一九八二年五月廿二日

二十八

1982 年 10 月 5 日

光直教授：

我们已顺利到北京。此次在美国檀香山及各地活动，承蒙殷勤照拂，甚为感激。此次会议的成功，皆应归功于阁下。我们代表团一路旅行都十分愉快。我代表全团成员，谨向您致以谢意。

28 晚，我一下飞机，安志敏先生来机场迎接，便告诉我以裴文中先生已于九月十八日逝世的消息（享年七十九岁）。追悼会也已于当日（28日）上午开过了。裴先生近年来身体欠健，我离京前一个多月曾携安志敏先生去探视过他，还戏说为他明年八十寿辰做寿，想不到病情恶化，遽行逝世。

现在附上安志敏先生所写的一篇传略。此文发表在《百科常（知）识》上，原拟收入《大百科全书》中。《人民日报》10月5日有一篇追悼会的报导，现在一并附上，以供参考。可否请以英文写一篇 Obituary Notice［讣告］或 Memoir［传略］，在国外的学术刊物上发表。前次赠送给您的有他的签名的三人照相（裴、安、夏），是我们三人最后一次的合影。我也保留有一张，睹影伤怀。追记自1934年结识以来，将近半世纪，和他接触中聆教获益之处甚多。一旦哲人其萎，不胜人琴之感也。

过洛杉矶时，遇及林寿晋①兄，后又相聚数次。此时当已抵哈佛。相逢时望代为问候。

返京后，接"中国古代陶瓷科学技术国际讨论会"的通知，将于11月1日至5日在上海召开。邀约我出席会议。原来波士顿博物馆方腾②和屈志仁③两先生，皆拟参加。后闻二先生以布置新展览室，要在11月初赶出陈列，不能前来，殊为失望，亦无可奈何！此次我们代表团参观波士顿博物馆，承蒙二位先生殷勤接待。相逢时尚望代为向之致谢。

---

① 林寿晋（1929~1988），原为中国科学院考古研究所人员，曾参与洛阳中州路（西工段）东周墓和陕县上村岭虢国墓发掘与编撰报告，后去香港，在香港中文大学任教，著有《先秦考古学》《战国细木工榫接合工艺研究》等。

② Jan Fontein，方腾，美国美术史家。

③ 屈志仁（1936~　），美国华裔美术史家，曾任香港中文大学文物馆馆长，后赴美任教。

UNESCO［联合国教科文组织］来信已同意亚洲考古会议于明年八月下旬召开，资助经费亦增加预算。关于聘请观察员事，仍依原定办法办理。名单亦已交联合国教科文组织，征得同意后，即可发出。台驾于此事当已有思想准备，尚望能惠临列席，襄助开好这会议。

王仲殊同志托附笔问候。

此颂

著安！

夏鼐　1982年10月5日

附上给蒋永宁同志一笺，望代为转交，可以打电话叫他来取，谢谢！　又及。

二十九
1982年11月24日

光直教授：

来信已收到，因事忙迟延作复，尚望原谅！

由檀香山开会后，不觉已二月有余。晓梅兄处有消息否？在檀香岛时曾拍有晓梅兄和您二人的师生合影，现在奉上二张，请转寄一张给他以为纪念。其余有关照片，容后添印再寄给您！

寄来账目，足见办事细心。惟以琐事屡次烦渎清神，甚为不安。昨遇及张政烺先生，据云寄给周鸿翔教授代转的款，他已经收到不误，并已在洛杉矶购物花掉。其余之款，张长寿兄的175美元，仍存尊处，候他自行与您联系解决。（他昨日由西安返京，已同意如此办理。）此外，所剩不多，请就近转交蒋永宁君。此账即作结束。谢谢您！

裴文中先生不幸逝世，安志敏兄曾写有一纪念文章，不知已获睹否？前此曾有裴、安与我三人合影送给您，有裴老亲笔签名，不知尚保存否？能否为他写一英文传略在外国学术刊物上发表？①

我们这里调整机构及领导班子。国家文物局并入文化部，为部署（属）文物局（即文化部文物局），原来任质斌局长离休，由第一副局长孙轶青升任局长。我们考古所由王仲殊兄任所长，安志敏兄任副所长。我已退第二线为名誉所长。我满以为今后可以多腾出时间从事研究，但最近又有变化，任我为中国社会科学院副院长。辞谢未获允许。现下院长为原副院长马洪，而胡乔木院长则改任名誉院长。中国科学院各所亦正在调整中。

明年八月的 UNESCO［联合国教科文组织］托我们筹备的亚洲考古会议，已有定议。我们主张仍请欧美国家专家为观察员。现未收到复信，但是大致不成问题。邀请书不日当可发出。

您校的 Mr. Lother von Falkenhausen② 用汉文写来一信，写得还可以。外国人能写汉文信到这样好，也是不容易。因为事忙，我不另写信给他了，相逢时望请告诉他，信已收到，谢谢他，并代向他问好。

明天起要开人民代表大会（五届五次），会期约二星期。又要占去时间忙一阵，无可奈何！

敬祝

著安

夏鼐　1982 年 11 月 24 日

附上给蒋永宁君的信，祈转交。

---

① 张光直曾发表的悼念裴文中文：K. C. Chang, "W. C. Pei（1904-1982）", *American Anthropologist* 86：115-118, 1984.

② 中文名罗泰，是就读张光直门下的德裔学者，后任美国加州大学洛杉矶分校教授。著有《乐悬》《宗子维城》等。

三十
1982 年 12 月 16 日

光直教授：

十二月三日来函已收到。关于余款事，已转告长寿同志，望勿为念，零头承转交舍亲永宁君，谢谢！

关于副院长事，实在是不胜任的，事先已说好只承担名义。约法三章：不上班，不批公文，不参加院中一般会议。每天仍是去考古所。虽退为名誉所长，仍保留原来的办公室，不至成为无家可归。

我将应邀于三月间去日本一旬。您所率领的旅游团于五月间来京时，我大概是在北京，可以晤面畅谈一切。

教科文的亚洲考古会议，现已决定于八月下旬（16～28 日，August 1983）在北京及西安召开。观察员名单已得同意，除前次已定的以外，还拟邀请日本的樋口隆康①教授及北朝鲜的一位（是朝提出要求的）。筹备事有长寿同志参加。邀请函拟由教科文组织代发，仍在联系中，不久当可发出，届时希望你能光临。

夏威夷会议②事，我们向院部作了报告，反应很好，不知台湾方面如何？尊处有消息否？关于论文出版事③等待你的来信，我们再作考虑。

---

① 樋口隆康（1919～2015），日本考古学家，时任京都大学名誉教授、泉屋博古馆馆长，著有《古镜》《发掘中国的古代》等。
② 即 1982 年 9 月在檀香山召开的商文明国际讨论会。
③ 1986 年由张光直主编，耶鲁大学出版。

专此奉复，顺祝

俪安。并颂

新年纳福！

夏鼐　1982 年 12 月 16 日

三十一
1983 年 3 月 4 日

光直教授：

2 月 12 日来信已收到。附来给郑振香①同志一信，已代为转交，望勿念。

关于《殷代玉器》一文，图片方面，彩版我亦知有困难。这次中文稿交《考古》发表，即完全不用彩版。至于线条插图及黑白图版，亦将减少一些。《考古》编辑部已将插图及图版交印刷厂制版。制毕原图退还给我后，将选择若干，作为英文本之用。我估计你来北京时当可面交。

裴文中先生的中文的 Obituary［生平传略］，由安志敏同志执笔，已在《考古学报》今年第一期发表，不知已读到否？尊撰英文的 Obituary，不知 *American Anthropologist* 编者已有来信否？吴汝康②同志等最近创刊《人类学杂志》，今年创刊号有安徽和县猿人化石的初步研究报告等，不知在美国已见到否？这刊物实际是把 Vertebrate

---

① 郑振香（1929~　），女，时任中国社会科学院考古研究所副研究员，后升研究员，曾任安阳工作队队长，著有《殷墟妇好墓》等。

② 吴汝康（1916~2006），时任中国科学院古脊椎动物与古人类研究所研究员，著有《古人类学》《中国远古人类》等。

Paleontology［古脊椎动物学］一分为二，即把 Vertebrate Paleontology ［古脊椎动物学］与 Human Paleontology［人类古生物学］（或 Paleoanthropology［古人类学］）分为二个刊物，听说不久的将来这个所也一分为二。

意大利维（威）尼斯大学的 Serbattini 前月偕 Lanciotti［蓝乔蒂］① 来北京联系文物展览，已与历博签订合同。闻展览以外，还召开一次学术讨论会。他点名要我和王仲殊同志前往参加。我们二人都因事忙不能去。我们拟请安志敏同志和另一位同志去。听说您帮助他们筹备，届时想必您会亲自参加的。不知会议主题是什么？多少人参加？

您前信说将于4、5月间率领一个旅行团来京，不知日期已确定否？在华参观访问日程已安排好否？关于参观北京琉璃河西周墓地工地事，殷玮璋②同志已代联系。有眉目后他会直接写信给您的。

我应日本广播协会的约请，将于下星期一（三月七号）赴日本旅行，在东京、大阪及福冈三处各作讲演一次。三月二十日返京。所以你四月来华时，我一定会在北京的。晤会匪遥，余容面罄。

顺颂

研安

夏鼐　1983年3月4日

---

① 此处原作"Lancioth"，据记其事资料《夏鼐日记》卷九（华东师范大学出版社，2012，第208页）及《安志敏日记》第3册（社会科学文献出版社，2020，第387页）改。

② 殷玮璋（1936~　），时任中国社会科学院考古研究所副研究员，后晋升研究员，曾主持考古所铜绿山矿冶遗址、北京琉璃河西周墓地等项发掘。

三十二
1983 年 3 月 20 日

光直教授：

我偕内人于本月七日来日本。这次是应 NHK 的邀请，来日本作三次演讲：三月九日在东京，题为"中国考古学の步みと展望"；十日在福冈，题为"シルクロード东西文化交流の检证"；十三日在大阪，题为"中国文明の起源"。① 据云：通过电视，每次听众当达百万人以上。完成任务后，赴京都、奈良等处参观游览。十八日赴吉备夏（真）备②之故乡冈山市，参加次日的"古都洛阳秘宝展"开幕式。洛阳的代表团由宿国夏市长为团长，蒋若是为秘书长。我于昨日返东京，今天下午返北京。此间遇及日本同行不少，如东京之江上波夫③、关野雄④，京都之樋口隆康、贝冢茂树⑤，福冈之冈崎敬⑥等，樋口教授将

---

① 三讲分别是《中国考古学的回顾和展望》、《汉唐丝绸和丝绸之路》及《中国文明的起源》，后结集出版为《中国文明的起源》（日文版：日本放送出版协会，1984；中文译本：文物出版社，1985）。

② 吉备真备（约 693~775），日本奈良时代学者，曾于公元 717 年与阿倍仲麻吕等作为遣唐留学生来华，752 年作为遣唐副使来华。

③ 江上波夫（1906~2002），日本考古学家，著有《古代北方文化：匈奴文化论考》《骑马民族国家》等。

④ 关野雄（1915~2003），日本考古学家，著有《中国考古学研究》《东亚考古学概说》等。

⑤ 贝冢茂树（1904~1987），日本历史学家，著有《甲骨文字研究》《中国文明的再发现》等。

⑥ 冈崎敬（1923~1990），日本考古学家，时任日本九州大学教授，著有《东西交涉的考古学》。

于八月来华参加北京、西安举行之亚洲考古会议。英国 W. Watson①、瑞典 Bo Gyllensvard②、法国之 V. Elisséeff③，皆答应设法自费作为观察员来华参加。尊处不知已决定否？又你们的访华考古代表团不知已定日程否？何日抵京？可能你已有信寄到北京。我返京后读到来信当再作复。今天有点空暇，故匆匆写几句话给您。余容后叙，

此祝

研安！

夏鼐　一九八三年三月二十日上午于东京

三十三
1983 年 4 月 7 日

光直教授：

三月二十八日来信已收到。获悉台驾将于五月十一日来京。可惜我与仲殊同志都将于五月八日以前离京赴郑州参加中国考古学会年会，预定十八日开毕。这次恐要失之交臂。但八月间的亚洲考古会议，希望能前来参加。五月间的郑州会议，徐苹芳同志留京不去参加。徐同志也很希望你在京时能安排一次见面，与你晤谈一切。

前次（1981 年）访问 Fogg Museum［哈佛大学福格博物馆］时，见到 Eugene Farrell 博士。他正从事玉器质料的鉴定工作。不知这两

---

① W. Watson（1917～2007），中文名华生，英国考古学家，时任伦敦大学教授，著有《古代中国青铜器》等。

② Bo Gyllensvard（1916～2004），中文名俞博，瑞典考古学家，时任远东古物博物馆名誉馆长，著有《唐代金银器》。

③ V. Elisséeff（1918～2002），中文名叶理夫，法国考古学家，时任法国吉美博物馆馆长，著有《中国古代文明》《巴黎赛努奇博物馆藏中国青铜器》等。

年来已有成果发表否？因为中国古玉的质料和产地问地（题），现下仍未能解决也。

拙作《商代玉器》一文已交《考古》发表。第五期中可以刊出，现在已经排好字，初校已出来了。我将题目改用副题，即《商代玉器的类型、定名和用途》。你五月间来时，可能那时已出版了。文字修改不多，但图片减少。我想将英文稿所需要的插图与照相，选出来交徐苹芳同志转交给你，请你斟酌决定好了。

你的大作《中国的青铜器》，已由香港中文大学赠寄一册给我。虽然多是旧作，但搜集一起便于参考，亦是好事。我想组织一篇书评在《考古》上刊登①。谁人执笔，尚未确定，但是应该在国内介绍一下。

我于前月收到由香港严晓松寄来的一部二册《侯家庄1001号大墓》的报告。这位晓松当是晓梅的兄弟辈。香港地址是九龙义本道霞明阁D2座二楼。我怀疑是严耕望先生的尊寓，不知这考证是否正确？

前次在檀香山的与晓梅兄合摄的照片，除托人带给他的在西安的公子以外，还想托你带去给他。（我想留交徐苹芳同志处转交给你。）

今天看到报纸刊登关于胡娜"避难"的新闻及这事的发展。这是里根政府对华政策中又搞了一件愚蠢的事。对于从事中美友好和文化交流的人士，是一个挫折。但是我们总是希望乌云过去又将是阳光灿烂。

顺祝

撰安

夏鼐　1983年4月7日

---

① 丁乙（张长寿）：《张光直著〈中国青铜时代〉介绍》，《考古》1983年第10期。

三十四
1983 年 5 月 1 日

光直教授:

四月十七日来函已收到。

严耕望先生处经去函询问,才知道严晓松确有其人,乃严先生之女公子(现在美国留学)。通讯地址是严先生的寓所,不必再加考证了。

我将于五月七号离京赴郑州,所以此信托苹芳兄转交,好在八月下旬的亚洲考古会议时一定可以晤面畅谈。此次失之交臂,亦属何妨。

檀香山照相有二份(各三张)请分别交与老高和小高,另有一张(四人合照,有您在内)便给您留存作为纪念!

《殷代玉器》一文,中文稿将在今年《考古》第五期中刊出(五月下旬发行)。英文稿的插图(线图),拟即用中文版中所使用的,如嫌过多,可以删去一些,再代为酌定。至于图版照片,中文版完全不用,少数照片即插入正文,以已有彩色版之《殷代玉器》及《安阳妇好墓》报告也。但英文版似可采用四版。故选择黑白照片,贴成四版,是否符合要求,亦请酌定。标题亦以中文稿所改者较为适当(即改为《商代玉器的分类、命名和用途》)。中文稿中其他删改之处,亦可供英译时参考。如能以改定之中文稿为定稿加以英译,包括注释,则更佳。但恐时间来不及,此事悉听"钧裁"了。

照片及线图系由《考古》编辑室中借出,用毕希望能退还归档。

大作《中国青铜时代》一书,《考古》编辑部已收到书评。决定

最近几期内刊登。知注附闻，此颂

撰安

夏鼐 一九八三年五一节

三十五
1983 年 7 月 22 日

光直教授：

我刚由访问西德及瑞士归来，今天同时收到你的七月十一日（关于商文化讨论会的论文集稿子事）及七月七日（亚洲考古会议事）两信。关于尊驾来京事，已转告我院外事局，安排住处到九月三日，一定可以办到，请勿为念。尹达先生于七月一日去世，见七月十三日的《人民日报》及《光明日报》。此事可转告晓梅兄。也许他早已知道。

余容后叙。即颂

研安

夏鼐 七月廿二日

三十六
1983 年 9 月 10 日

光直教授：

承于临（离）京前惠临舍下辞行，有失迎候，甚为抱歉。当晚及次晨曾打电话到北京饭店，皆以室中无人，未能接通，殊为怅然。好在后会当不在远。此次承前来参加亚洲地区考古会议捧场，公私交感。前承嘱托打听石二哥①在大陆家属情况，现已得消息，兹另纸附奉，以便转去，并望代为问候。晓梅兄处如有通信，亦望代为问候，并唁慰高夫人逝世。哈佛大学当已上课。舍亲蒋永宁君如有晤面，望代为转告此间情况。

专此，顺颂

研安

夏鼐　一九八三年九月一〇日

三十七

1983 年 10 月 27 日

光直教授：

接奉九月二十九日来函，欣悉文斾已平安抵美。上星期在此间友谊宾馆晤及林家翘②教授。据云曾在康桥晤面，知道你在苏因民航机事担了一场虚惊。林教授现仍在京讲学。

承惠赠在周口店照相一纸，谢谢！璋如兄的家属情况承代转去，谢谢！舍亲蒋永宁之幼子，承蒙代为协助，现已赴波士顿入学，当已遇及。蒋夫人徐婉雏同志嘱附笔致谢！

此间一切如常，现已开始作整党准备工作。十二月中旬在香港大学召开中国科技史第二次国际会议，席文③教授为此会会长，香港东

---

① 早年殷墟发掘时期，青年考古学者戏依年龄或入所先后排序为"十兄弟"：李景聃、石璋如、李光宇、刘燿（尹达）、尹焕章、祁延霈、胡福林（厚宣）、王湘、高去寻、潘悫。

② 林家翘（1916~2013），美籍华裔物理学家。

③ Nathan Sivin，席文（1931~　　），美国中国科技史家，从事炼丹术等方面研究，时任宾夕法尼亚大学教授，编著有《东亚的科学技术》等。

道主为何丙郁①教授，邀约我前往参加，已决定答应前往，不知台湾
方面参加否？此祝

近安

夏鼐　一九八三年十月廿七日

三十八
1984 年 5 月 24 日

光直教授：

前承惠寄李济先生和裴文中先生的传略（英文）抽印本，谢谢！
最近又接奉大札祝贺当选 NSA［美国国家科学院］外国院士事。前
曾接该院贺电及贺信，通知当选。实则自知学识谫陋，殊觉盛名之
下，其实难副。今后当努力钻研，庶几不辜负各方之期望。盛情无任
感谢！

前次奉告关于石兄老家近况，承蒙代为转告石兄，甚感。最近有
一位日本书法家访华代表团成员，私下告诉安阳工作站某君，谓最近
曾访问台北市，遇及石君，石君嘱其打听，谓［欲］返大陆探亲，
且有"叶落归根"，有归家安度晚年之意云。我闻之，即向有关方面
打听手续问题。此事如果仅为短期探望，手续可以简化。事前联系
好，可以不在护照上签证，可以随一美国代表团一起来华，用一假名
即可。（最近来安徽黄山参加黄山画派会议即有一位由台湾经美国，
随同美国专家方闻、李铸晋、Cahill 等一起前来，惟使用一假名，以

---

① 何丙郁（1926~2014），中国科技史家，时任香港大学中文系研座教授兼系
主任，著有《中国的科学与文明》等。

免台湾政府追究。）如果要归来定居，手续稍繁复，但有杨希枚①兄的先例，也可以办到。（杨兄定居后，已经再结婚，最近并被邀请为全国政协特邀代表，参加全国政治协商会议。）此事是否请与石兄联系，详细情况，可俟台驾八月间来京再面谈。但是希望能于来北京以前，先了解石兄的意图，以便进一步进行。这事便拜托您了。

最近收到作者托出版社寄来的一本书，叫做 *The Origin of Ancient American Cultures* ［《美洲古代文化的起源》］ （1983. Iowa State University Press），作者是 Paul Shao，不知道你认识他否？他在 Acknowledgement ［致谢］中提到我，但是我记不起他了。他的姓当是邵字，但是不知有否汉名？他的书出版后，美国学界的反映如何？有否发表过书评？因为最近国内也大谈上古或中古的汉人到新大陆，想与 Columbus ［哥伦布］争夺新大陆的发现权。连很不像样的书都由英文翻译过来，例如默茨（Mortz）的书，还有人加以吹捧。

我在 Kansas ［堪萨斯］大学的 Franlin D. Murphy Lecture ［墨菲讲座］的 *Jades and Silks of Han China* ［《中国汉代的玉器和丝绸》］一书，已经出版，并且已由李铸晋教授代为奉上一册，当已收到，尚望不吝指教。

专此，顺祝

研安！

夏鼐　1984 年 5 月 24 日

---

① 杨希枚（1916～1993），体质人类学和先秦史专家，原任"中央研究院"史语所研究员并去台湾，1980 年退休后回北京定居，曾任中国社会科学院历史所研究员，著有《先秦文化史论文集》等。

三十九
1984 年 7 月 18 日

光直教授大鉴：

前日令兄①来电话，询问台驾来京日期，实则弟亦仅知台驾将于八月间来北大讲演②，当告以可向北大考古学系打听。前曾晤及宿白③、邹衡④二教授，皆谓已作一切准备，欢迎台驾前来讲学。又八月廿日至廿五日中国科学院自然科学史研究所主办之国际中国科学史讨论会在北京召开，闻李约瑟⑤、薮内清⑥、席文诸教授皆将前来参加，不知台驾亦能列席参加部分活动否？前年在 Fogg 博物馆参观，曾承介绍 Dr. Engene Farell，彼当时正在作玉器的矿物岩石鉴定工作，不知其最近几年亦曾发表过其成果否？如已发表有论文，能否设法代我搞一份抽印本（或 Xerox 复制本）？费神之处，预致谢忱。

晤面匪遥，余容面罄，此致
敬礼！

夏鼐　1984 年 7 月 18 日

---

① 张光直多年未见的胞兄张光正，曾化名何标，于 1945 年参加八路军抗日活动。

② 张光直于 1984 年 8 月 22 日至 9 月 7 日在北大讲学，记录稿出版为《考古学专题六讲》。

③ 宿白（1922~2018），考古学家，时任北京大学考古系教授兼系主任，著有《白沙宋墓》《中国石窟寺研究》《藏传佛教寺院考古》等。

④ 邹衡（1927~2005），考古学家，时任北京大学考古系教授，著有《夏商周考古论文集》。

⑤ Joseph Needham（1900~1995），中文名李约瑟，英国中国科技史专家，著有多卷本《中国科学技术史》等。

⑥ 薮内清（1906~2000），日本中国科技史专家，时为京都大学名誉教授，著有《中国古代的科学》《中国天文学》等。

四十
1984 年 12 月 25 日

光直教授：

别后数月，谅境况佳胜！

我虽退居二线，但经手未了之事仍多，所以现下仍是事忙，但明年或后年当可摆脱一些杂务，或可有时间安心坐下来做些业务工作。

近接英国 Prehistoric Society［史前学会］来信，谓明年（1985年）3月28～30日，将在 East Anglia 大学召开纪念会，庆祝该会创立五十周年纪念，邀约我参加，并作报告。据云，已约请英国内外考古学者分别作关于各地区的 Proto-historic［原史］时代的社会情况。我和所中及院部领导商量后，决定接受邀请。现正准备报告的稿子，拟以1983年3月在日本大阪市所作的讲演稿（即日本版《中国文明の起源》书中第三章）为基础，稍加修改译成英文，添入尸乡沟（偃师）商城的材料。前曾奉赠这日本版小册子请教，阅后如有什么意见，尚望示知，以便及时修改。（文物出版社推出这书的中文版，即将付排，明年前半年可以出书，届时当寄奉请教。）

美国国家科学院推选我为外国院士后，来信通知时曾表示希望我能于今后该院年会时前来参加一次，以便在院士题名册上签名。后来寄来院士录时，附一条子谓年会日期，1985年为4月21～24日，1986年为4月27～30日，1987年为26～29日。我当时未能作决定。华罗庚教授是1982年当选的，今年（1984年）才去出席年会。我最近初步考虑，拟于下次该院年会时（即1985年4月21～24日）前来参加，不知尊意以为如何？此事最好能由该院外事秘书长 Prof. W. A. Rosenblith 或第 51 分组（section 51）组长正式来函邀约前来参加年会，以便于院士题名册上签名（及授予外国院士证书），并说明年会起讫日期及主要活动项目，以便我于接函后据以办理手续。至于往返旅费等费用，该院能部分或全部资助最佳，否则我当另行设法。（尊处能以另外名义邀我来贵校，顺便就近前往参加三天年会亦是一办法。）因为您是我的 Fellow Academician ［院士同事］，与美国国家科学院的外事秘书长和第 51 组组长一定都熟识，所以与您商量一下。您以为如何？或者推迟到 1986 年 4 月那次年会亦可。

仲殊兄的中文版《汉代考古学概论》已由此间中华书局出版，定价 2.05 元（人民币），比英文版便宜多了。不知已见及否？最近营口金牛山发现与北京猿人相近（时代及体质）的头骨化石，乃吕遵谔①副教授率领下的学生实习队所发现的。当已在报端获悉。台端能否于四月初意大利会议后，顺便来华一次，参观金牛山猿人化石等？

余容后叙，顺颂

研安，并祝

新年纳福！

夏鼐　1984 年 12 月 25 日

李秀君嘱附笔向贤夫妇问候

---

① 吕遵谔（1928~2015），时任北京大学考古系副教授，著有《南京人化石研究》等。

四十一
1985 年 1 月 17 日

光直教授大鉴：

来函已收到了。我本来是顺便一询，想不到竟引起台驾为此忙了一阵子，打听一切，盛情至感，但是心中甚为不安也，敬谢！

我已将此事依尊函意见转告我院外事局，请其向美国驻华大使馆联系商洽。一俟有眉目后，当立即函告。前星期遇及华罗庚教授，他是 1982 年被选为美国国家科学院的 Foreign Associate［外籍院士］的。他本想第二年 1983 年的年会时去参加，但是因为手续没有办好，结果没有去成。1984 年上半年，他受加州大学之聘在加州讲学，在年会时就近前往参加了。所以如果这事今年来不及，我想明年再说也可以的。当然，过了一年又老了一年，我目前的身体还可以。刘禹锡诗"莫道桑榆晚，为霞尚满天"，我想不至于非拉一位年轻的同志照顾不可。华罗庚教授去年来美，带了儿子和儿媳一起去，听说为接待单位增添了不少麻烦。我的老伴不想再去美国了，可能由于前次出了意外事故，她犹有余悸呢！

仲殊兄的中文版《汉代考古学概论》，虽已见广告，但是我们都还没有看过。他答应收到后，一定寄一本给您，望勿念。

Rosenblith 氏现下想已归来。当然，他的邀请信也只能是 Routine［例行］公函一纸而已。但接到后，可以持他的信好办交涉。如果今年办不成，明年听说是 1986 年 4 月 27 ~ 30 日年会，比今年（1985年）晚一星期，明年可以早些联系。

前信已说起，英国的 Prehistoric Society［史前学会］于三月底举行建立五十周年纪念会。邀请国内外专家十人作报告，开讨论会三天，约我去参加。据说由剑桥的 Grahame D. Clark ［克拉克］名誉教授在开幕日作公开演讲。他也是美国国家科学院的 Sec. 51 ［51 组］Anthropology ［人类学］组的 Foreign Associate ［外籍院士］。我从前曾见过他，想来你也一定与他会过面。四月初，我即返国。

匆此奉复，顺颂

俪安！

夏鼐　1985 年 1 月 17 日

李秀君附笔问候贤伉俪安好！

我想此次如果能来美参加美国国家科学院的年会（或明年去），往来当然要经过纽约，也许在纽约稍作休息，可以住在联合国代表团的南院（招待所）。待时差的影响消除后，去华盛顿赴会，住几天再返纽约乘飞机返国。别的地方，我没有计划想去。你的尊意如何？

又及

四十二
1985 年 2 月 14 日

光直教授大鉴：

前函谅已达左右。发信后过了几天，美国国家科学院外事秘书 Rosenblith 教授的邀请书即行寄到。当将邀请信连同尊函交院外事局，托之办理。此间办事缓慢，今天通知云：经过批准后，即与美国驻华大使馆文化参赞联系，现得文化参赞答复，所提出之交流门道，今年名额已满，现正另想办法。能否有办法，亦难确言。实则此事进行过晚，今年如不成功，或准备延至明年再去。未知尊意以为如何？前函提及英国三月底之行，已经确定，三月廿六日航班抵伦敦，四月三日返北京。最近有第三世界科学院（The Third World Academy）来电及来函，通知被推选为该院院士（Fellowship），七月五日至十日在意大利 Trieste 开会，邀请参加。院长为巴基斯坦理论物理学家 Abdus Salam，曾得诺贝尔奖（1979 年）。一九八三年开成立大会，华罗庚作为第一批院士曾出席会议，但华罗庚关于该院情况，亦所知不多，不知尊处了解其详情否？据其来函云：此次开会，联合国教科文及意大利政府皆有津贴。台驾威尼斯之行已确定否？

专此，顺颂

著安

夏鼐　一九八五年二月十四日

四十三
1985 年 3 月 12 日

光直教授：

前此函告此间与美国驻华大使馆文化参赞联系，据云今年名额已满，另想办法，实无把握。前函当已达左右，久未得复，谅尊处必为此事忙碌，劳神甚为不安，在此短期内恐亦无办法。故弟曾打算推迟［至］明年的年会再说。但最近国内形势及潮流稍有变化，即前一段一切都以经济效益为决定因素，国外会议受邀请时参加与否，视国外负担往来国际旅费及一切宿膳费用而定。最近则由于去年夏间以来不正之风大盛，又提倡精神文明应与物质文明并重，国家科学水平的声誉，应比区区小量外汇为更重要。我最近接到美国国家科学院的内务秘书 B. Crawford（Feb. 13, 1985 发）来信，乃寄给 "Academy

Members Elected in 1984"［1984年当选院士］者，持以与院中管外事的各位领导商量，决定对于弟此次参与NAS年会以接受院士证书及在院士题名录（Membership Book）上签名，作为特例处理，公家可以负担国际旅费，现已预定北京—华府往返机票，系向中国民航购买。该公司有北京纽约直达航班，由纽约转换飞机赴华府。大约April 18日可抵华府，故可以参加美国国家科学院的一切活动（当然也不必参加年会的所有活动）。大约下榻在Chinese Embassy［中国大使馆］的Guest House［客房］。如美国国家科学院中美交流会招待，亦可依交流会安排开会期间住处，因为Guest House也收费，并是外汇也。纽约则拟下榻中国驻UN［联合国］的Permanent Delegation［常驻代表团］的Guest House（南院）。此事由此间外事局直接与使馆及代表团联系决定，谅无问题。

订机票时，返国机票暂定在美一星期至十天左右，由纽约返国。因为民航机票往返机票并无折扣，故在美时可以早几天通知公司办事处改变行期。此事因为拖延很久，又知吾兄将有意大利之行（我所安志敏、张长寿二位亦将参加威尼斯会议），而我自己已得英国Prehistoric Society［史前学会］寄来往返机票，3月26日由京经香港赴伦敦，4月3日离京（英）返国，4日可达北京。故在美国活动，除参加美国国家科学院年会外，其他的安排拟请代为决定。前次美国国家科学院外事秘书Rosenblith来信云："I understand that Prof. K. C. Chang is working with you both on a possible itinerary and means of travel support［我知道张光直教授和您正在考虑访问的路线及旅费资助问题。］"所以我今天除拍一电报回复他，告以已决定前来出席年会之外，同时又拍一电报给你，谅已收到。Rosenblith又建议顺便可以与CSCPRC［中美交流会］及Ame. Comm. of Learned Society［美国学术团体联合会〕和 Soc. Sc. Res. Council〔社会科学研究联合会〕的负责人会面晤谈。我知道 Rosenblith 开年会期中，一定很忙。恐怕有些与我有关的活动，要偏劳你了。费神另当面谢。这次我来美是单身来的，因为我的老伴前年在贵校遭到失窃，犹有余悸，她说美国已去过一次，不想再去了。她嘱我向您及嫂夫人问好。

此颂

俪安！

夏鼐 1985 年 3 月 12 日

这信写好后，恰巧收到您 3 月 1 日来信，此事已得顺利解决。国际旅费已得批准，往返机票（北京—华府）已去预订。一切可容后再函详（将由安志敏兄往面交）。

3 月 13 日

四十四
1985 年 3 月 22 日

光直教授：

前奉上一电（3 月 12 日发），接着又奉上一信（3 月 13 日发），谅均已达左右。接来信后，知中美交流会已答应负责华府开会期中在华府的食宿及交通费用。15 日又接到该委员土谷女士（Tsuchitani）正式来信，当即复信表示接受，并致谢意。国际旅费已由中国社会科学院解决，已订购往返机票（北京—华盛顿，经由纽约）。4 月 17 日由北京动身，民航班机 17 日抵 N. Y.（同日"起""达"由于国际时间线），拟在纽约停留一宿，次日（18 日）赴华府，纽约拟住在

［中国］驻联合国办事处招待所（南院），由此间外事局与之联系，当无问题。抵华府后或先住大使馆招待所，开会期间再由中美交流会招待，或即由中美交流会招待，此事当由中美交流会决定。大使馆方面，将由此间外事局直接与之联系。（现将 Tsuchitani 3 月 5 日来［函］复制一份附上，以供参考。）

我将于 3 月 26 日离京赴英国伦敦，预定 4 月 3 日离英，4 月 4 日返抵北京。现下人大本届开会已定 3 月 27 日开始，共开 2 星期，返京后仍可参加几天，包括大会（通过决算、预算，及法案）及闭幕式。

今天我院外事局通知，机票已订好，由京赴纽约为 CA981 班机，4 月 17 日 7 时 40 分抵纽约，次日由纽约赴华府，为 TA 597 班机（8：00~8：50），但考虑到上午 8：00 似嫌过早，拟改晚一些的班机。正在再加联系中。返国预定 28 日由纽约起程，乘 CA 982 班机，11：00 起飞，29 日 10：20 可抵北京。返国日期如有变更，亦可在纽约改订班机，将来再依活动日程，作最后安排。

我近接意大利 ISMEO［中东远东研究所］来函，谓已选我为该所的 Correspondent Fellow［通讯院士］并希望能参加他们的年会。我函告接受通讯院士称号，但这次不能前来参加年会。我从前与他们老所长 G. Tucci① 有交往，惜老所长去年以九十高龄去世。

七月初旬，Third World Academy［第三世界科学院］邀请我与华罗庚二人去参加在 Trieste 召开的一次学术讨论会，因为中国只有我二人被选为 Fellows［院士］，而美籍的四位学者，陈省身、杨振宁、李政道、丁肇中，则为（Foreign）Associates［外籍院士］。这会得

---

① 　G. Tucci，图奇（1894~1984），意大利考古学家。

UNSCO［联合国教科文组织］、意大利政府及 Trieste 科学基金资助，故我二人往返旅费及在 Trieste 生活费，他们来函答应均由该院负担。

最近我们第五届中国考古学会年会情况，安、张二兄当可面告一切。我的开幕词《光明日报》于 3 月 10 日全文刊登①，还加上《编者按语》，兹复制一份附上，尚望指正，又樋口隆康教授所写的我的《中国文明の起源》的序文，现已译成汉文，发表于吉林出版的《社会科学战线》1985 年 1 期上，现附上抽印本一份，以供一粲。

此致

旅安！

夏鼐　1985 年 3 月 22 日

四十五
1985 年 5 月 9 日

光直兄：

我已安返北京，堪以告慰。此次在美，虽未能晤面，但能在电话中通话，亦等于面谈。承蒙事先代为安排，故在华府一切顺利。美国国家科学院外事秘书 Rosenblith 一见如故。关于院士会议的 Business Session［事务会议］及 Clan Meetings［分片会议］，征其意见后也都能列席旁听。至于 Section Meetings［分组会议］，更不用说了。Presentation Ceremony［欢迎仪式］介绍去年新选出的院士及外籍院士，因为依姓氏的字母排列，所以列在最后，但受到鼓掌也最长久，因为底下没有别的人，所以如此，并不是表示最受欢迎。一笑。

----

① 即《考古工作者需要有献身精神》，亦见《考古》1985 年第 4 期，又见《夏鼐文集》第一册。

Section 组长 Baker 及前组长 Vogt，可能受过您的嘱托，也很照顾。这次组中连我也只有十一人。本来想多结识几位同行，想不到本组 52 位院士（本国 47 人，包括 members emeritus，外籍 5 人）中仅到 11 人，殊出意外。但也能新认识几位，如 F. de Lagnna，F. Eggan，I. B. Griffin，T. D. Stewart，L. I. Pospisil 等，亦可满意。Stewart 还邀我到他的办公室（Museum of Natural History）［自然历史博物馆］去，给我看看新发现的埃及 Aswan ［阿斯旺］附近出土的 Homo sapiens 化石模型（原物已送还埃及），办公室中还挂着他亲自画的他的老师 Hrdlicka 的油画像，我才知道 Stewart 还是画家呢！在 Washington ［华盛顿］ 期间，Tsuchitani ［土谷］ 照顾生活，有时她来陪我去 Academy ［科学院］，有时派助手 Danny Sebright 驾车来接我去科学院，最后一起送我上飞机，我送他二人每人一本 *Recent Archaeological Discoveries in the P. R. C.* （这书由我所编写，交联合国教科文组织译成英文出版），以示谢意。

我在英国参加 Prehistoric Society 创立五十周年的报告会，我的报告和 Renfrew[①] 的报告，在 *New Scientist*，No. 1451 （11 April，1985 出版）曾有报导，当已见及。这次开会，在开幕式上有 Graham Clarke 作报告，然后两天十二人作报告，其中英国六人（有 Renfrew 等），澳洲二人，美国三人，中国一人。美国有 New Archaeology ［新考古学］ 的首领 L. Binford[②]，及其同派的 Flannery[③]。前者谈 "Complex

---

① Colin Renfrew （1937~ ），时任剑桥大学教授，著有《考古学：历史、理论、方法》《考古学与语言》《文明之前：碳素革命和史前欧洲》等。

② Lewis Binford，宾福德 （1930~2011），美国考古学家，著有《考古学的视野》《骨：古代人类和现代神话》等。

③ Kent V. Flannery （1934~ ），时任美国密歇根大学人类学系教授，著有《农业起源》《早期中美洲的村庄》等。

Societies：The Origins of Agriculture and Social Complexity in Eastern North America"［"复杂社会：北美东部地区农业的起源和社会复杂化"］。后者谈"Oaxaca and its Neighbours"［"欧哈卡及其周邻"］，这是墨西哥的考古学问题，原来是请墨西哥的 Ignacio Bernal，后来 Bernal 因为身体欠佳，没有来，改由 Flannery 来讲。

这次美国国家科学院年会时，我拿到 1985 年 Election of Foreign，Bernal 也是美国国家科学院的外籍院士，属于 51 片，这次没有来华府开会。Associates［当选外籍院士］的 Biographical Supporting Materials［传记材料］。后来在一老院士处，看到去年的一本。其中关于我的部分，我还是第一次看到。我猜出是你的手笔，不知猜得对否？今年 Presentation Ceremony 上 President Frank Press 介绍去年选上的新院士时，便是根据这传记材料而加以节略。您所写的我的 Curriculum Vitae［履历］，有的年份搞错了。我估计将来我的 Obituary Notice［讣告］可能还会是您写的，所以将履历中错误处列一勘误表，另纸写出，以供参考，一笑。

匆此，顺颂

近安！

夏鼐　1985 年 5 月 9 日

［1］籍贯。Yongjia（永嘉），应以 Wenzhou（温州）为妥。清末府县制，永嘉县为温州府的五县之一，为府治所在。今则永嘉原县城为温州市（十四个沿海开放口岸之一），而在原永嘉县的瓯江北岸的楠溪，仍设一永嘉县，县治在原来乡镇的上塘。

［2］学历。"Ph. D.（Archaeology），London University，1941.

［1941 年伦敦大学考古学博士］" 应改为 " Ph. D. (Egyptology)，London University，1946. ［1946 年伦敦大学埃及学博士］" 第二次世界大战结束后恢复埃及考古学系时补授学位（Ley Moxy）。

［3］资历。"Director ［所长］，1966" 应改为 "Director，1962~ 1982"，另加 "Honorary Director ［名誉所长］，1982~"、 "Vice-President of CASS ［中国社会科学院副院长］， 1982~"。

［4］群众团体职务。 "President of the Archaeological Society of China（Founded 1977）［中国考古学会（1977 年创建）］， 1977~"，两个 1977 年都应改为 1979。

［5］Foreign Fellow ［外国荣誉称号］。"The Royal Society ［皇家学会］，1980" 应改为 "The British Academy ［英国学术院］，1974"。British Academy 于 1901 年由 Royal Society 分出来，专门从事于社会科学与人文科学方面。可增加 Deutsches Archaologisches Institut Member ［德意志考古研究所院士］（Berlin，1982）；Swedish Royal Academy of Literature，History and Antiquities ［瑞典皇家文学历史考古科学院］，1983；National Academy of Science（USA）［美国国家科学院］，1984；ISMEO（Institute of Middle and Far Eastern Studies Rome ［中东远东研究所（罗马）］）， 1985。此外，还有 Fellow of The Third World Academy ［第三世界科学院院士］，不知道，［是否］应该算是外国院士，我本是第三世界国家院士？

四十六
1985 年 6 月 2 日

光直兄

接读 5 月 15 日来信，敬悉一切。

恰巧同一天收到 NAS 秘书长 Crawford 的 5 月 14 日来信，信中抄给我以 Press 院长那天在典礼上的介绍辞。现复制一份奉上，以供一粲！它的内容是撮录你所写的介绍，不知有侵犯您的版权之嫌否？一笑。撮录得似乎还不失你的原意，不知尊意如何？

拙作《中国文明の起源》日文版，在日本已发行第三版，闻已共印一万二千册。初版系去年 4 月 10 日出版，5 月 20 日便发行第二版，今年 2 月 10 日发行第三版。想不到这样一本半通俗性的讲演集，竟能在日本畅销，殊出意外。文物出版社看了眼红，要出一中文版。在征得樋口、冈崎二教授的同意后，把他们的注释译成中文，现已付排。一希望能在年底以前出版，二希望出版社不至于卖不出去而亏本。出版后，当奉寄一本求教。

闻　嫂夫人将受邀请返国介绍教学经验，不知确否？吾兄能否回来？秀君很想与她一晤。希望来京时通知我们一声，告以下榻地点，以便走访。电话：（考古所）557651，（家中）554619。

此致
敬礼，顺颂
俪安！

夏鼐　1985 年 6 月 2 日①

---

① 此信附有夏鼐履历勘误表，与前函所附内容相同，故省去不录。

下编

102通

致　游寿*

（1951 年 6 月）

1951 年 6 月 25 日

介眉先生：

六月十日来示敬悉。千佛山下发现古器颇为重要，虽打制技术幼稚，但似仍为新石器时代之物，不知同时尚有碎陶片否？所谓“石器俱有石灰质粘住”，不知是否指石器表面之石灰质附粘物（所谓“土锈”）？抑指石器与石器（或卵石）之间有石灰质将其粘合一起？颇希望能有机会来济南一趟，亲聆教益。

此复，顺致

敬礼

弟夏鼐 上

六月廿五日

---

* 游寿（1906~1994），字介眉，女书法家，抗战时期夏鼐在历史语言研究所的同事，通信时任教于山东师范学院，后为哈尔滨师范大学教授。据北京某旧书网拍卖品图像录文。

致 沙孟海[*]

（1955 年 7 月）

1955 年 7 月 5 日

孟海先生：

六月廿六日来示敬悉，垂询关于安阳石钺、石戚。查殷墟出有石戚，作□形，并无石钺，惟有一种有肩石斧，作□，颇厚。此种石斧，华北新石器时代遗址亦偶有之，东南沿海及台湾尤多。至于他处出土者，越南德化府曾出一件，作□形。［见 Leroi-Gourhan, *Archéologie du Pacifique Nord*, 1946. （《北太平洋考古》1946 年出版）第一〇六图。］

湖州太湖畔曾出过一件作□。

［J. N. China branch. RAS. (*Journal of the North China Branch of the Royal Asiatic Society*《皇家亚洲文会华北支会会刊》,) Vol. CXVIII, 1937（1937 年第 68 卷）。］

---

* 沙孟海（1900~1992），著名书法家。曾任浙江省文管会常务委员、浙江省博物馆名誉馆长、中国书法家协会副主席、西泠印社社长等职。据杨仁恺编著《名人书信手迹》（上海人民美术出版社，2000）录出。原信未署时间，据《夏鼐日记》卷五第 166 页，1955 年"7 月 4 日，上午赴所，靳主任及陈梦家同志昨天由西安返京，今晨来谈西安情况"。推定此信应写于七月五日。

台湾垦土寮出土一件作⌣形（《台湾文化论丛》第一辑 30 页第 10 图）。

见闻有限，且无暇多查，只能略举所知奉告。大作撰就后，尚乞从早赐下为荷。

陈梦家同志已于前日返京，知注附闻。

此致

敬礼

弟夏鼐

致 夏承焘或杭州大学 2通[*]

（1962年2月，1963年3月）

一

1962年2月19日

瞿禅先生：

　　前函谅登　记室，京方题词已得郭沫若院长法书一纸，现先行奉上，以便装裱。其余俟收到后当即陆续奉寄，但能否悉数取得，殊无把握也。郭院长处最好由校方去一公函道谢（郭院长寓所：北京西四大院胡同五号）。孙先生纪念会①，现下筹备情况如何？便下望示知一二。又沈炼之②先生已返杭否？春寒犹厉，善自珍重，诸维亮察不宣。

　　敬请

————————

　*　夏承焘（1900～1986），字瞿禅，亦作癯禅，晚改瞿髯，温州乡贤（今温州市鹿城区）人。词学研究的重要开拓者，尤精于词人谱牒之学。曾任之江大学、杭州大学教授，中国社会科学院文学研究所特约研究员等职。此信从北京某旧书网上下载整理。

　①　1963年为孙诒让115周年诞辰，浙江省学术界曾举办庆祝活动。

　②　沈炼之，历史学家，夏鼐的温州同乡，时任杭州大学教授。

撰安

　　　　　　　夏鼐　敬上

　　　　　　　　　六二年二月十九日

二

1963 年 3 月 14 日

2 月 28 日来信已收到了。

　　前曾拟撰写论文纪念孙仲容先生，不幸于 3 月 6 日病况恶化，发生肠穿孔，几遭不测。幸即入医院动手术，切除去十二指肠及、胃部（三分之二）。经过一星期，现已可下床位，但仍须继续疗养。遵医嘱静养。所约之文，无法撰写，尚乞原宥。

　　此致
杭州大学

　　　　　　　　　　　夏鼐

　　　　　　　　　　1963 年 3 月 14 日

致 梅冷生 4通[*]

（1962 年 12 月）

一

1962 年 12 月 3 日

冷生馆长先生大鉴：

接奉十一月十六日来示，获悉以参加浙江历史学会之故，首都之游，只能留待来年。闻讯未免怅然，现下文斾谅已安返故乡。此次历史学会开会，收获必多，能否示知一二？沈炼之先生现在此间社会主义学院学习，曾经晤面畅谈，闻年底结业后即南返杭垣。京中已届冬令，室内已生煤炉，寒舍因有暖气设备，虽省生炉火之劳，然亦缺少围炉取暖之风趣。凡事有得必有失，此亦一例也。匆此

敬请

道安

夏鼐　敬上

十二月三日

---

* 梅冷生（1896~1976），名雨清，以字行。温州乡贤，曾长期任温州市图书馆馆长，兼任温州市文物管理委员会主任。他与夏鼐之间通信甚多，仅《温州文献丛书·梅冷生集》收录的致夏鼐信即有 24 通，本书收录的仅有温州市图书馆卢礼阳编《梅冷生师友书札》（浙江古籍出版社，2000）所收 3 通，及夏鼐自存年月不详底稿一纸，梅氏家属所藏未能获得。

二

1962 年 12 月 15 日

冷生馆长先生大鉴：

接奉十二月六日来示，惊悉姻丈苏惺石先生已归道山，闻耗不胜哀悼。英教士苏慧廉夫妇著作两册已另邮挂号奉上，即请察收。

京市同仁堂阿胶及杜仲粉，京市现皆脱售。曾亲往大栅栏同仁堂及王府井永安堂、东安市场鹤年堂等数处购买，皆答以目下无货，有熟人在中医研究院附属医院工作，据云前月曾到一批，今亦售罄，已托其代为留意，如有货到，请其代为购买一斤，及一并购得后当即寄上。

匆此，敬请

道安

夏鼐

六二年十二月十五日

三

1963 年 12 月 22 日

冷生先生大鉴：

前接由上海来示，欣悉已安抵沪江，近接家中来信，知　大驾已返故里，甚慰。

马公愚^①先生曾晤及数次，住在景山东街文改会中，离_寒舍甚近，曾前往造访。马先生亦曾临舍下一次。闻及 台驾曾来京少住，马先生以为近在咫尺，竟失之交臂，颇为怅然。马先生现已南下，据云阴历春节以前，拟返故乡一行云云，届时当可晤及。

自 台驾南下后，北京又曾下雪一次，现下天气颇冷，公暇只能闭门拥炉读书而已，罕曾出游。_{贱疾已渐痊愈，知关锦注，故此附闻，}蒲柳之质，望秋先零，深自惭愧。

专此，敬请

近安

后学夏鼐 敬上

十二月廿二日

内子嘱附笔问候

四

冷生先生史席：

来示敬悉。关于《肇域志》的评价，确如尊论。阮芸台《肇域志跋》，谓此稿"本未成之书，其志愿所规划者甚大，而《方舆纪要》^②实已括之"。（《揅经室集》三集卷四，国学基本丛书本，第 627 页）至于此书之著作，似与《郡国利病》^③ 同时。《利病书》自序谓"有得即录，共成四十余帙，一为舆地记，一为利病之书"，前者即指《肇域

---

① 马公愚（1890~1969），书法家，夏鼐就读温州十中时的老师。
② 即顾祖禹的《读史方舆纪要》。
③ 即顾炎武的《天下郡国利病书》。

志》。《利病书》后加增补，或有与《肇域志》复出之处，然《肇域志》之性质，以舆地考证为多，与当时利病有关之实用性较少，故实与《方舆纪要》更为接近而系未成之稿，反不及《方舆纪要》之佳。

此书乾嘉间在仁和许宗庆处，道光间归海宁蒋氏，咸丰间归余姚朱久香，同治间曾国藩曾拟加刊行，取至江宁，后仍归退朱氏（见《国粹学报》39期，朱记荣《肇域志识语》）。现今不知流落何处？或谓南京国学图书馆所藏之钞本二部（见"现存书目"卷四页23），其中旧钞本即为稿本，不知确否？

致　商务印书馆《辞源》编辑部[*]

（1964 年 12 月）

1964 年 12 月 13 日

编辑同志：

承你处惠赠《辞源》修订本第一册样书，甚为感谢。10 月及 12 月 1 日前后两函，亦已收到。因事忙，今天才抽空作答，稽延之罪，尚乞原宥。

这次修订稿，不仅较旧《辞源》，面目全改，焕然一新；即较之初稿，亦多所改正，足见编辑诸同志的努力，甚为钦佩。

下面所写的意见，是就翻阅所及和初步考虑到的，写出以供参考。

（一）修订方针方面

为了与《辞海》分工，将现代化各种新词全部删去是应该的。但是古地理方面既注上新地名，则生物名称及星辰名称等，能确定今日学名的，似亦应注上新的学名。例如第一册 0393 页 ［参辰］ 和 ［参商］ 二条，据原注看不出辰星和商星的关系。按二者皆指天蝎座 △星，即我国古书上的心宿中之"大火"星。《左传·襄公九年》

＊ 此信系从北京某旧书网上下载获得。

"心为大火"，昭公元年"故辰为商星"，服虔注"辰为大火"，杜预注从之。我也知道，这样一来，工作量增加不少，有些仍有争论，未能确定。只是提出，以供参考。

增补一些常见的词目，是应该的。但是有些词目，一般人看见了便一目瞭然，似可不必收入。《辞源》主要目的是帮助阅读古籍时解决问题，不会有问题的，似不必举出这一词古已有之，注明出处以供"赏奇"，而不是"析疑"。例如第一本"一"字项下，作为数量词的"一个"、"一本"之类，如以为要收入，则［二本］、［三本］以至［千本］、［万本］，收不胜收矣。

（二）体例方面

（1）人名下的生卒年代。本书一般体例是确知其年代者，注明生卒年代；不能确定者，仅注明朝代。我以为后者如能查明其大致年代，最好能注明第几世纪（或再加其前半、中叶、后半）。以我国有几个朝代至300~400年之久，仅注明朝代，太不确定也。

（2）古城的现今地名。本来一般体例似指出今县治的方向，如0073页，［中京］2. 唐渤海中京："在今吉林省永吉县西南"；0132页，［交河］2："在今新疆吐鲁番县西"。前者为今苏密城，后者为今雅尔崖，似应尽可能实指其地。

（三）内容方面

翻阅所及，有些错误或可商榷之处，列举如下。今后如有所得，当再继续奉告。

（1）0395页［参辰卯酉］条："参星西时出于西方，辰星卯时出于东方。"按依我国惯例，若如所释，则应作"参辰酉卯"，而非"参辰卯酉"矣。实则星辰出没，依季节而不同。辰星即心宿，参、辰二星分在东方、西方，出没各不相见。《淮南子·时则训》："孟春之月，昏参中，……季夏之及，昏心中。"依季节之不同，参星在一年中的某几天，亦可于卯时出于东方，辰在一年中的某几天，亦可于酉时出于东方。卯酉者，即辰六时至下午六时，晨昏相对，相距六刻。此处指二星东西相对出没，不必指实孰为参星、孰为辰星。

（2）同页［又玄集］条："四库未著录，亦未存目。康熙中王士祯辑刊《十种唐诗选》，仅得一卷。"按王士祯所收入者，实为伪本。《四库全书提要》卷194于王编《十种唐诗选》条下（商务本4327页）即引冯氏《才调集》凡例之言以为伪本，故《四库全书》不仅不加著录，亦不存目。

（3）0073页［中京］2：唐渤海中京，"在今吉林省永吉县西南"。按渤海中京，据金毓黻《东北通史》，在今吉林省桦甸县苏密城；最近吉林省文管会曾往调查，苏密城确为渤海古城址，原属永吉县，桦甸分县后属桦甸。

（4）0073页［中京］3：辽中京大定府，"在今辽宁省凌源县"。按辽中京大定府，在今内蒙古宁城县大名城，最近曾加考古发掘，见《文物》61年9期（从前可能曾属热河省凌源县）。

（5）0417页［句星］2：《汉书·天文志》："极后有四星，名曰句星。"接《汉书·天文志》原文，作"后句四星"。并且《汉书》此处乃本于《史记·天官书》"后句四星"。如求语源，当取《史记》。

（6）0660页［姜夔］：生卒年份作"公元1155～1220年"。按姜白石生卒甲子，皆无可征信，夏承焘《姜白石系年》虽作1155～1221年，本明言为推测暂定，似应于"年"字后加上疑问号，作"公元1155？～1220？年"。

（7）0144页［介轩学案］："宋董梦程、董琮及程正刚之学派。"

0097［九峰学案］："宋蔡沈之学派。"等各条，以为学案即学派，为同义语。按学案似与今日所谓学派，意义不同。旧《辞源》"学案"条谓"叙述学派而略加论断者，谓之学案。"比较恰当。"学案"之"案"，与"案卷"之"案"，义较相近，谓关于其一学派之史料，并加案语论断，并非"学案"即是"学派"。我们可以阅读"学案"，而不能阅读"学派"。我们可以反对某"学派"，而不反对某"学案"。

（8）0029页［三星］：《诗·唐风·绸缪》："绸缪束薪，三星在天"。解释中义引"毛诗"参星"郑笺"心星之说，不加论断。按参星与心星，虽主要之星皆三，但冬天初昏时参星在天，而夏天初昏时心星在天。此诗描写冬日情景，应该取"毛诗"，而"郑笺"误也。

此外，单字下加注汉语拼音和注音符号。我的私见，以为注汉语拼音便够了，可以不必再注出注音符号。我知道《现代汉语辞（词）典》也兼注两种符号，实则注音符号为一失败的尝试，本应明令废止，专用汉语拼音。此事牵涉多，需要领导方面批准。

所注的汉语拼音是现代音，各字的中古音（六朝唐宋）则采用《广韵》的反切。我以为可加注中古音的汉语拼音（中国科学院语言研究所已做过这项工作，可以与之联系），以便与现代音作明晰的对照。对于读古书的人而言，这比加注注音符号，要有用得多。

因为来信征求意见，所以匆匆写一些寄上，以供参考。

敬礼！

夏鼐（中国科学院考古研究所）
1964 年 12 月 13 日

致　方介堪　8通[*]

（1965 年 10 月~1978 年 9 月）

一

1965 年 10 月 12 日

介堪先生大鉴：

　　前函谅达　左右，大作已于《文物》上刊出①，当已获赠本。前次代为转致名家索取墨宝，不知效果如何？前曾为温市图书馆孙仲容②先生纪念会索题词，亦大半落空，殊无可奈何也。今接乐清赵一及陈朱鹤二同志来信，谓乐清发现有东晋宋刘纪年墓，惜遭破坏，并谓　台驾曾亲往调查，不知附近仍有未遭破坏之六朝墓否？能否加强保护？文物保护政策多未能彻底贯彻，殊可浩叹。此上，顺颂

---

　　*　方介堪（1901~1987），篆刻家，温州乡贤，曾任温州市文物管理委员会副主任、温州博物馆馆长。又任温州市文联副主席、中国书法家协会名誉理事、西泠印社副社长等职。此 8 通信，据方广强编《玉篆楼藏信札集》（上海书画出版社，2015）录入。

　　①　方介堪：《晋朱曼妻薛买地宅券》，《文物》1965 年第 6 期。

　　②　即孙诒让（1848~1908），字仲容，清代晚期国学大师，著有《周礼正义》等书。

近安。

夏鼐　上

六五年十月十二日

二

1974 年 9 月 4 日

介堪先生大鉴：

接奉华翰，诵悉一切，捧读佳什诗篇，钦佩无已。关于温州古代文物，屡有出土，惜未能及时加以清理，使之成为科学研究之资料，而任令之散失。殊可惋惜！承赐玉照一帧，丰（风）彩不减当年。嘱送小影，近日未暇拍照，兹奉上前年在阿尔巴尼亚所摄者，以为存念。专此奉复，顺致

敬礼！

夏鼐

七四年九月四日

三

1974 年 10 月 2 日

介堪先生大鉴：

九月廿八日来示敬悉，嘱购马王堆三号墓出土帛书照相本，按此书尚未出版，闻将来拟分册印刷出版。老子《道德经》，闻已交上海制版，不知何时始能出版。

雁荡之游，常萦之梦寐。忆一九二五年春假，十中有雁山旅行，

当时以小恙未能参加，本以为近在咫尺，随时可往，不意将近半世纪，竟无机会。诵"欲写龙湫难落墨，不游雁荡是虚生"之句，不禁怅然。明年能否来温，亦未可知。

兹因舍亲朱棪①同志及同乡沈鸿林同志返乡之便，托带此信。

顺颂

近安

夏鼐

七四年十月二日

四
1976 年 3 月 13 日

介堪先生著席：

接读由林树中同志转来之二月廿三日来信，知近况佳胜，甚慰。林同志大作《中国美术史上的儒法斗争》亦已收到，因事忙尚未翻阅，阅后如有意见，当直接函告林同志。如果林同志有机会来京，甚愿一晤也（望代为转告林同志，事忙不另写专函）。瘿禅先生偕新夫人来京治病，已逾半年，时常晤面畅谈。……全国反击右倾翻案风更为开展。温邑情况如何？此复，顺致

敬礼！

夏鼐　七六年三月十三日

----

① 朱棪，夏鼐大内弟的二女婿，曾在温州市水产局工作。

五
1976 年 6 月 6 日

介堪先生大鉴：

前日同乡沈基宇同志携来尊函及法绘，据云系其戚钱益谦同志由温州带来，展视具见笔意高超，敬佩敬佩，盛意谢谢！瘤禅先生近曾晤面，去秋由杭来京将近一年，每日填词写字，颇有此间乐不思蜀之意。下次会晤时当代为致意，望勿念。闻温州近况每况愈下，殊可扼腕，不知最近有好转否？冷生先生晤面时，乞叱名问好。此复，顺致敬礼！

夏鼐

七六年六月六日

瘤禅先生寓所：北京市朝内大街九十七号北楼 402 室吴文同志转。

六
1978 年 2 月

介堪先生大鉴：

闻文斾已返故里，在京时未能多次叙谈，只匆匆二次晤面，本拟于春节前后请惠临舍下一叙，竟成虚愿，殊为怅然。前星期在瘤老处晤及天五①先生，二位皆问起尊驾仍在京否，皆以在京未

---

① 吴天五（1911～1986），夏承焘续妻之兄。曾在温州中学、浙江师范学院讲授古典文学。

能晤叙为怅。

前收到瑞安塘下沈岙 15 小队吴日宽来信，揭发仙岩寺损失，兹附上，可否请就近转交温州或瑞安文物机关一查，加以处理。吴某其人，我不相识，亦不知其身份如何，但保护祖国文物，人人有责，未知尊意以为然否？

专此，顺颂

春祺！

夏鼐 七八年二月

七

1978 年 6 月 5 日

介堪先生史席：

许久未通讯息，顷接老同学王祥第①兄来信，谓玉体近日欠和，肠胃不佳，殊为念念。尚望善自珍摄，多多保重。祥第兄近年赋闲家居，深系我念。自中发十一号文件下达后，深为之庆幸。祥第兄虽年近古稀，但老马伏枥，雄心不死，盼望再参加工作。我亦盼望其再做工作。就彼之条件而论，窃以为温州市文物保管委员会或市图书馆工作似较为适合。尊意以为然否？不知尊驾能否为此反映一下，促成其事？专此奉达，顺颂

台绥

夏鼐 顿首

① 王祥第（1910~1990），温州平阳人，夏鼐小学至大学时期同学，原在温州十中任教，1957 年被错划为右派，生活极度困难，受到夏鼐力所能及的关怀与接济，曾协助夏鼐整理《真腊风土记校注》书稿。

七八年六月五日

附上复温市文管会一函，望为转交为荷。

八

1978 年 9 月 30 日

介堪先生大鉴：

八月廿四日大函，早已收到。因奉命出国赴意大利参加国际汉学会议，最近才返京，稽延奉复，尚乞原宥。

兹接祥第兄信，知贵体欠和，曾发热约半个月才退，现仍在休养中。年纪大了，幸希善自珍摄。

关于祥第兄之事，承蒙关注，代为留意，甚感。我前函中曾说及市文管会或市图书馆工作，对他比较适宜。如无从安排，能给他退休待遇，俾老有所养，他当亦能满意。

今祥第兄信说：温州市委宣传部刘展如部长，委托宋文光副部长邀他谈话，并拟就文管会或图书馆为他考虑工作。他深为感激，我亦有同感。两部长如此认真对待落实知识分子政策，是可贵的。

瘿老伉俪仍在京旅居，最近瘿老妻弟吴天五先生亦来京探亲，住在瘿老家。渊雷①先生亦曾来京探视儿子，未曾晤面。闻现已返温，未悉已晤及否？

左峰复试闻未录取，不知近来曾来尊处晤谈否？

---

① 苏渊雷（1909～1995），夏鼐就读温州十中初中时高中部的同学，佛学家、书法家和诗人，曾任华东师范大学教授、中国佛教协会常务理事、中华诗词学会顾问等职。

专此奉复。顺祝早日恢复
康健。

夏鼐

78 年 9 月 30 日

致　董朴垞　3通[*]

（1972 年 5 月～1980 年 7 月）

一

1972 年 5 月 8 日

朴垞学长：

接奉来函，敬悉一切。回忆当年未名湖畔，同窗共砚，湖光塔影，依稀犹昨，屈指已历四十余年矣。弟已逾花甲，吾兄更长数岁，然老骥伏枥，志在千里，读来函知吾兄雄心未死，拟将大著重加整理，壮志可佩！敬预祝成功！顾颉刚先生已届八秩，卧病在家，此次主持中华书局标点廿四史工作，不过挂名而已。此项工作分京、沪两处进行，上海方面负责两唐书、《宋史》等，北京方面负责《晋书》、南北史、《元史》、《明史》等，白寿彝同志在北京代顾先生主持工作，并未去沪。来函谓顾、白均来沪渎，谅系传闻之误。弟颇想返里一行，但一时不能脱身，不知何时始能成行。返里当趋尊寓奉访，畅谈一切。

专此，顺颂

---

* 董朴垞（1902~1981），名允辉，温州瑞安人。1932 年燕京大学国学研究所毕业，曾执教于温州中学、浙江工学院，著有《中国史学史》《孙诒让学记》等。三封信据复印件整理。

撰安

弟夏鼐　顿首

七二年五月八日

二

1976 年 10 月 9 日

朴垡学兄史席：

接奉大札，敬悉一是，惠赐玉照，白头治史，著作等身，具见用力之勤。犹忆当年燕园中无名湖畔小楼一角，吾兄攻读不倦，手不释卷，此情此景，仿佛犹昨，匆匆已四十余年矣。承惠赐《中国史学史目录》一册，翻阅一过，诚如来示所云耗尽心血。台驾数十年来闭门著作，颇似桃花源中人物，不知有汉，无论魏晋，旧时代之遗老气甚重，满肚皮不合时宜（例如：第二编尊孔老二为我国史学之开山祖，第六编第廿二章之视国内民族契丹、女真为外国），不知有书局肯出版否？白寿彝同志曾参加中华书局廿四史标点工作领导小组，现正主编《中国通史》，与书局方面往来较多，且为人大常务委员，一言九鼎，颇受重视，吾兄何不再去信请其鼎力臂助。弟能力绵薄，人微言轻，无能为力，尚望原谅。

此复，顺颂

撰安

弟夏鼐　手泐

七六年十月九日

三

1980 年 7 月 21 日

朴垞学长史席：

陈君学文携来大札及《孙诒让学记》《俞曲园年谱》二书自序，诵读后深佩吾兄白首穷史，至老不倦，敬佩！敬佩！白寿彝兄前曾垂询台驾近况及尊寓地址，据云已借重大作，史学史目录已加刊登，盖欲与吾兄联系也。白兄现任中国史学会主席团主席，又为北京市史学会会长，何不将出版事托白兄代为介绍，易得成功也。手复，顺颂

著安

弟夏鼐　顿首

八○年七月廿一日

致　王栻　2通[*]

（1972 年 8 月，1982 年 2 月）

一

1972 年 8 月 4 日

抱冲兄：

犹忆当年大西路畔，小楼一角，吾兄坐卧其间，壁上有吾兄亲笔书写之苏东坡《临江仙》词一阕，吾兄低吟"十年生死两茫茫，不相逢，自难忘……"黯然神伤。此情此景，仿佛犹昨，屈指不觉已四十余年矣！

自从清华毕业后，改搞冷门，三十年前赴西北考古，设工作站于戈壁中之小庙内，曾作打油诗一首：

前生合曾披袈裟，野庙栖身便是家。

静参禅悦眠僧榻，闲观壁画啜苦茶。

依枕听风撼柽柳，凭窗观月照流沙。

---

* 王栻（1912~1983），字抱冲，温州乡贤王理孚长子，夏鼐小学、中学和大学时同学，时任南京大学历史系教授，致力于维新运动和严复研究。据罗逊《拍场一瞥｜夏鼐的老友记》（澎湃新闻·上海书评，2017 年 10 月 17 日）录入。

×××××××，×××××××。（最后二句忘之矣）①

不意冷门近来忽然走运。"文物外交"不仅国内要招待外宾（包括外籍华人的"二毛子"，如何炳棣流），不久还有出国使命。想不到晚年还要大办"洋务"，然而，亦是"受洋罪"也。

今日才接来信，我与历史研究所联系，据云并无严复材料。我想，也许是近代史所之误，又与近代史所联系，据云也没有什么材料，除了已出版过的严译诸书之外，可能所中收藏的旧日天津《国闻〔周〕报》等中有严复的材料，但要你们派人自己找寻，能否找到几条，亦无把握。

王道士②不在历史研究所，他在哲学研究所中国哲学史组。他在五七干校，呆了二年余，已于上月中旬返京，和我住在同一宿舍。

景荣③公最近曾晤及几次。五一节还曾在我家吃饭。他现住在女儿家中，大概是"含饴弄外孙"，不复作"凤求凰"想矣。

闻沈镜如④已于去年四月以脑溢血去世，吾兄当已有所闻。

今年春节中，小同、载纮昆仲⑤曾来过我家，谈及尊况，知尚不恶。令侄女来棣⑥更是时常晤面，因为这两年我们两所是一个食堂进

---

① 此诗见于《夏鼐日记》卷三，华东师范大学出版社，2012，第194页。诗成于1944年5月30日，题为《佛爷庙偶成》，第三句原为"静参禅悦眠门板"，第七、八句为"却忆当年寂照寺，据罢蛮洞看山花。""文革"初期，夏鼐的日记被"造反派"抄去，写信时尚未归还，因而忘记。
② 指王明（1911~1992），字则诚，哲学所研究员。从事道家思想研究，故戏称"道士"。
③ 吴景荣（1915~1994），温州平阳人。英语权威学者，时任北京外国语学院英文系教授兼系主任。
④ 沈镜如，夏鼐就读清华大学历史系时低年级同学（1936年毕业），曾任教于杭州大学历史系。
⑤ 王小同、王载纮，王栻的胞弟，温州清明化工厂创办人。
⑥ 王来棣，王栻的侄女，科技史专家许良英的夫人，时为近代史研究所人员。

膳的。

关于考古专业事，我已约茅、方二同志来我所面谈。

此复，顺致

近安！

夏鼐　72.8.4

二

1982 年 2 月 7 日

王栻学兄：

返京后曾奉上一函，并另邮寄奉《真腊风土记校注》，谅达左右。

顷阅台湾出版的《近代史研究集刊》第 7 期（1978 年出版），有郭正昭《从演化论探析严复型危机感的意理结构》一文，不知吾兄曾阅及否？文中谈及三本严复传记，从台湾学人的立场出发，他说，三者首推周振甫《严复思想述评》（原注：1984 年 9 月台北中华书局版），又云王栻《严复传》（作者王栻为左派学者，多偏颇之见，本书原出版于 1957 年，其后经过修订，于 1976 年 7 月重版）及史华兹（B. Schwartz）：*In Search of Wealth And Power-Yen Fu and the West*：*Western Thought in Chinese Perspective*，1964，Harvard University Press ［《寻求富强——严复与西方》，哈佛大学出版社，1964］。

周、史二氏之书，不知吾兄曾获见否？吾兄在我们史学界中被定为右倾的资产阶级学者，在彼言之，竟成为"左派学者"。吾兄闻之，不知也觉"受宠若惊"否？

最近刊行自《文物天地》1981 年 6 期，有一篇文章，题目为

《袁世凯与〈居仁日览〉》，乃发表新发现的未刊印的《居仁日览》三张，亦提到严复进呈自译出第一次欧战的战史的《居仁日览》刊本，不知吾兄曾见到这文否？记得"文化大革命"前我曾在隆福寺购得一册《居仁日览》奉赠，不知尚记得否？实则严氏所译欧战的战史，无大价值，不过作为一个掌故而已。

　　此上，顺致

敬礼！

夏鼐　1982 年 2 月 7 日

致 叶永烈 9通[*]

（含致《科学爱好者》编辑部 1 通。
1972 年 12 月~1983 年 5 月）

一

1972 年 12 月 27 日

永烈同志：

来信已收到了，《考古》编辑部今天转交给我。

我也与你一样，很希望能保留"我国在晋朝制成铝带饰"的神话（至少要保留"我国在晋朝已会炼铝"），所以在化验结果既已于 64~65 年确定铝带饰全部为银，我一直拖延到今年初才决定写这篇文章。我想还是"实事求是"，错了便错了，掩盖错误将来更陷于被动。

铝如果在晋代已制成带饰，当然是化学史上的一件大事，须（需）要强有力的证据。所以当初我曾写信问南博，希望不要由于笔误而闹成笑话。后来做过几次化学分析，我便承认了。直到东北工学院沈［时英］同志提出疑问^①，才再引起我追究下去的决心。

---

* 叶永烈（1940~2020），科普文艺和报告文学作家。这批信，据叶永烈本人提供复印件录入。
① 见沈时英《关于江苏宜兴西晋周处墓出土带饰成分问题》，《考古》1962 年 9 期。

我的结论是周处墓的全部金属带饰都是银制的，有一两小块不成形的金属碎片，证明是铝的。

这铝片，我怀疑是混进的。至于如何混进，我无法知道，也许我们永远不会知道清楚。周墓三经盗掘，不过是表示这墓已非原封不动。确是来函所说的，只有第三次嫌疑最大，前两次不可能混进铝制物（这里我原文有不清楚处，易引起误会），要考虑到由墓中取出后到整理时提出送交化验这一段时间内，也有可能混进的。当时不是"有人故意制造假象"，但是无意中混入的可能，并不能排除。（我们在道路上或垃圾中时常发现无意遗失的小块废物，而考古工作中不小心混入后世的小件碎块，也是有的。）

晋代如果已知冶炼金属铝，这须要强有力的证据才可肯定。我仍维持原来的看法，这有重大后世混入嫌疑的小块铝片，决不能作为肯定的物证。

你来信提出不同意见，互相讨论，这是很好的。你坚持周墓中"发掘到铝饰片，这是可靠的事实"。我认为这铝片是否饰片，无法确定；现存形状看不出是什么东西的残片，它的年代是值得怀疑的，并不可靠。各人只好各存己见，不过全部十六件所谓"铝带饰"，确已证明都是银制的。

来信提到的朱·克拉普罗特[①]，他虽是德国人，但并不是来信所说的"德国驻华使馆人员"。他是著名的汉学家，但只到过库伦便折回俄国了，终身没有到过中国本部。他看到这书是在来库伦以前几年，在一个洋人家中看到的，并不是"在中国看到此

---

① Heinrich Julius von Klaproth（1788~1830），又译"克拉勃罗德"。参看莫东寅《汉学发达史》，大象出版社，2006，第80页。

书"。这当然与正题无关，但由此也可使我们很容易主观臆测致误。

你的好意给我来信，很是感谢。顺致

敬礼

夏鼐

1972 年 12 月 27 日

二

1979 年 11 月 30 日

永烈同志：

来函敬悉。关于金属带饰的新鉴定，是北京钢铁学院副院长柯俊①教授领导下的一个冶金史研究组所做的，因为柯教授事忙，我催了好几次，请他们将结果写成正式报告发表，但迄今尚未写出来，他口头上向我介绍过，并允许我引用。我的按语在写好后寄给他，请他修改后才拿来使用的。他的报告发表后，当请他们寄一单行本给你。匆此奉覆，顺致

敬礼

夏鼐

一九七九年十一月卅日

---

① 柯俊（1917~2017），金属物理与中国冶金史专家。时任北京钢铁学院（后称北京科技大学）教授兼副院长。

三

1982 年 12 月 11 日

永烈同志：

十一月廿八日来信已收到。

前次你来我所时，适以正在开会，以致未能面谈一切，迄今尚以为歉。中间虽曾通信几次，终以未能面谈为怅。后来知道我们是温一中的前后同学，此次母校建校八十周年校庆，曾躬与盛会，可惜你没有返校，以致未能在温州会晤。

你寄到《考古》的文章，我还没有看到。因为最近二周参加人大开会，没有工夫返所。现知他们收到后，已送有关专家审阅了，我嘱他们直接与你联系。我在考古所已退第二线，作为名誉所长。年轻的一辈已长成了，应该让他们干去，至于这件稿子涉及我的文章，我更不好向编辑部提出意见。

《科苑》这杂志，我还是第一次看见。这条有关罗马时代已经炼出铝的报导，引某一外国人的实验作证，像你所说的，他所提的方法，如果像报导中所说的，是不可能得出铝的，我不知道你查证的结果如何？

关于"西晋有铝"的问题，我只是指出周处墓出土的小块铝片，很可能是近来（代）混入的，考古发掘中这点是有问题的，要肯定它，实在"证据不足"。如果要肯定它，这须要"肯定其有"的人提出足够的证据。大家都已提出论据，让读者自己去下论断好了。不知尊意以为如何？

敬礼

　　　　　　　　　　夏鼐　1982 年 12 月 11 日

四
1983 年 1 月 3 日

永烈同志：

前函谅达左右。

年前收到重庆市科协《科学爱好者》编辑部陈宗周同志来信，谈到您的大作。我已写回信给他们，我很赞成他们准备刊用您的大作。他们当已与您联系过。

据《考古》杂志编辑部同志说：大作因为送到所外审查，经过几次催促，已退还来。因为他们知道重庆方面已决定刊登大作，不便一稿两处登载，以致您遭受"一稿两投"的误会，故决定不重复刊登。据此已有专函回复，谅已收到。

专此，顺致

敬礼！并祝

新年愉快！

夏鼐
1983 年 1 月 3 日

五
1982 年 12 月 15 日

编者同志：

承转叶永烈同志的大作，我已仔细读过了。读后，我想对于叶文提及我在一九七二年写的那篇文章说明几句。

从技术发展史看，西晋炼出铝这件事，如果不是不可能，至少可以说是不大可能的。世界化学史专家公认，金属铝是十九世纪才提炼出来的。所以，我们如想肯定西晋有铝，需要十分可靠的坚强证据，譬如说，在西晋墓中层次未乱的淤土下面发现了十几件真正的铝带饰。如果证据只是在一座已打开三个多月以后才去清理的西晋墓中（其间曾有群众进去看热闹），从发掘出来的淤土中拣出金属片中发现有两三块铝碎片。这些小块铝碎片决不足以推翻世界化学史家公认的成说。

打个通俗的比喻。狗咬人是常见的事，我们听后不会怀疑。但是，人咬狗则是新鲜事，我们听到后便会打听这是谁说的，想要核实一下。如果传话的人是个屡次说谎的人，那末我们在没有核实以前，或无法核实时，当然可以提出怀疑。认为这个人这一次可能又在说谎。历史事实往往只能采取历史考证法，有时只能说"不大可能"或"很有可能"。我们时常无法采用逻辑学的三段论证法或自然科学的实验法。我在一九七二年那篇文章中列举周处墓曾经数次盗掘过，附近的同一家族晋墓中还发现有现代物多件。这正如说这人是个惯于说谎的人。这虽不足以证明这次他一定也是说谎，但是至少可以说他这次说谎的可能性很大。

我在那篇文章中还列举了一些考古发掘中常有小件的后世混入物没有被当场发觉的例子。当然，我并不是想用这些例子来证明这次铝片也一定是如此。因为有人以为这是正式考古发掘出来的东西，不容致误，所以我指出这种疏忽是经常发生的事。同时，我也想以此来安慰罗宗真同志。他的考古发掘是够水平的。发掘工作中的小疏忽是常发生的事。这只有引起我们今后在发掘工作中提高警惕，避免疏失。

希望他不要以为是挨了批评，受到委曲（屈）。

此致

敬礼！

夏鼐

1982 年 12 月 15 日

六
1983 年 1 月 11 日

永烈同志：

一月七日来信已收到。我把大作再交给编辑部。据云：这篇与《科学爱好者》上的那篇，并不是一篇文章（当然算不上"一稿两投"），但你的主要论点，两篇大致相同，既已由《科学爱好者》发表那篇，这里不拟再行发表。我不便勉强要他们刊登，只好退给你。我想上海有关学报上一定会刊登的，至于《科学爱好者》那边，我除了给编者去信，赞成刊登大作外，又附给他们以"来信"的形式的一封信，现附上请指教。我只是解释一下我那篇中为什么插入一些可以有不同意见的看法，实则这些意见不放进去，或许可以避免引起争论，尊意以为如何？

此覆，顺致

敬礼！

夏鼐

1983 年 1 月 11 日

七

1983 年 4 月 8 日

永烈同志：

4 月 6 日来信已收到，知道你已获见《科学爱好者》2 期。

关于《考古学报》1957 年的跋，当时我在校样中看到"晋代有铝"的提法，这是"人咬狗"的一类新闻，我便不像通常那样，随便放过去。我去函索得实物标本，请应用物理所鉴定。我在得到鉴定结果后，将经过情况写入跋语，这是根据当时对一件残标本的鉴定的结果。我想在当时的情况，加以初步肯定，这是合情合理的。到了十七件完全标本都经鉴定是银以后，我取消"跋"中的结论，根据新的鉴定结果，做出新结论，这也是完全合情合理的。我想不出有必要去解释"为什么"。不提那篇跋中的错误的结论，因为没有必要。又不是做"自我检讨"，何必一定要提呢？实际上，读者们读了后来的重新鉴定以后，自然可以知道我根据新的鉴定结论修改或取消了从前的证据不够时的初步结论，如果在新的鉴定结论出来以后，我仍坚持自己从前的结论，那才是可怪呢！至于"盗墓"的结论，罗宗真同志认为全部都在未经盗掘部分发现，我只好相信。后来知道，可肯定为未经盗掘部分出土的全部十七件带饰都是银制的，只有未能肯定出土地点，很可能是扰土中出来的残片是铝制的，自然结论可以不同。我看不出有什么自相矛盾的地方。

希望你不要以为考古学界没有民主争论，只有考古学界的局外人才有话说、写文章的方便。考古学界对于这问题，自从 1957 年发表罗文，便有过私人之间的讨论和交换过意见，沈同志对罗文及我的

1957 年跋语，提出不同意见，我便加以发表。我以为学术问题，可以各抒己见，各摆出理由，让读者自己去做结论好了。

此覆，顺致
敬礼！

夏鼐

1983 年 4 月 8 日

八

1983 年 4 月 14 日

永烈同志：

来函敬悉。

我还没有看到关于广西发现"自然铝"的详细报道。不过，我询问过矿物学及冶金学的同志，据云可以提〔炼〕铝的矿，没有与铜矿共生的，所以提炼出来的铝不会含铜如宜兴周处墓中的铝片。至于自然铝，我不知道它的成分如何，能否含铜如此之多？自然铝能否用土法加工？如何加工？这自然铝是否晋代或更早的时代曾经开采过？所以仍有许多问题不能解决。既然称为自然铝，我猜想不会含铜如周处墓铜（铝）片之多，古代如没有开采过，它又不能这样容易加工，所以这新发现对于"西晋有铝说"并没有多大帮助。我在《跋》中的肯定，是以罗同志报告十七件完整带饰都是铝，小块铝片都是未经扰乱地层出土的，我错信以为真，希望别人不要以误传误。

鼐

1983 年 4 月 14 日

九
1983 年 5 月 7 日

永烈同志：

因为我今晚便要赴郑州去参加中国考古学会第四次年会，大概要十来天以后才能回京，所以先匆匆写这回信给你。匆忙中，检寻你的来信的信封未获，找不到你的通讯处，所以只好托同乡王一川同志代转。

你能继续不断地关心"晋代有铝说"这一问题，精神可嘉！

就来信中所说的"自然铝"，我初步的意见如下。

（1）名词问题。据我所知，一般所说的自然矿，例如自然铜（native copper）、自然金（native gold）、自然银（native silver），都是指矿物（mineral 成分含有金属百分之九十五以上，不必提炼，便可作为铜、金、银加工和使用。如果你所说的"自然铝"，含杂质仅铜一项便过 25（27?）% 以上，是否能称自然铝（native aluminium）呢？或是另有一矿物名称？自然铝能否加工和使用？它的产地在中国何处（除广西以外）？世界上古代有利用自然铝作器物否？

（2）如果周处墓的那小块铝是自然铝，即使被证明属实，那么晋代有自然铝，其意义便远不及提炼铝的重要。商代遗址曾发现陨铁所制的兵器，最初发现者以为是提炼出来的铁，是非常重要的发现。后者（来）被证明是陨铁，其意义便不大了，因为世界许多地方曾有原始人民利用陨铁作工具和武器。

（3）我前面所说的，只是提出问题，以供进一步思考和探索。

至于周处墓的带饰十七件，已证明是银制的。另一两块小块的铝片，是另一问题，现在仍是有争论的。我只是说不能凭这有争论的小铝片，作为"晋代有铝说"的证据。矿物学上有自然铝，对这问题也不能下肯定的结论：说晋代在某处（何处？）已发现自然铝，这自然铝已被当时人加工利用，被加工利用后带到宜兴中去，后来又埋到周处墓中去，以致最后与银制带饰十七片一起（？）被发现（如果是后世混入的，则严格言之，不能算是"一起"，算是共存）。

以上只是我初步的反应，可能考虑到（得）不周到。

夏鼐

1983 年 5 月 7 日

致　蒋猷龙[*]

（1974 年 10 月）

1974 年 10 月 7 日

猷龙同志：

来书过于奖誉，惭不敢当。对于蚕业素无研究，前所写《我国古代蚕桑丝绸的历史》一文，恐颇多错误，《考古》无抽印本，无以奉赠，尚望原谅！其他同志发表的有关论文，如周匡明《嫘姐发明养蚕说考异》（《科学史集刊》第八期，一九六五年）、胡厚宣《殷代的蚕桑和丝织》（《文物》一九七二年十一期），亦均无复本。至于国外蚕业，如日本出版之《日本蚕系学杂志》及《蚕系技术》等杂志，你所当已有之。至于嘉峪关汉砖采桑照片，可向国家文物事业局索取，我所并无此批照相。此复，顺致

敬礼！

夏鼐

七四年十月七日

---

[*]　蒋猷龙（1924~　　），蚕桑学专家，时任浙江农业科学院蚕桑研究所研究员。据北京某旧书网下载整理。

致　俞天舒　2通[*]

（1975 年 5 月、6 月）

一

1975 年 5 月 6 日

岳秋同志：

4 月 9 日来信与所附照片，都已收到。

因为翻拍照相，试了几次，才有满意结果，不过拖了时间，到现在才答信，尚乞原谅。

承蒙你费神代为找得这幅难得的慧光塔照片，甚为感谢。现在遵嘱将原照片退还给你，请还给原主人，并代为致谢。另外寄一张翻拍的照片，请交给瑞安文管会存留，以便作为参考或陈列之用。

慧光塔基出土文物，我在北京看到过的，都已在《文物》1973年 1 期发表了，其中有些还要作进一步的研究。原物据闻要退回给地方原保存单位，不知道是退给你县文管会，还是别的文物机构（浙江省文管会、温州地区文管会）？除《文物》中已发表的以外，出土

---

* 俞天舒，原名岳秋，时为浙江瑞安县文物管理委员会人员，后任瑞安文物馆馆长。二信据易瑶瑶文《听俞天舒讲往事》，载政协瑞安文史资料委员会编《瑞安往事》，光明日报出版社，2014。

还有别的文物否？这些未发表的文物，不知现藏在你县文管会，或别的文物单位？共有几件？能开给我一清单否？当时征集这批慧光塔出土物时，一共征集到多少件？有清单否？如有清单，能否抄一副本寄给我，并于每件后注明现下收藏地点。费神，预致谢忱！

你馆收到孙诒让先生的信札，不知共收到多少封信札？其中有重要的信札否？我从前看到一封孙先生给邵章①的信谈办学事，是在邵章的儿子邵友诚②处看到的，可惜没有抄下，不知道现藏何处。邵友诚已去世。

此复，顺致

敬礼！

夏鼐

七五年五月六日

二

1975 年 6 月 1 日

岳秋同志：

来信及附件均已收到，关于"玉海楼"的保护工作，你们能抓这事，很好。我已将你寄来的油印文件交给国家文物局文物处陈［滋德］处长，以供其参考（因为王冶秋局长因公赴新疆后未返）。据云：省文化局已抓这事，因为省级保护单位，不便插手。不过想函

---

① 邵章（1872~1953），版本目录学家，精研碑帖。清末进士。曾校刊其祖父邵懿辰《四库简明目录标注》，又作《四库全书简明目录标注续录》。

② 邵友诚（？~1966），曾在中国科学院考古研究所工作，协助徐森玉进行编纂《历代石刻图录》（未成）的资料准备。

告省文物局熟人，表示支持此事，望其能贯彻保护目的。

　　此复，顺致

敬礼！

　　　　　　　　　　　　　　　　　　　　夏鼐

　　　　　　　　　　　　　　　　　　七五年六月一日

致 柯俊 2通[*]

（1977 年 4 月，1978 年 5 月）

一

1977 年 4 月 11 日

柯俊同志：

听说您由南方旅行已回京了，谅收获必多，进城有便，能否来我所一叙，以广见闻。

最近接到美国来信，打算译载你的关于藁城铁器的大作。① 我们已请示［哲学社会科］学部领导，得到同意。惟他们希望能有原照片以便制版，不知你能否提交我们一份，以便转寄。附上英文原信，用毕请退还，以便存档。

此致

敬礼

---

* 柯俊（1917~2017），金属物理与中国冶金史专家。时任北京科技大学教授。曾领导和参与中国冶金史的专题研究，此二信据该研究组韩汝玢女士提供扫描件整理。

① 夏鼐信中提到的"藁城铁器的大作"，系以冶金史研究组名义（化名"李众"）发表的《关于藁城商代铜钺铁刃的分析》，见《考古学报》1976 年第 2 期。

夏鼐

七七、四、十一

二

1978 年 5 月 18 日

柯俊同志：

大作英译稿，已经代为挂号航空寄去，望勿为念。

我匆匆看过一遍，改了几个字，因为时间关系，来不及征求你的意见，想来你也会同意的。

（1）synopsis.［概要］"back to about the 14th century B. C. "①

加入"about"，实则正文 P. 1 也有"about"一字，这因为殷代年历，可能有一百余年的出入。

（2）P. 6. footnote.［脚注］Chinese script 改为 Chinese text。

这是"中文稿"的意思，不能译作 script（字体）。我曾问过王俊铭同志，他说，脚注他并没有看，他也认为应改为"text"。

（3）打印偶误的地方：

P. 12. l. 16 minimum② cobalt content［最小钴含量］

P. 25. l. 13 concentration③［浓度］

P. 30. l. 8 disappear④［消失］

P. 26. l. 23 Widmanstätten［魏氏组织］（大概由于英文打字机没

---

① 原文没有"about"一词。
② 原文笔误作"minium"。
③ 原文笔误作"conccentration"
④ 原文笔误作"desappear"

有 ä，而忘了添上去）

　　我知道你很忙，这次能在限期以内寄去，是费了很大的努力的。我应该谢谢你，使我能完成答应了人家的工作。Dr. Chase［蔡斯博士］有回信时，我再告诉你。

　　专此，顺致

敬礼！

夏鼐

78 年 5 月 18 日

致　汤象龙[*]

（1978 年 12 月）

1978 年 12 月 3 日

象龙兄：

回忆三十年代在英伦约，兄尚未婚，晤面时大谈研究中国经济史的计划，弟深为钦佩，曾戏作打油诗一首以赠：

"经济史家推老汤，十年计划何堂皇，三十犹是处男子，不知何时做新郎？"①

光阴迅速，弹指之间，已近半个世纪。老兄的十年计划，中途搁浅。绕了大弯之后，仍能旧途，殊为可喜也。

夏鼐

1978 年 12 月 3 日

---

* 汤象龙（1909~1998），中国经济史学家，1929 年毕业于清华大学政治系，曾与吴晗、夏鼐等共同创办清华大学史学研究会，曾在陶孟和主持的北平社会调查所从事清宫档案的经济史研究，后任职于经济部物资局等处。1953 年调任西南财经学院副教务长、经济研究所所长。此信据汤象龙研究室编《中国经济史学科主要奠基人——汤象龙先生百年诞辰文集》，西南财经大学出版社，2010，第 303 页。

① 此诗见于《夏鼐日记》卷二，华东师范大学出版社，2012，第 245 页。第二句"何堂皇"原作"何惊皇"，第四句"何时"原作"何日"。

致 《中国史研究》编辑 *

（1979 年 8 月）

1979 年 8 月 27 日

《中国史研究》编辑同志：

顷阅《中国史研究动态》第六期中的巴拉兹小传，我发现小传由于基本是根据戴密微教授所写的传，以致没有提及他的思想本质，即巴拉兹是一个托派。我于一九五六年随翦伯赞团长赴巴黎参加一个学术会议，巴拉兹（他自己取一汉名"白乐日"）曾请我们到他家中吃饭。事先，法国的左派人士对我们介绍情况时说他是匈牙利的托派，以流亡者的身份定居法国，一九五五年（一说一九五三年）入了法国籍。在他家中吃饭时，他曾对翦老说："关于马列主义经典著作，我都读过，可能比你们还要熟悉。"我以为我们介绍他的生平时，不能忽略他是托派这一事实。

此外，他的卒年是一九六三年，不是"一九六二年"。他的著作《〈隋书·食货志〉译注》，曾送我一本。这是《隋书》卷二十四的《食货志》的全卷的译注，仅此一卷，并不是译注所有的"《隋书》

---

* 据《中国史研究动态》1979 年第 10 期。

中有关经济的段落"（当然注文中及附录中也包括有些隋代经济史的资料）。赖特教授，应依原文标出是 A. F. 赖特，因为还有 M. 赖特教授，是前人之妻，也是有名的汉学家。

又，陈寅恪先生一九三〇年——一九四九年兼任当时中央研究院"评议员"，不是"理事"。当时中央研究院设有评议会，聘任各学科的权威来担任评议员。陈垣先生也是评议员之一（陈垣先生小传中漏掉这一点）。一九四五年寅恪先生赴英就医，不是应牛津大学之聘赴英。牛津大学曾请过他担任教授，但他没有应聘。牛津大学乘他来英就医的机会，曾请他做一次讲演，他坚决拒绝。他在英并未做过目疾手术。手术是在成都做的，并不成功。在英国检查目疾时诊断为无法可治，故未做手术。解放后陈寅恪先生曾聘为中国科学院历史研究所第二所所长，虽未来京就职，但似亦应提及。

1979 年 8 月 27 日

致 韩儒林 5通[*]

（1979 年 9 月~1980 年 11 月）

一

1979 年 9 月 17 日

儒林同志：

　　长安一别，倏又半载，谅近况佳胜！顷读大作《关于西北民族中的审音与勘同》，甚为钦佩！其中用 Purlim→Purum 与拂菻勘同，一扫二三百年来望文生义之迷雾，尤见卓识！但勘同问题虽已解决，而 Purum 之语源，仍待探索，不知亦有以教我否？又大作中谓 Purum 一字出于突厥文阙特勤碑，曾查阅北研院务汇报（Ⅵ/6）之大作，竟未能检到，不知何故？

　　专此。顺颂

著安

夏鼐

一九七九年九月十七日

---

　　* 韩儒林（1903~1983），蒙元历史专家，时任南京大学历史系教授兼系主任，又任中国元史研究会会长、中国蒙古史研究会副理事长等职。这五通信，系据编者拜托南京大学历史系陈得芝教授商请韩儒林先生女韩朔晔教授提供的复印件录入。

二
1979 年 10 月 13 日

儒林同志：

接奉手教，对于阙特勤碑中拂菻一字详加阐释，渊博谨严，甚为钦佩。

关于碑文的翻译，E4 拂菻一字，应为 Purum 而非 Apurum，似可作为定论。惟突厥文中 Purum 一字之来源，是否如伯希和氏之说，由亚美尼亚语 Hrum 或钵罗钵语 Hrōm 而来？此点尊见如何？

顷阅日人小野川秀美之《突厥碑文译注》一文（《满蒙史论丛》第四），亦以 Purum 为拂菻，并引日人岩佐精一郎遗稿之《古突厥碑文のBörli 及びPar Purumに就いて》［《关于古突厥碑文中的 Börli 和 Par Purum》］一文。可是我在这里找不到岩佐的文章，不知他对 Purum 一字的来源，系采用伯氏之说，抑另创新说？不知南京方面有岩佐氏之书否？

前曾阅岑仲勉《黎轩、大秦与拂懔之语义及范围》收入其《西突厥史料补阙及考证》一书中，岑老对于西域史料甚为渊博，用力甚勤，但不谙西域语言，亦无音韵学之常识，侈谈对音，有时鲁莽之至，未知尊见以为如何？

拜读手教，如面聆教益。几欲如余元盦氏之五体投地，甘拜下风矣。

石兴邦同志已于九月底赴西安工作，现尚未返京，相遇时当代为致意。

此致

敬礼！顺颂

撰安！

夏鼐

1979 年 10 月 13 日

三

1980 年 7 月 27 日

儒林同志：

听说您已返南京了，所以把这信寄到南京，向您请教！

《元史·选举志》《［元史·］百官志》等提到"亦思替非文字"数处。李逸友同志认为，这种文字便是汪古部景教墓碑上的以叙利亚字母所拼写的突厥文，呼市白塔题记中亦有之（见《文物》77 年 5 期 59 页，及《文物考古三十年》82 页）。

我曾问过翁独健同志，他说这种文字有人认为是以阿拉伯字母拼写的波斯文（即今伊朗文字的早期书体），似颇为合理。我询问他有何出处，他允许代查，迄今尚无回音，所以我向你请教，尚乞勿吝指教。

现下民族文化宫正在预展《中国少数民族文字展览》，共二十来种，但没有提到这种亦思替非文字，如为波斯文，当然可以不收入，如为汪古部突厥文则应收入，未悉尊意以为如何？

敬礼！

夏鼐

80 年 7 月 27 日

四
80 年 10 月 11 日

儒林同志：

接读十月七日来信，对于亦思替非文字的考证，洋洋千余言，具见博学而谨严，敬佩！敬佩！

此问题苦于资料欠缺，目前只能说到这程度，因为这问题在考古学界既有不正确的看法，似有加以澄清之必要，拟将尊函中有关部分，摘录发表于《考古》中①，不知能惠允否？

我将于后天赴瑞典，约半个月后即返京，余容后叙。敬祝
研安！

夏鼐

八〇年十月十一日

五
80 年 11 月 3 日

儒林同志：

我已于十月廿七日返京，这次在瑞典没有遇到专研蒙古史的专家，所以关于亦思替非文字的问题，没有讨论的机会，更说不上找到答案，只好待将来再说了。

获读十月廿八日来信，具见治学认真，一丝不苟，敬佩！敬佩！

---

① 韩儒林来信的摘录，发表于《考古》1981 年第 1 期，第 63 页，并曾接受夏鼐 1980 年 11 月 3 日信中的意见进行了修改。

两处笔误，已嘱编辑室代为改正，望勿以为念。惟其中第二处，原信作"十五页至二十一页是拉丁字母转写及法文译文"，此次来信嘱改作"十五页至二十一页是法文译文"。似乎来信定稿与原稿不同，已修改过。"拉丁文字转写及"七字，似应改为"波斯文印刷体隶定本及"（查原书 15～16 页为波斯文隶定本，16～21 页才是法文译文）。如何处理，请即示知，以便照办。

台驾于十二月出国前是否来京一行？如果来京，颇望能会面一叙。

此致

敬礼！

夏鼐

八〇年十一月三日

致 蔡孔耀 8通[*]

(1979 年 9 月~1982 年 11 月)

一

1979 年 9 月 17 日

孔耀学兄：

  阔别三十余年，并尺书亦未相通，忽接朵云，不禁雀跃。春间来沪，未遑奉访，乃承屈尊下访，适以外出未晤为怅。祥第兄来京后，转交尊函及令婿大作。弟于文学批判乃门外汉，无可置喙，故将原稿附还。至于介绍工作，京中亦需要编辑人员，但京市控制户口颇严，除非急需之科技专家，一般人员现下闻停止迁入户口，如果户口问题乃自行解决，迁入北京后则尚可设法，爱莫能助，尚望原谅。

夏鼐

一九七九年九月十七日

---

  * 蔡孔耀（1913~1987），夏鼐的温州同乡，就读清华大学时化学系同学，曾任华东油脂公司油脂二厂厂长、中国粮油学会油脂专业学会顾问等职。此七通信据夏正炎提供蔡孔耀家属扫描件整理。

二

1980 年 5 月 24 日

孔耀学兄：

许久未通讯，接读大札甚为欣喜。因为我于四月廿四日离京赴英国，系参加中国社会［科学院］代表团，应英国学术院的邀请，访问三周，廿二日返国，才读到你的来信。现在才写回信，便由此缘故，谅能原宥。我将于后天（廿六日）参加另一代表团赴美国纽约，参加中国青铜器讨论会，六月中旬可返京。这几天事忙，匆匆作复，余容后叙。

此致

敬礼

夏鼐　八〇年五月廿四日

三

1981 年 6 月 30 日

孔耀学长：

别后谅已安抵上海，前日在京时曾允设法添印在美拍摄之照片，现已印就奉上，即请惠存留念。秋间能否偕同嫂夫人一起北上，来京一游？

专此顺颂

近安

夏鼐　敬上

八一年六月卅日

四
1981 年 7 月 12 日

孔耀学长：

七月六日来信已收到，知二王都在沪，还在府上吃晚饭，可谓凑巧。祥第兄当已离沪返温。良恭①在沪何单位工作？五十年前清华园情况，仿佛犹昨，思之慨然！

前日（七月九日）杨学德②兄偕一同事来敝舍访问，亦已数年未见，畅谈别后情况及温州近况。他现已离京经南京赴杭州。据云：杭州公毕后，如不直接由杭州返温，则将来上海候船返里，到沪后，彼拟赴府上奉访云云。

所提到新发现之照片，你估计是四十年代初期，估计得很对，我查过我的日记，这是 1943 年 4 月 27 日（星期二），上午在中山公园所拍的，使用的是叶岑③的照相机。中午大家到醒春居聚餐。次日晚间，贤修④与我便离温入川了（搭萧铮⑤委员的专船和专车）。这张照片我没有拿到，你们如果翻拍，请添印一张给我，印费告知即奉上，请勿客气。

此致

---

① 即王良恭，夏鼐的温州同乡，就读清华时其他系同学。
② 杨学德，夏鼐的温州同乡，就读清华时他在燕京大学。
③ 叶岑，夏鼐的温州同乡，就读清华时机械系同学。
④ 即徐贤修，夏鼐的温州同乡，就读清华时算学系同学，后在美国执教，曾任台湾清华大学校长。
⑤ 萧铮（1904～2002），夏鼐的温州永嘉同乡，徐贤修的姐夫。时任中国国民党中央候补执行委员。

敬礼！

夏鼐　81年7月12日

秀君附笔问候

嫂夫人前望代问好！

五
1981 年 8 月 19 日

孔耀学兄：

八月十八日来函及照相，均已收到，这张照片很值得留念，谢谢您！

你信中说："决定按照片中在世老友各送一张"，这真是"存殁均感"了，但是在世而无法通信的贤修，你打算如何处理？你可否再寄一张来，我可以托在美国的校友如林家翘教授，转寄给他，不知他将作何感想？

显文①兄已动手术否？您如果去探视时，望代我向他问候！

景荣住院是旧病肺气肿，我还没有去探视他，不知已出院否？

此复，顺致

敬礼！

夏鼐

八一年八月十九日

①　即叶显文，夏鼐的温州同乡，小学和初中同学。律师，民盟盟员。

六
1981 年 9 月 3 日

孔耀兄：

八月十九日来函及所附照片，均已收到。贤修的一张，当设法送到他那里。至于赵恕，现在贵州省贵阳市贵州省气象局中担任负责业务工作。景荣与显文二兄，皆入医院，甚为不幸。景荣兄已痊愈出院，返家。不知显文兄如何？匆此顺颂

近安！

夏鼐

九月三日

七
1982 年 11 月 5 日

孔耀学兄：

十一月廿八日来信及照片三张，都已收到。前月在尊寓之会"群贤毕至"，"畅叙幽情"，"信可乐也"。但现已陈迹，赖有留影，以纪念，殊为可珍。谢谢您和令郎费心。健吾兄所摄还没有寄给我，因为近来较忙，返京后我还没有寄信给他。

这几天参加人大会议，住在铁道部招待所。昨天开全体大会通过宪法，在会场中碰到吴景荣兄，因为他是政协委员，也列席旁听。他说本来有机会到上海，恰巧碰上政协开会，时间冲突，他只好不去了，他叫我顺便向你问候，他的身体最近还好，哮喘病入冬以来没有复发。

十月间在温州时与缪天荣①、陈德煊②、王祥第、李锄非③四位同志一起照相，地点是海坛山海员俱乐部的前面，检出一张寄给你作为纪念。

缪天荣兄的夫人吴性慧同志是人大代表，但她是在浙江省代表团，住在西山八大处。开全体大会时，三千余人，又不易会面，她来过一次电话，说可能没有时间进城来敝舍会面了。

这两天北京降温，天气寒冷，上海当较好一些，望善自珍重。

专此顺致

敬礼！

夏鼐

1982 年 11 月 5 日

八
1982 年 11 月 20 日

孔耀学兄：

此次来沪时，承蒙设宴招待，高朋满座，持螯畅饮，不啻党家羊羔会，剧谈至夜深始散，至足乐也。返京后以琐事猬集，以致久稽修函申谢，尚望原宥！秉经、鲍逖等同志，望均代为问候。

季思④曾晤及否？谅已离沪他往。此次在沪，未获晤谈，殊为憾

---

① 缪天荣，温州瑞安人。曾为瓯海医院医师、温州医学院教授。
② 陈德煊，温州平阳人。同乡友人，曾在光华附中、燕京大学同学，后为化工工程师。
③ 李锄非，夏鼐的大内弟。
④ 即王季思（1906～1996），原名起，以字行。夏鼐同乡友人，中国古典戏曲史论家，时任中山大学中文系教授。

事。小同兄亦失之交臂，无可奈何！

祥第兄近有函来，谓房子问题，仍未解决，不知一川侄近有来尊处否？

下星期人大开会廿三日报到，廿六日开会，又得忙几天。温州代表中有吴性慧女士，即缪天荣大夫之爱人，不知经过上海否？

匆此。顺祝

阖第安康！

夏鼐

一九八二年十一月二十日

致　谭其骧　6通[*]

（附谭其骧文 2 篇及复信 2 通。
1979 年 10 月 ~ 1984 年 11 月）

一

1979 年 10 月 28 日

季龙同志：

在京时承蒙见告有大作一篇在《中国史研究动态》上发表。最近抽空拜读一过，引证渊博，立论谨严，敬佩，敬佩！宋、元、明记载中之七洲洋皆指今七洲列岛附近海面，可作为定论。大作应在公开刊物中发表，以纠正一些人的错误。

惟文中谓"这个说法（指以七洲洋为西沙群岛）据我所知始于1905 年法人夏之时所著《中国坤舆详志》"。实则此说提出之时间更早。文中又以为伯希和"沿袭了这种说法"，引伯氏《真腊风土记笺注》为证。伯氏此书有冯承钧译本，原发表于 1902 年之《法国远东学校校刊》第二期，岂能以 1902 年之文沿袭 1905 年之著作中所提之

---

* 谭其骧（1911~1992）字季龙，历史地理学家，时任复旦大学教授，主编《中国历史地图集》，著有《长水集》。所收夏鼐信前三通，谭其骧《七洲洋考》《宋端宗到过"七洲洋"考》二文及复信二通，均据《南海诸岛史地考证论集》（中华书局，1981）录入，其中《七洲洋考》收入《长水集续编》时，参考夏鼐意见进行了修改；夏鼐信后三通，则据复旦大学葛剑雄教授提供复印件录入。

说法？实则据伯氏自云，在伯氏之前，迈厄斯（Mayers）于《中国评论》（*China Review*）第三期（1874年）中，格伦未德（W. P. Groeneveldt）于《关于印度支那论文集》第二辑第一册151页中，夏德（F. Hirth）于1894年《通报》第五卷（388页）中，均曾误以七洲洋指西沙群岛（Paracels）。

又伯氏此本《笺注》，有增订本，在其死后作为遗著于1951年出版，增订本已改正错误，已改以七洲洋为七洲列岛（Taya Is.）附近海面。据云：1904年即已发现此误（86～94页），伯氏所引之史料，与大作中所列者，有同有不同，而结论则完全一致，真所谓"英雄所见略同"。

大作注语中谓"《宋史·二王本纪》载元将刘深追宋端宗至七洲洋，《宋史纪事本末》作七里洋。两个'七'字都是'九'字之误，'里'字则系'星'字之误。九星洋一名九洲洋（埠），在今珠海县九澳岛稍北，'另有考。"不知此考已杀青否？亟欲先睹为快。"里"为"星"之误，似无疑问，但二"七"字是否都是"九"字之误，尚可商榷。查《元文类》卷四十一引《经世大典》亦谓俞如珪被执处在七洲洋，岂此"七"字亦为"九"字之误？《正德琼台志》卷五，谓"七洲洋山在〔文昌〕县东大海中，……一名七星山"。若然，则由七洲山得名之七洲洋亦可称七星洋。此次海战之处，史文未明言距秀山、井澳之远近，既可在九洲洋，亦可在七洲洋。增改文字解经，经师所忌，质之高明，以为如何？

顺颂

著安！

夏鼐　一九七九年十月二十八日

【附】 谭其骧:《七洲洋考》

认为我国旧籍中的七洲洋就是今之西沙群岛,这个说法据我所知,始于一九〇五年法人夏之时所著《中国坤舆详志》;七十多年来,影响很大。外国汉学家如伯希和、藤田丰八等,我国治西域南海史地学者如冯承钧、向达等[1],以至解放前后所有涉及南海诸岛历史的报刊文章,都沿袭了这种说法。但实际上这种说法是绝对错误的。时至今日,认真整理南海诸岛的历史已为我历史学者一项迫切需要完成的重要任务,我们不能容许错误的说法再广为传播下去了。因此,写这篇短文澄清一下这个问题看来是十分必要的。

一

宋元明记载中,七洲洋皆指今七洲列岛附近海面。

七洲洋始见于南宋人著作《梦粱录》,宋代只此一条[2]。在元代文献中凡三见:《元史·史弼传》《真腊风土记》《岛夷志略》。明初郑和下西洋时载及七洲洋的则有《星槎胜览》,今将这些早期记载摘录如下。

吴自牧《梦粱录》:"若欲船泛外国买卖,则是泉州便可出洋。迤逦过七洲洋,舟中测水,约有七十余丈。……海洋近山礁,则水浅,撞礁必坏船。全凭南针,或有少差,即葬鱼腹。自古舟人云'去怕七洲,回怕昆仑。'……若商贾止到台、温、泉、福买卖,未尝过七洲、昆仑等大洋……"

《元史·史弼传》:"至元二十九年十二月,弼以五千人,合诸军,发泉州,……过七洲洋、万里石塘,历交趾、占城界,……入混沌大洋……"

周达观《真腊风土记》:"自温州开洋行丁未针,历闽广海外诸州港口,过七洲洋,经交趾洋,到占城。"

汪大渊《岛夷志略》：“昆仑山，……下有昆仑洋，因是名也，船贩西洋者必掠之，顺风七昼夜可渡。谚云‘上有七州，下有昆仑，计（针）迷舵失，（人）舟就（孰）存。’”

费信《星槎胜览》：“昆仑山，其山节然瀛海之中，……俗云‘上怕七洲，下怕昆仑，针迷舵失，人船莫存。’”

上引五条记载中的七洲洋，很清楚指的都是今海南岛文昌县东七洲列岛附近的海面，不可能指西沙群岛的海面，更不可能指西沙群岛。试论证如左。

一、七洲洋水深七十余丈，约为二百余公尺，与今地图七洲列岛附近海深线在五十至二百公尺之间大致相符。西沙群岛附近洋面深度为一千公尺左右，与“七十余丈”不符。若岛屿附近水浅处，则有撞礁之险，非海舟停舶处。

二、史弼用兵爪哇，先经万里石塘，然后历交趾占城界，可见此万里石塘应指今西沙群岛；叙七洲洋又在万里石塘之前，可见应指今海南岛东侧海面。若七洲洋即万里石塘之海面，则史文无需复出万里石塘四字。

三、周达观行程历闽广诸港口以后，过七洲洋，在经交趾洋到占城之前。按：占城在今越南中部，交趾洋指海南岛西南至占城海面；则七洲洋自应指交趾洋北之海南岛东侧，不可能反指在交趾洋东南的西沙群岛海面。

四、《梦粱录》《岛夷志略》《星槎胜览》三书中七洲皆与昆仑并举，昆仑洋指昆仑山下即昆仑岛下的洋面，则七洲洋自应指七洲山即七洲列岛下之洋面。宋元以来，皆称西沙群岛为石塘、长沙、千里或万里石塘、千里或万里长沙，无称七洲者，可见七洲洋应指七洲附近的洋面，不可能指石塘或长沙的洋面。

西沙群岛由三十多个岛、礁、滩、沙组成，其中较显著的亦达十五个，决不止七数。惟整个群岛又可分成东西两部分：永乐群岛在西，较显著者八岛，俗称下八岛或西八岛；宣德群岛在东，较显著者七岛，俗称上七岛或东七岛，渔民也有称之为七洲的。《中国坤舆详志》之所以以西沙群岛当古籍中的七洲洋，当由于此。但宣德群岛可以叫七洲，整个西沙群岛不能叫七洲；且宣德有七洲之称不见于古籍，古籍中七洲皆明指文昌县东的七洲列岛。夏之时显然是犯了以偏概全、混淆古今的错误。

五、诸书屡及七洲、昆仑，这是由于此二处为当时往返闽粤与南海诸国航道所必经。既为航道所必经而又有险，故有去怕，回怕，上怕，下怕之谚。若万里石塘则"避之则吉，遇之则凶"（《岛夷志略》），岂得为航道所经？至七洲洋之所以可怕，则端在舟过此处时若掌握南针"少差"，便会碰上万里石塘，"针迷舵失，人船莫存"。昆仑洋之可怕，亦当在的航线若偏东，即有触及南沙群岛的危险。

七洲、昆仑都是有相当高度的岩岛，"节然瀛海之中"，因而得与明清针经中的乌猪、独猪、外罗、占笔罗等山并列，成为指引海道航向的指标。至于西沙、南沙诸岛，都是些海拔很低而礁盘很大的珊瑚洲，远处看不见，等到船至近处看得见了，便有触礁之险，怎得成为大海中的航标？

郑和下西洋以后，正统六年（一四四一年）行人吴惠奉命出使占城册封嗣王，是明朝官员航行南海的又一大事。传世明代著作如慎懋赏《海国广记》、王鏊《守溪长语》、《震泽纪闻》、严从简《殊域周咨录》、黄佐《广东通志》等，皆载及此事。诸书所载吴惠的航程都是发东莞县，次日过乌猪洋（今下川岛附近），又次日过七洲洋、铜鼓山，又次日瞭见大周山（二山都在海南岛东岸），又次日至交趾洋。可见所谓七洲洋只能是指海南岛东北的七洲列岛附近。

明代中晚期有三部讲海道交通的专书，都提到七洲洋：《海语》《顺风相送》《东西洋考》。

《顺风相送》共八次提到七洲洋，有地望可指者凡五处：（一）"定潮水消长时候"条说：船过七洲洋，贪东七更见万里石塘。可见七洲洋不等于万里石塘的洋面，后者在前者之东七更路程，后者即今西沙群岛，则前者无疑指七洲列岛附近洋面。（二）"各处州府山形水势深浅泥沙礁石之图"条，系七洲山七洲洋于乌猪山之下，独猪山之上。（三）"浯屿往大泥、吉兰丹"。（四）"太武往彭扬针路"。（五）"广东往磨六甲针"。三条都说七洲洋在乌猪山西南，又西南为独猪山。可见七洲洋专指七洲山附近，西南不超过今万宁县的独猪山即大周山或大洲头。

张燮《东西洋考》中载及七洲洋一段最为详晰。

"乌猪山"：注云"用单申针十三更，取七洲山"。

"七洲山，七洲洋"：注引《琼州志》："在文昌东一百里，海中有山，连起七峰，内有泉，甘冽可食。"又注曰："俗传古是七洲，沉而成海。舶过，用牲粥祭海厉，不则为祟。舟过此极险，稍贪东，便是万里石塘，即《琼志》所谓万州东之石塘海也。舟犯石塘，希脱者。"

这里和上引《顺风相送》"各处州府山形水势"条都将七洲洋系于七洲山之下，可见七洲洋自应指七洲山下的洋面。这里虽未引"去怕七洲"这一古语，但很具体地说到了"舟过此极险"，险在于"稍贪东便是万里石塘"，"舟犯石塘希脱者"，这是对"去怕七洲"的很好的解释。由此可见七洲之可怕不在于七洲洋本身，而在于掌握针向偏东时便有撞到万里石塘即西沙群岛上去的危险。再者，这里又明确指出万里石塘的海面名为石塘海，它是在万州之东，而七洲洋则在万州之北。

《顺风相送》载七洲洋"一百二十托水"，《东西洋考》载七洲洋"打水一百三十托"。每托约合五尺，一百二三十托，与《梦粱录》所载七洲洋水深约七十余丈基本符合。

明代记南海三书中，惟独黄衷《海语》在暹罗条下有云："自东莞之南亭门放洋，南至乌猪、独猪、七洲"，原注："三洋名"。七洲洋既列于万州独猪洋之后，似应在独猪洋之南，接近西沙群岛。但从明代其他诸书全都列七洲洋于独猪山之前看来，《海语》此条显然是颠倒了次序。我们当然不能认为其他多数记载都错了，反而这条七洲在独猪之南的孤证是可信的。

总上所述，足证明以前文献记载中的七洲洋，指的都是仅限于今海南岛东侧七洲列岛中附近的洋面。

二

清代图籍中的七洲洋，有广狭二义：狭义沿袭明以前旧义；广义则范围极广，包括西沙群岛海面在内，但亦不专指西沙群岛海面。

狭义的如约成书于十八世纪初的针经《指南正法》，书中凡十一处提到七洲洋。其中有些条文内容基本上与《顺风相送》相同，不赘叙。特别提到是另有一条自宁登洋（即广州伶仃洋）往高州的航线，一条自大担（即金门大担岛）往交趾（指越南北部红河三角洲）的航线，一条自宁波往东京（指越南河内）的航线，这三者都经过七洲洋。试问七洲洋若指西沙群岛洋面，这三条航线怎么可能会绕道经过这个洋面？当然只能是指七洲列岛附近才能解释得通。

又如《泉州府志》《同安县志》中关于十八世纪广州水师副将吴升巡视琼州府海域的记载，都说是"自琼崖，历铜鼓，经七洲洋、四更沙，周遭三千里"。铜鼓山、七洲洋在海南岛东侧，四更沙在海南岛西昌化县境。这条巡视路线，显然是从琼州府治附近出发，顺时针方向，自北而南，自东而西，又自南而北，自西而东，绕岛一周，与三千里之数基本符合。若说是南下巡视到了西沙群岛，再折而西北绕经四更沙东返琼州，那就不止三千里了。何况这条记载的目的是在宣扬吴升不畏艰险，躬自巡视，若果真到了西沙群岛海面，岂有不提远处的石塘或长沙，只提近处的铜鼓山、四更沙之理。

又如记录十八世纪后期航海经历的谢清高《海录》有云："自万山始，既出口，西南行过七洲洋，有七洲浮海面故名，又行经陵水，……"这个七洲洋也很清楚指的是陵水以北七洲列岛附近海面。

舆图中如嘉庆二十二年的《大清一统天下全图》（明清档案馆藏），也把七洲洋注在海南岛以东，万里长沙以北。直到宣统元年的《广东舆地全图》，七洲洋也注在七洲之南，铜鼓嘴之北。

广义的七洲洋始见于十八世纪初陈伦炯的《海国闻见录》。此书在"南洋记"一节中，说七洲洋在"大洲头而外"，又说自北而南，过了"琼之大洲头"才过七洲洋，已确从明以前的旧义指大洲头以北，改为移而指大洲头以南。但是不是指的就是西沙群岛的海面呢？也不是。同书在"南澳气"一节中又说万里长沙（西沙、中沙二群岛）之南为七洲洋，更南为千里石塘（南沙群岛）；在"昆仑"一节中又说七洲洋南境直抵大小昆仑山。可见此书所谓七洲洋，范围极广，北起海南岛东南隅大洲头，南抵越南东南北纬八度多的昆仑山，都包括在内。这个"七洲洋"是包括西沙群岛海面在内的，但并不专指西沙群岛海面。

这种广义的用法，又见于道光壬寅刻本《海录》卷首的地图中，七洲洋三字拉长注于海南岛与昆仑山之间，长沙、石塘皆在其东。这幅图为一般丛书本《海录》所无，疑非《海录》所原有，而系道光壬寅刻本刻书者录自他书，故七洲洋的含义与《海录》书中用法不同。

又见于十九世纪中叶徐继畲《瀛环志略》的《南洋滨海各国图》和《南洋各岛图》中，七洲洋三字注于琼州、昆仑之间，长沙、石塘之西南。又见于十九世纪七十年代的郭嵩焘《使西纪程》，中有云："……在赤道北一十三度，过瓦蕾拉山，安南东南境也，海名七洲洋"，在北纬十三度瓦列剌岬以外海面还叫七洲洋，可见这个七洲洋是伸展到西沙群岛以南的洋面的，与《海国闻见录》相同。

如上所述，则七洲洋的广狭二义，在有清一代都是长期通用的。

总之，不论是明以前的七洲洋旧义也好，清代的七洲洋广狭二义也好，七洲洋都不指或不专指西沙群岛洋面，更不等于就是西沙群岛。西沙群岛在旧籍中只作石塘、长沙，或万里、千里长沙等，从来没有被称为七洲；西洋群岛海面的专称只有见于《东西洋考》的石塘海，从没有被称为七洲洋。

注释：

[1] 伯希和《真腊风土记》注；藤田丰八《岛夷志略》注；冯承钧《西域南海史地译丛》；向达《两种海道针经》。

[2] 《宋史·二王本纪》载元将刘深追宋端宗至七洲洋，《宋史纪事本末》作七里洋，两个"七"字都是"九"字之误。"里"字则是"星"字之误。九星洋一名九洲埠，在今珠海县九澳岛稍北，另有考。

（《中国史研究动态》1979年第6期）

二
1979 年 12 月 19 日

季龙同志：

......

《宋端宗到过的"七州（洲）洋"考》提纲，已拜读一过，足见读书细心，敬佩，敬佩！但尊说可备一说，尚不能如前文①之以"十八世纪以前华籍中之七洲洋皆非西沙群岛"可作定论。

大作所举理由四条，兹略加论述，以求指教。

一、《经世大典》作追至"广州七洲洋"，故此洋必在广州境内。此条理由最为坚强。但《经世大典》此处并非如正史各地理志之列举各州及其所属城镇洋面等，乃一般叙述一件史事。刘深追宋端宗由广州出发，则叙及七洲洋时，有意或无意中称之为"广州七洲洋"，亦非不可能。刘深追至七洲洋，在井澳战役之后，见《二王本纪》。《陈宜中传》谓井澳之败，陈宜中欲奉王走占城，乃先如占城谕意，则端宗败后遁逃可以至琼州七洲洋。

二、琼州、广州二说并存，此为乡土观念之作出。吾国方志中关于名人籍贯、名人陵墓以及重要史事之发生地点，皆有此种现象，有时不止于二说。大作以为"核以史实，《广州志》之说可信"，不知所谓"史实'者，除上述第一条外，尚有其他史实可作证欤？第一条尚难作为定论。

三、道光《香山县志》之编纂者，恐亦不能完全脱去乡土观念。

---

① 编者按：指《七洲洋考》一文。

其以《经世大典》及《宋史》之七州洋即今所谓九洲洋，可信亦可不信。正由于明清以来香山县境但有九洲洋，别无七州洋，故欲上溯明清以前之"九洲洋"，只能认宋元时代之"七州洋"为祖宗，而不管宋元时代之七州洋在香山县境抑在琼州。

四、此条乃先肯定结论，然后作解释。（一）自然地理方面是否此处有海底上升，明清增添二州，现无实证，只能等待今后研究。但若在琼州，则宋之七州，明清亦七州，不必再作假设。（二）史文"七"字可能系"九"字之误，此种可能虽不能否定，亦不能肯定。校订史文，须有证据，否则当以不改为胜。证据包括理证，而此条校改之理由，并不充分。

敬抒己见，质之高明，诸希教正，而勿以泥执见相哂也。

敬礼！并祝

新年愉快！

夏鼐　一九七九年十二月十九日

【附一】　谭其骧：《宋端宗到过的"七洲洋"考》

《宋史·二王本纪》载景炎元年（一二七六）十一月乙巳端宗自福州入海，自此假息闽粤海上，屡移驻所；至次年"十二月丙子，昰（端宗）至井澳。飓风坏舟，几溺死，遂成疾。旬余，诸兵士始稍稍来集，死者十四五。丁丑，刘深追昰至七洲洋，执俞如珪以归。"

按在珠江口西侧澳门之南横琴山下[1]，一般宋元明记载如《梦粱录》《真腊风土记》中之七洲洋，皆指海南岛文昌县东七洲列岛附近洋面[2]。《顺风相送》广东往磨六甲针："南亭门放洋，用坤未针五更船取乌猪山，用单坤十三更取七洲洋。"南亭门位于珠江万山群岛间，与井澳相近。一更合六十里，十八更合一千另八十里，与今图所载海道里程大致相符。七洲洋去井澳既有千里之遥，宋端宗以十二月丙子（廿二日）方至井澳，焉得次日丁丑已在千里外之七洲洋[3]？此一可疑也。此前端宗自福州奔泉州，移潮州，次惠州之甲子门，次广州之浅湾[4]，又走秀山[5]，再移井澳，每次移跸皆不甚远，何以独此次不在珠江口西至雷州湾千里海疆上觅一驻所，遽尔远走海南？此二可疑也。《宋史纪事本末》记此事作："十二月丙子，帝至井澳，飓风大作，舟败几溺。帝惊悸成疾。旬余，诸兵士稍集，死者过半。元刘深袭井澳，帝奔谢女峡，复入海，至七里洋，欲往占城不果"。"七里洋"应即《二王本纪》之七州洋。谢女峡当为自井澳趋大陆之道，故下文曰"复入海至七里洋"，则此洋当在大陆海岸附近处。若自井澳趋海南岛东北之七洲洋，则两处俱在海上，何需登能"复入海"耶？此三可疑也。有此三可疑，故知宋端宗亡命所至之七州洋，应去井澳不远，必不得为见于《梦粱录》《真腊风土记》等记载中之七洲洋。

今按《方舆纪要》广州府香山县下有九星洋，"在县西（当作东）南，建（当作景）炎二年元将刘深袭井澳，帝至谢女峡，复入海至九星洋，欲往占城不果"。香山县之九星洋，《清一统志》广州府山川望门山条下作"九星大洋"，《纪要》广东海、《清一统志》广州府海皆作九星洋，同治《广东图》亦作九星洋，光绪《广东舆地全图》作九洲洋。《纪要》引《一统志》："海中有九曜山，罗列如九星，洋因以名。"《清一统志》："九星洲山九峰分峙，有水甘美，曰天塘水，海舶往来所汲。"据图，九星洲及九洲洋位于香山县（今中山县）东南吉大汛东，距岸不足十里，西南去澳门十余里，南距横琴岛东之九澳岛二十余里[6]，自井澳至此，渡海登陆，复自陆入海，相去不过四五十里，一日可达。然则史载宋端宗亡命海上之

"七洲洋"，应即指此。此洋本作九星洋或九洲洋，史文二"七"字皆"九"之误，"里"字则"星"字之误也。

以上是我在五六年前所写的一条读史札记（附注系近日所增补）。一九七七年写《七洲洋考》时，考虑到这个宋端宗流亡时到过的"七洲洋"既然是九洲洋之误，便不应作为七洲洋的宋代资料写入正文，只能在注中交代一下；但札记全文太长，因而仅将结论入注，缀以"另有考"三字。顷承夏鼐同志移书商榷，指出《元文类》卷四十一引《经世大典》亦谓俞如珪被执处在七洲洋，所以他认为史载残宋与元军战处作七洲洋或七里洋，"里"为"星"之误似无误问，二"七"字则未必为"九"字之误。也就是说，这个战场既可在香山县之九洲洋，亦可在文昌县之七洲洋。从信里的语气看来，夏鼐同志是倾向于认为应在七洲洋的。接信后赶紧把《元文类》找出来一看，所引《经世大典》记载此事的原文是："十二月二十三日，……追昰、昺、世杰等至广州七洲洋及之，战海洋中，夺船二百艘，获昰母舅俞如珪等"。一看使我不胜欣喜，这决不是一条否决我的看法的资料，相反倒是一条很好的证实我的看法的资料。因为今海南岛文昌县东的七洲洋，在宋代应属琼州，去广州甚远，中隔雷、化、高、南恩诸州海面，断不得悬属于广州；而在广州境内有所谓"七洲洋"，便只能是指今之九洲洋。

至于《东西洋考》七州山、七州洋条引《琼州志》："元兵刘深追宋端宗执其亲属俞廷珪之地也"，这是不足信据的。这显然是因《经世大典》《宋史》等史籍都说元军追宋端宗及于"七洲洋"，而七洲洋实在琼州海域，修地方志的便不问情实，硬把这一故事拉到了琼州海域上来。

琼州的地方志认为宋端宗到过的是琼州的七洲洋，而广州的地方志则认为宋端宗到过的是广州香山县的九洲洋或九星洋。核以史实，端宗十二月丙子尚在井澳，丁丑不可能远走琼州七洲洋，所以广州的地方志应该是可信的。问题是：《经世大典》《宋史》《宋史纪事本末》中的"七州洋"，"七"字是不是错字？我查了道光《香山县志》，作者认为端宗所到的"七州洋即今所称九州洋"（卷八事略）。这是说，文献记载作七州洋并没有错，而是古今地名发生了变化。这是可能的。很可能在宋明之间，这一海域的海底在上升，原来的七州变成了九州，人们也就改称洲为九星洲，洋为九洲洋或九星洋。不过"七"字是"九"字之错这种可能性似乎也还并不能完全排除。文献记载往往辗转传抄，一种错了几种跟着错，这并不可怪。上文引《方舆纪要》香山县九星洋条，中有"复入海至九星洋"一语，这条记载不像出自顾祖禹自撰，像是从宋元记载上引录下来的。若然，则宋元记载中洋名首字也有作"九"的，不一定作"七"。

总之，宋端宗流亡海上所到过的"七州洋"，只能是珠江口内澳门东北今之九洲洋，不可能是海南岛东北七洲列岛下的七洲洋。今人又或误以西沙群岛为古七洲洋，从而又有宋端宗避元兵曾驻跸西沙群岛之说，那就更是齐东野人之语了。《宋史纪事本末》载：端宗以舟师发福州入海之初，"时军十七万人，民兵三十万人"；帝昺驻崖山，"时官民兵尚二十余万"；及崖山败亡，"尸浮海上者十余万人"。扈从端宗的是一支十余万乃至数十万人的队伍，所以辗转海上，所有驻跸之所，都是在大陆海滨港澳里或近海岛屿上，这样才可以依靠大陆近处资粮。西沙群岛是几个无粮的珊瑚洲，远离大陆近则三四日程，远至七八日程，残宋大军跑到这里屯驻，那岂不是自投绝地？此事理所必无者也。

一九七九年十二月四日

注释：

[1] 见《方舆纪要》广州府香山县井澳条、《清一统志》广州府山川横琴山条、《图书集成·职方典》广州府山川深井山条。清图作深井，今图亦作深井，西濒海湾曰深井湾。

[2] 见拙撰《七洲洋考》。

[3] 端宗以丙子日至井澳遇飓风，《宋史》及《宋史纪事本末》、《崖山集》、嘉靖《广东通志》所载皆同。《崖山集》引《填海录》、《图书集成》引《香山县志》作丙寅（十二日），不可从。盖由史文丙子下有旬余云云，遂疑丙子为丙寅之误而擅改之耳，非别有所本。

[4] 《二王本纪》见至元十四年九月戊申至十一月庚寅端宗驻跸浅湾，《宋史纪事本末》作是年九月戊甲"帝舟次广之浅湾"。

[5] 即今东莞县西南虎门西岸大小虎山，见《方舆纪要》东莞县虎头山、《清一统志》广州府山川秀山。

[6] 一九六三年广东省测绘管理局出版的五万分之一地形图作九洲洋，在珠海县（香洲）东南，澳门东北。

（《中国史研究动态》1980年第3期）

【附二】 谭其骧复信

作铭同志：

去岁岁末奉到论七州洋第二函，适因参加地理学会代表大会，有广州之行，未遑作复。三日前归来，又为杂务所羁，今日始得就大函对拙作《宋端宗到过的"七州（洲）洋"考》所提质疑四点，谨以鄙见奉答如下，仍希进而教之。

一、《经世大典》记元兵追宋端宗"至广州七州洋及之"一语之前，所叙端宗行踪，皆在广州境内，依行文惯例，则此处"七州洋"

前，本无须再着"广州"二字，故此二字最足以说明此"七州洋"必在广州境内。盖作者知琼州亦有七州洋，因而有意加此"广州"二字以免混淆也。《陈宜中传》谓井澳败后，宜中欲奉王走占城，乃先如占城谕意。《二王本纪》则谓景炎二年十一月端宗自浅湾走秀山时，陈"宜中入占城，遂不反"。至次年三月又谓"昰欲往居占城，不果，遂驻碙（硇）州"。纪、传记事时间有出入，姑置勿论。要之，宜中之如占城，实未尝挟端宗同行，宜中如占城可过琼州之七州洋，然与端宗无涉。史但称端宗"欲往居占城，不果"，未尝谓已成行而又折回也。

二、尊论地方志于名人籍贯，陵墓及重要史事发生地点，往往二说或数说并存，皆由于乡土观念作祟一节，至为精到。然亦不得遽谓二说或数说中遂无一说可信。愚见之所以以《广州志》之说为可信者，一则证以琼州七州洋、广州九洲洋距井澳之远近。盖史载端宗自井澳出奔过七州洋仅一日程，故知此"七州洋"只能为广州之九洲洋，决非远在千里外琼州之七洲洋。二则证以史载自井澳至七州洋途程中有"复入海"一语，以海陆形势度之，正当为香山近岸之九洲洋，不应为远离大陆之文昌七洲洋。果不仅以《经世大典》于"七州洋"前明著"广州"二字一事为据也。此三证分别言之，或可视为不够坚强，若合为观之，窃以为足够坚强矣。

三、大函谓道光《香山县志》以《宋史》"七州洋"为"即今所称九洲洋"，其说"可信亦不可信"，自属深合于逻辑推理之论。若单凭《县志》此一语，自不敢谓其说必可信。愚之所以认为可信，当然是由于此说正好符合于我自己的推论之故。

四、九洲洋海底宋明间是否曾上升，因而增添二洲，诚如大函所指出，"现无实证，只能等待今后研究"。但愚见亦非纯属无根据的假说，实由于据到过西沙群岛之友人见告，西沙群岛一带原在海面下（暗礁），确在不断出水成岛并继续上升中，故设想宋明间九洲洋海面宜亦有此可能。史文"七"字可能系"九"字之误，尊见亦以为不能否定有此可能，惟径行校改则理由尚不充分。前函所摘拙文提纲殆未及《方舆纪要》九星洋一条。有此一条后，理由岂不是更充分一些了吗？

欲求学术繁荣，非百家争鸣不可，更非破除禁区不可，这番咱俩就这个小问题不惮烦地争鸣了数千言，虽然截至目前为止看来还谁也说服不了谁，却已充分享受了嘤鸣之乐，对历史真象（相）的探索也至少较前推进了一步。

专此，敬颂

撰祺

其骧手上 一九八〇年一月十日

三

1980 年 1 月 26 日

季龙同志：

尚有几点余义，敢再质之高明，仍望勿吝指教。

一、《经世大典》中"至广州七州洋及之"一语中之"广州"二字，诚如尊函所云，最足以说明此七州洋必在广州境内。（我只看到毕沅《续资治通鉴》中《考异》所引之《经世大典》，仅有"七州洋"三字，其前无"广州"二字，可能为引用时删去。尊引不知根据何种辑佚本？）

二、陈宜中之如占城，实未尝挟端宗同行，此为公认之史实，自无问题。但尊函以为史称端宗"欲往居占城，不果"，未尝谓已成行而又折回也，则尚可商榷。史明言端宗至七州洋后欲往居占城，则可能于追兵退后，虽已行至文昌七州洋，仍可折回也。

三、自井澳出奔过七州洋仅一日程，史载由井澳复入海，刘深追至七洲洋（或七星洋）。颇疑香山近岸为九州山（一名九曜山）及九州洋（即九星洋），"复入海"后则何处为九洲洋与七洲洋之分界处，史无明文。七州山在文昌县境，远离井澳，但七州洋可能北伸数百里，《东西洋考》谓广州与崖州之间顺风约五日程，则广州至文昌七州山顺风可三日程，如七州洋北伸数百里，则由广州井澳至此亦可为一日程。"千里江陵一日还"，虽为诗人夸大之辞，但"顺风相送"，海船可于一日内由井澳至七洲洋之北部洋面。

四、尊函谓得《方舆纪要》一条，弥觉理由充分。按《方舆纪要》广州"九星洋"一条，显然由《经世大典》中"广州七州洋"一条而来。颇疑由于顾氏知广州有九星山（九曜山）及九星洋而无七州洋，故改七为九，并非宋元时为七岛而明末清初增为九岛也。明末清初一般学者所能见及之元初史料，已限于《宋史》《经世大典》等数种，估计顾氏不会另有秘籍为其此条之根据也。

五、尊函以为七岛成为九岛，或有其事，引西沙群岛为证。按西沙群岛为珊瑚礁，珊瑚遗骸逐年增高，继续上升为正常现象，文昌之七州山及广州九星山（即九曜山），据闻皆为火成岩而非珊瑚礁，尤其是问题所在之广州九星山（九曜山），除非地壳上升，或海水下降，则逐年经侵蚀变低，不会上升，窃以为不能引西沙群岛为证也。

考据之事，其证据坚强达十分者，则不抱成见或别有用意者，皆将首肯。有仅达六、七或八、九者，则或以为不够坚强，或以为足够坚强、可以有不同看法，至于如何评分，亦各人标准不同，不能强求划一。未知尊意以为如何？

大作《七州（洲）洋考》鄙意以为可视为定论。《宋端宗所到过的"七州（洲）洋"考》则已达九分，尊函以为已够坚强，鄙意以为可以如此说。

至少我们可以说《经世大典》之编写者，已认为此为"广州七洲洋"。但他书皆仅作"七洲洋"，此广州二字为编者所臆测增入或另有所本？是否有万一可能为编者知广州亦有七洲洋，并认为广州七洲洋之可能性较大，故径增入此二字？故鄙意以为"已是九分，但尚未达一间"者，为此故也。至于《方舆纪要》之文，则不足为强证。

此复，顺颂

研安

夏鼐　一九八零年一月二十六日

【附】　谭其骧复信

作铭同志：

兹就兄所提出的待商数点，辄以鄙见奉答如下。

一、我所引用的《经世大典》，见《四部丛刊》景印元刊本《国朝文类》卷四十一，原文是：至元十四年十二月二十三日，"沿海经略使行征南左副都元帅府兵追昰、昺、世杰等至广州七洲洋，及之，战海洋中，夺船二百艘，获昰母舅俞如珪等。"《续资治通鉴》本文作"追至七里洋"，《考异》云，《经世大典》作七州洋，今从《宋史》。今按《宋史》实作"七州洋"，作"七里洋"者乃《宋史纪事本末》，可见《考异》之疏舛。

二、关于宋端宗"欲往占城"，不果。"《宋史纪事本末》系此语于景炎二年十二月"元刘深袭井澳，帝奔谢女峡，复入海至七里洋"后，您大概是以此为据，所以说"史明言端宗至七州洋后欲往居占

403

城，则可能于追兵退后，虽已行至文昌七州洋，仍可折回也。"但《宋史·二王本纪》记此事与《纪事本末》异。本纪于至元十四年（景炎二年）十二月只说"丁丑，刘深迫昰至七州洋，执俞如珪以归"，不言欲往占城。直至十五年三月，才说"昰欲往居占城，不果，遂驻碙（硇）州。"证以上引《经世大典》一节，及《宋史·张世杰传》所载"移王居井澳，深复来攻井澳，世杰战却之"一节，可知刘深袭井澳，端宗奔谢女峡复入海至七州洋，为深所追及，战船二百艘被夺，母舅俞如珪被执，幸而终于为张世杰所战却，端宗因而得以保全，乃景炎二年十二月丁丑（二十三日）一日内之事，当时战况危急，宋君臣但求击退追兵，保全性命及残余部队，焉得议及此后行动大计？是日元兵既却，宋君臣当复返井澳，故欲往占城一议，自应出于喘息稍定之后即次年春间，《本纪》宜较《纪事本宋》为可信。至是端宗已决定离开井澳，初议往占城，此议不果，乃改计移驻碙（硇）洲，至四月遂殂于碙（硇）洲。我是根据这样看法，所以认为端宗占城之行既未成行，即不可能到过文昌的七洲洋。前函中没有阐明立说的根据，当然难免要引起您的责难了。

三、尊见认为九洲洋与七洲洋分界处史无明文，七洲洋北界可能起自去井澳一日程处，故端宗自井澳出奔，一日内有可能至于七洲洋的北部。窃以为不然。九洲洋在珠江口内，与远在珠江口西南七八百里外的七洲洋，不可能相接。《东西洋考》《顺风相送》《指南正法》皆谓南亭门（珠江口）西南五更至乌猪山（上川岛东南），乌猪山又西南十三更（或作十五更）方至七洲洋，则七洲洋一名，仅得起自七洲山附近，不得用以指乌猪山以东去井澳一日程之洋面甚明。故端宗自井澳出奔，一日之内，只可能至九洲洋，不可能至七洲洋之任何部分。

四、《方舆纪要》广州九星洋一条，手教谓显系本于《经世大典》广州七州洋一条，又以广州有九星洋而无七洲洋，乃擅改七州为九星。愚见以为不然。《纪要》此条作"元将刘深袭井澳，帝至谢女峡，复入海至九星洋，欲往占城不果"。与《经世大典》文字迥不相同，而与《宋史纪事本宋》除一作"七里"一作"九星"外全无差别，足见与《经世大典》无涉，应与《纪事本末》同出一源。顾氏去陈邦瞻时代不远，陈所见书，顾氏宜亦得见之；二人同采一书，惟陈误九星为七里，而顾氏不误。二氏所本为何书，今日虽已不可得而考定，设想在《宋史》与《经世大典》外，当时另有一种元人记载，则以不能排除有此可能。否则"帝奔谢女峡，复入海"二语，岂得谓为出于陈顾二人凭空虚构乎？愚以为顾氏所见书一般虽不超出今日见在诸书，然亦不能断谓绝无，因为毕竟时代相去已三百年了。

五、尊函指出西沙群岛系珊瑚礁而九洲洋中之九星山（九洲）系火成岩，不能以西沙之逐步增高作为九星亦可能在上升之证，此点完全正确。惟鄙意仍以为端宗所到之七州洋即明清之九洲洋，至同一洋面而宋元称七洲明清称九洲，则有两种可能：一为出于海面下降，宋元本为七洲。明清又有二洲露出海面；二为七洲者指涨潮时而言，九洲者指退潮时而言。此事自有待于实地勘察方可得出正确结论，非专凭文献记载常理推论所可臆断者也。

大札结尾又谓考证之事，除证据坚强达十分者外，其仅能达六七分或八九分者，如何评分，各人可有不同标准，不能强求一律，自属通人之论。又谓弟所主宋端宗所到七州洋即九洲洋一说"已达九分"，则未免过誉，弟自问或可达七八分耳，断断乎不至于狂妄到自封为定论也。

专此，即颂

撰祺

弟谭其骧　一九八〇年二月十八日

四

1980 年 4 月 23 日

季龙同志：

寄来稿费拾元已经收到，实则《历史学研究动态》① 编辑部已寄来稿费陆元。这不是一稿两投，而是一稿两酬。却之不恭，受之有愧。你何必如此客气？

我明晨即离京赴英，是参加宦乡同志领率的中国社会科学院的代表团，访问三星期，约五月二十日左右返京，同行者有吴世昌②、赵复三、余绳武③（余冠英先生之哲嗣）等，一共八人。

《社会科学战线》第二期的出版预告的广告已经登出来，我那篇纪念辰伯④的文章，也在其中，听说五月初的可以出来，你一定会看到的。其中有一段提到王以中⑤先生对我说起，他在中国公学

---

① 编者按：应为《中国史研究动态》。

② 吴世昌（1908~1986），红学家。时任中国社会科学院文学研究所研究员，著有《红楼梦探源》等。

③ 余绳武（1926~2009），中外关系史专家。时任中国社会科学院近代史研究所研究员兼所长，合著或主编有《帝国主义侵华史》、《沙俄侵华史》（4卷）等。

④ 吴晗（1909~1969），字辰伯，历史学家，著有《朱元璋传》。新中国成立后长期任北京市副市长。

⑤ 王庸（1900~1956），字以中，历史地理学家，早年曾任北平图书馆舆图部主任、浙江大学图书馆主任、西南联合大学教授。1949 年后任南京图书馆特藏部主任、北京图书馆研究员、中国科学院地理所研究员等职。著有《中国地理学史》《中国地理图籍丛考》等书。

教过几年书，只有两位学生天分高而又肯学习，后来皆学有成就，其中一个便是辰伯，这是实话。他所说的另一位高足便是足下，本已写入，遵别人劝说，对生人熟人切勿颂扬，以免"互相标榜"之嫌，所以后来删去，我想这样处理还是妥当的，省得您读了脸红，一笑！

专此顺致

敬礼

夏鼐

80 年 4 月 23 日晚

<h2 style="text-align:center">五</h2>

<h2 style="text-align:center">1984 年 10 月 28 日</h2>

季龙同志：

昨天我参加了北京市历史学会召开的吴晗纪念会，他们送了我一本《吴晗纪念文集》，其中有你悼念吴晗的一篇大作①，不知是否你第一次发表？我是第一次看到，所以返家后便一口气读完它。这篇写得很好，尤其是关于编纂《杨图》的部分。不过我读到 32 页上所写的"清华历史系中有吴晗、夏鼐两个最出色的学生，那是传遍了燕京历史系的"这几句时，我心中忍不住，我要向你提出抗议，这不是出于谦虚，而是由于这并不符合事实，老吴那时名满清华园内外，我怎能与他并列呢？你这样写，可能是由于我在那篇纪念文中说起王庸先生自夸在"上海各大学"讲学时（我原文误记成"中国公学"，

---

① 谭其骧：《怀念吴晗同志》一文，又见《长水集续编》，人民出版社，1994，第 478~490 页。

将来要改正），最得意的、最有成就的学生二人中有一位便是老吴，但是为了避免标榜之讥，所以故意不点另一位的大名，想不到你这次来一个"报复"，一报还一报，还加上了利息，正式点名，希望你将来把"××两"三字改作"这"，如何？

另有一件事，我要与你商量。听说你这次在"中国历史地图集"的会上提出要增加中国传说时代的图幅。我记得，你在北京预备会议时说过：我国传说资料这样多，传说时代的图幅来个十几幅也不算多。我听后反复考虑，我认为传说时代的地图有一两幅便够了，不要过多，否则近于浪费。这是因为我国传说时代各地点的所在地，多出于后来的附会，许多地方志上收入的传说时代地名（甚至于历史时代的地名，包括名人的葬地）大都是"地方主义"的产物。有的是根据地名音近或同一汉字而臆定的，同音或同名的地名，不一定是同一地点，尤其是汉语地名是单音节的，同名或同音的地名更多。有的是依照今地名而望文生义的，有的传说本身便靠不住。我们难道可以根据《封神榜》来绘画出殷末的地图，或根据吴承恩的《西游记》来绘画唐代西域图吗？更不要说《镜花缘》上的外国地名了，便是绘出来，有什么历史地图学上的意义呢？我以为不必枉抛心力作许多没有多大意义的传说时代的图幅，不知尊意以为如何？希望你仔细考虑一下。你事忙，可以不必复信。

此致

敬礼

夏鼐

1984 年 10 月 28 日

六
1984 年 11 月 14 日

季龙同志：

11 月 6 日大札已收到。您要我对于传说时代的图幅应该怎样处理简单地回复数行，现乘王世民同志来沪之便，托之转奉这信，便算是"交卷"了。

我对于这传说时代的图幅，原来并没有过问过，所以并不了解底细。只是那天在社科院大楼开小组会时，听到你说起：中国传说资料这样丰富，所以你对于原来的拟目，表示"嫌少"。我也没有搞清楚您是嫌图幅数"少"呢？还是嫌图幅中地名"少"呢？所以我前函中顺便提及，供您参考。想不到抛砖引玉，竟引起您不顾"病后未复"，写一封洋洋数百言的长信，大谈您的"设想"。

我对此并无研究，本无发言权。不过，我总以为国家大地图集中的"历史地图集"，应该与已出版的一般的"中国历史地图集"（包括您所主编的那一部），有所不同。不仅是"大地图集"中所包括的方面要广，并且要求所谓"科学性"更高，即要能以地图的形式表现出我国历史的各个方面，但是那些由于材料性质的关系而不容易用地图形式来表现的，或者材料不够，现下仍难以地图形式表现的，那只好割爱不收入。这点您也许可以同意吧！

关于传说时代的图幅，在您主编的《中国历史地图集》第一册中，只有一小幅"传说中的夏"，现在增至三、四幅，仍是"嫌少"，是否要增图幅数呢？或者是在这三、四图幅中增加地名？当然，这应该由要收入的资料范围来决定。我的私见，就"科学性"而言（即是否符合于那时代的客观事实），古书中所提到的传说时代的地名及其现今所在地，大多数不能认真看待。《圣经》中洪水传说中"方舟"所停泊的山顶是现今何地，虽然有很多考证，还有虔诚的教徒出资派人到 Armenia（亚美尼亚）山地去考察，希望找到"方舟"的残片，但是没有一本"历史地图"中放入"方舟"所在的地点。传说时代的地图和历史时代的［地图］，应有所不同（后者也常需要考证，有的恐已难以确定）。传说时代的地图的取材，当然不应限于《史记》，反之，即便是《史记》中有的传说中地名，其中还有疑问的，也可以不收入。您也承认，收入过滥"那就乱了"，是否可以少收一些？少收不像多收容易乱，也是"藏拙"的妙法。或者你主编的《中国历史地图集》一样，绘一幅"传说中的夏"，再加上"夏以前的传说时代"便够了。

您反对依照儒家观念中的传说时代地理来绘这些图，我举双手赞成。但是如蒙文通、徐旭生所复原的中国传说时代的地理，也未必更近于当时（传说时代）的客观事实。他们没有编造或伪造，但是他们将不同来源的传说，加以系统化，也许更远于客观事实。那时代的客观事实，还要待考古调查、发掘和研究来确定这（当然要请历史地理学、古史专家来帮助）。这是今后长期工作才可得到成果，所以，现下不必过多考虑后代文献中传说时代的事物（包括地理）。我们要解放思想！不知尊见以为如何？

来信谈及贵体手术后欠佳，尚望保重。顺祝

研安

夏鼐

1984 年 11 月 14 日

致　胡道静　10通[*]

（1981 年 3 月~1983 年 2 月）

一

1981 年 3 月 8 日

道静同志：

前后两函，均已收到。拙稿复制本亦已收到，请代向上海古籍出版社致谢！

李老①八十岁纪念文集不知何时付印。拙稿拟加一补记二纸，不知来得及补上否？兹附上，请审阅后酌办。（此补记稿曾请严敦杰②同志审阅过）

胡厚宣同志已于 3 月 2 日返京，此行收获颇大。闻现拟动手为论文集撰文，尊处当已有通讯。

我这里一切如常。今年八月间国际科学史讨论会议将在罗马尼亚

---

*　 胡道静（1913~2003），中国科技史专家，曾任上海人民出版社编审，上海科技史学会理事长等职。信函由上海新闻出版博物馆藏品部提供。

①　指英国中国科技史专家李约瑟（Joseph Needham，1900~1995）。

②　严敦杰（1917~1988），中国科技史和数学史家，曾任中国科学院自然科学史研究所研究员兼副所长。

首都召开，此间自然科学史研究所等单位，已着手准备一代表团前往参加，有严敦杰、席泽宗①、仓孝和②、华觉明③、许良瑛（英）④ 等同志参加。我虽经接到邀请书，但以事忙，不拟参加。闻沪杭等处亦将有人前往参加，不知尊处亦有所闻否？台驾能否前往参加，为国增光？

我将于本月 27 日离京赴美讲学，大约一个月左右归来。

专此奉复，顺颂

撰安

夏鼐

81 年 3 月 8 日

二
1981 年 5 月 5 日

道静先生大鉴：

前后两次来函，惠赠大作抽印本及有关李教授八秩纪念文件，均已收到，谢谢！

此次赴美讲学，主要是堪萨斯大学墨菲讲座，在该校公开讲演两次，主持研究生讨论班六次，现将该校在公开讲演时所发之听讲证一张，以供一粲！

---

① 席泽宗（1927~2008），天文学和天文学史专家，曾任中国科学院自然科学史研究所研究员兼所长。
② 仓孝和（1923~1984），时任中国科学院自然科学史研究所所长。
③ 华觉明（1933~ ），矿冶史专家，曾任中国科学院自然科学史研究所研究员兼副所长。
④ 许良英（1920~2013），科学史专家，曾任中国科学院自然科学史研究所研究员。

离该校后，又在华盛顿及纽约之亚洲协会，哈佛、斯丹佛、洛杉矶（加州）及伯克莱（加州）大学，分别作公开讲演一共六次，至四月廿九日离旧金山返京。旅途一切尚顺利，堪以告慰！

李约瑟教授八秩纪念论文集的稿件已收集完竣否？印刷情况如何？估计何时可以出来？有暇尚望便中示知！

匆此即颂

研安！

夏鼐

81 年 5 月 5 日

三

1981 年 9 月 6 日

道静先生史席：

7 月 9 日来示，早已收到。但《［中华文史］论丛》答应寄来图稿及补抄文字，迄今仍未收到。不知何故？至于校样更未见影子，当由于尚未排出来。

请你告诉钱伯诚同志，《天文文物论文集》转载文字，皆声明系转载自何刊物。拙文自必声明转载自李翁论文集。不仅付排较晚（为了等待胡厚老稿，最后只有不等了），不会在李翁论文集之前出版。即使李翁论文集脱期出版，篇末有声明，读者也会明白原文是李翁论文集中的文章，后者不过转载而已。一出版便有人转载引用，或许更增加李翁论文集的价值，并为之作义务宣传，岂非妙事。一笑！

我最近写了一篇《〈梦溪笔谈〉中的喻浩〈木经〉》，将来刊出后当奉寄求正。前次中国科技大学有一《梦溪笔谈》评注组，派人到北京来与我说话，我告以书中关于喻浩《木经》的摘要，"以为榱等"当为"以为等衰"之误，引《左传·桓公二年》的"皆有等衰"为证。他们采纳了我的校改意见，1979 年出版《评注》时，这一条在49~50 页，注明是我的意见。而我这条札记藏在匣中，始终未发表。所以最近将这条札记写成一篇短文，以求教于学术界的同志们。

闻尊体欠佳，近来如何？尚望为此学保重身体。专此顺颂
著安！

夏鼐

81 年 9 月 6 日

四
1981 年 9 月 15 日

道静同志：

来信已收到，知李翁纪念论文集已经付印，甚为欣慰。

胡厚老已于昨晚离京赴太原参加古文字学会第四届年会，关于约稿事，只好等胡厚老返京后，再为转告。

今日下午李翁偕鲁桂珍博士来所见访，晤谈甚欢。当将尊函中有关李翁宁沪旅行日程告之，彼等皆甚满意，并嘱代致谢意。

拙作校样寄到后，当尽速校改奉还，请勿为念。

专此奉复，顺颂
著安

夏鼐

八一年九月十五日

五

1982 年 4 月 16 日

道静同志:

4 月 4 日来信已收到。另封邮寄的校样复制本及 *Chinese & Japanese Maps*［《中国和日本的地图》］, 并收入有大作一篇的《上海掌故》一册, 也都已收到, 谢谢!

彩图的说明文字附上, 这二图的内容相似, 希望千万不要把它们的说明互易, 张冠李戴。所以在说明文字后, 各附一铅笔草图, 以便按图索骥, 不致有误。

三校的校样, 仔细看一遍, 发现有 28 处须要增改, 现在列一勘误表附上。其中有些可能你们已代为校出改正, 有些是黑钉, 当已补上。有的可能是我原稿有笔误, 并不一定是手民误排。附 149 页一处引用《晋书·天文志》的一句, 我重查原书用百衲本, 不知道怎样, 我抄错了二字, 所以一并加以改正。这事不知道来得及补救否? 在北京印刷厂中, 一般在三校之后, 还有下厂再作最后一次校对修改(只能一字换一字, 不能更动整版、整段或整行), 不知道上海印刷［厂］如何? 所以将勘误表寄给尊处, 乞烦神代为交涉, 以免"以误传误"。或能稍减少我的错误吧! 烦神之处, 很是惶恐不安。如果无法补救, 能否将来于全书后附一勘误表(Corrigendum)?

专此奉复, 顺致

敬礼! 并颂

撰安!

夏鼐

1982 年 4 月 16 日

六
1982 年 4 月 21 日

道静先生：

接读四月十九日来函，知前书及勘误表均已收到，并知尚来得及照改，甚慰！

四校样寄来时，当再校读一过。古人谓校书如扫落叶，信矣。

此书得负责编辑如先生者，全部过目，殊为万幸！惟纪念文集由于约稿之故，未便退稿，各篇的质量，常不一致。此则非主编者所能挽救也。

专此奉复，顺颂

撰安！

夏鼐　82.4.21

七
1982 年 12 月 22 日

道静同志大鉴：

顷收到《中华文史论丛》编辑部寄来《中国科技史探索》二册及拙作抽印本九十七册。翻阅后，除拙作为滥竽充数之外，其余皆内容充实，多有创见，琳琅满目，如入宝山，不仅煌煌巨册，装潢精美而已。台端等编辑之劳，实深钦佩，然嘉学林，功实不朽也。

拙作抽印本，稍加检查，发现各册在 146~147 页之间时缺插图一幅（即彩色图版一幅两面）。拙作实为此二张星图之诠解，如不附以星图，则读者将茫然不解，不知此事有否补救办法。如属漏印，鄙意最好能补印此秒色图幅两面印百幅；如已曾印制而漏行插入抽印本中，则请其补行寄下（可留下三幅插入编辑部所留下之抽印本中），不知尊意以为如何？琐事屡渎清神，不胜惶仄。

专此奉达，顺祝

著安！并祝

新年纳福！

夏鼐

八二年十二月二十二日

八

1982 年 12 月 31 日

道静先生史席：

接奉十二月廿九日来示，获悉彩图是漏了装订进去，不是漏印，甚以为慰！不知到印订车间查询结果如何？恭候佳音！此事麻烦了您，敬向您致谢！大作《中国古代的类书》抽印本，早已收到，谢谢！

胡厚宣近来事忙，甲骨合集的按期出版，压力甚大，加以家庭中新夫人问题，真是亏了他能应付得了。前次我们考古所主编的《中国天文文物论文集》，也向他约稿，并得到他的惠允，后来一再拖延，最后只得割爱，决定排版付印，然已因此给印刷厂有所借口，故迄今尚未能出版。

王静宁（铃）博士于七月一日在北京康乐餐厅举行告别宴会，席间说要南下赴南通探亲，顺便在上海与沪上科技史专家晤谈，其后便没有再晤面，不知过沪时曾晤及否？此时当已早返澳洲矣。

此复，顺祝

新年纳福！

著作日丰！

夏鼐　上

八二年十二月卅一日

九
1983 年 2 月 8 日

道静先生史席：

顷按上海古籍出版社寄来《中国科技史探索》稿酬通知书，汇款已由银行领出，填写收据一纸附上，请转交出版社财务科，劳神另当面谢。关于拙作抽印本漏放彩色图版一张事，前承允代为查询，甚为感谢！不知查询结果如何？如不知下落，无法寻觅，则不知能否补印彩色图版九十份，所需费用，请出版社示知，当即寄去。琐事屡渎清神，主臣主臣①。

　　此上顺颂

撰安！并祝

春节愉快！

夏鼐

一九八三年二月八日

---

① 主臣为"惶恐"之意。

十

1983 年 2 月 20 日

道静先生史席：

来示敬悉。《论丛》编辑部由于台驾代为催询，已于二月十八日来函谓乃工厂漏印之过，但单独再印百张已势所不能，故建议待此书中文版开印时再补印彩图百张，昨已函复同意，希望此次不要再漏印。事已至此，亦只好如此补救。以事屡蒙劳神代为查询，甚为感谢！此书国际版出版后，诚如《古籍书讯》所云：反映甚佳，惟或只赞美印刷装订设计，而不及编辑人员之组稿等工作之苦心，未免买椟还珠。来函述及三年来之苦心，确使人敬佩，但所谓"中间经历一场风波"，不知何指？但书已出版，国内国外皆赞不绝口，则台驾亦可以自慰矣。春节已过，仍向你拜年。并颂

著安！

夏鼐

一九八三年二月二十日

致 戴家祥 6通[*]

（1981 年 10 月~1985 年 3 月）

一

1981 年 10 月 20 日

幼和学长：

接读大作，具见学力，宝刀不老，敬佩！敬佩！弟于此学，完全门外汉。惟 22 页 11~12 行所谓"最好请教古生物学家"，实则"古生物学"（Palaeontology）乃指全新世以前的化石生物之研究，至于 3500 年的狗，年代虽古，仍够不在（上）作为古生物的研究对象。此句是否可以删去。

又 26 页列举甲骨文字学各家姓名，不知何以漏去董作宾。董氏对于古文字学，虽造诣不深，但对甲骨学之贡献，实为举世所公认。"四堂"之称，并非过誉。如果以为晚节不终，流亡台湾；则同页之"屈云鹏先生"（原名翼鹏，不知何以误"翼"为"云"），亦为逃亡台湾者（后担任历史语言研究所所长，已于前年去世），何以又收入？现在对逃亡台湾之学者，已不如往日之大骂为"反革命"矣。

---

* 这 6 通信，均据夏鼐自存信稿录入。

关于 17 页所提到治学应 "实事求是"，极是，极是。记得吾兄于……同志的史学大作出世后即作一书评，读者当时戏谓之 "铩羽"。不知此篇书评发表于何刊物中？吾兄是否保留有原刊本？如果是发行量较大的刊物，只要知道刊物的年份和期数，我想在北京一定可以找到的。

专此奉达，顺颂

著安！

夏鼐

1981 年 10 月 20 日

二

1981 年 10 月 31 日

幼和学长：

接读十月廿六日来信，欣悉贵体自去年大手术之后，已经康复，甚为欣慰。另邮寄来大作《辨字小记》及高足王君的论文，亦已收到。我对于音律及古文字学皆属外行，匆匆翻阅一过，只有钦佩而已。尤其对于吾兄大作中一再指出，有些字 "只好暂缺，以待后来学者"，"目前还是缺疑为妙"，具见治学态度谨严。不像有些古文字学家，一篇新发现的铭文，他读后从头到尾，无一字不认识，有些字还是第一次出现，他便考释出来。"包医疑难杂症" 的招牌，外行者虽然惊异于他们的能力，但是心中总有点怀疑，有点不放心。一笑！

《辨字小记》第（2）答，以为 "應" 作 "雁"，是同声假借。窃以为这是一个字的两种写法，还有第三种写法作 "雁"，是最初的写法。不像"殷""衣"之类的同声假借。古人对于边旁的添加与否，似乎并不注意。从邑之字与省去邑旁是同一字，正如从女之姓，与省去女旁的为同一字，皆不能算是同音假借。金文中有之，魏碑中亦有之，未悉　尊意以为如何？（有时加添了不应添加的边旁，可能为字形写得好看些，如毛主席所批评有的人将"人"写作"亻"）。

我曾与胡厚宣兄通电话，据说你邮寄他的大作，现在已经收到。他准备于细阅后推荐它在《文物》上发表。请勿为念。

同乡吴秉经（来示中误作秉钧）为十中同学，去年曾来北京，久别重逢，晤谈颇欢。许文通亦为旧识，海关税务司罢职后经商，闻获利颇丰。解放后闻在上海，不知作何工作？当已在退休之年矣。

匆此奉覆，顺颂

研安！

夏鼐

1981 年 10 月 31 日

三

1982 年 5 月 27 日

幼和学长：

五月十七日来信及附件，均已收到。

大作《哭　观堂师》已拜读过，虽不及陈寅恪先生《王观堂先生挽词》，然亦不朽之作也，敬佩！敬佩！在南开大学所作报告，不知有讲稿否？更正周、姜的"胡说八道"，不知是哪几点，可得闻乎？大作篇末注解（2），谓斯坦因两次盗走木简各数十枚，实则第一次虽仅 50 枚，而第二次在罗布泊北盗走 140 枚，敦煌长城遗迹盗走 706 枚，共达八百余枚。观堂先生《屯戍丛残》（收入《流沙坠简》中），即达 377 枚之多。注（6）谓 1923 年新郑大墓出土玉雕千百件，为外人所得，伯希和集成专书。按伯氏之书，原名为 *Jades archaïques de Chine*，1925 年出版，乃古董商卢芹斋（C. T. Loo）多年所搜集之中国古玉，其中可能有出土于新郑大墓者，但大部分并非出于此墓。又注（23）谓德国中国文学教授顾复礼（Yäger），按此当指 Fritz Jager，J 误作 Y，当为抄写之误。重印旧作，对于显明错误，最好能加以改正。注（20）中谓梦见先生与语《流沙坠简》中若干问题，不知吾兄现下仍能否记忆一二？如能记得，最好写出来发表。闻王先生曾托兄代为传抄孙仲容先生去《古籀拾遗》定本，补入未填之金文，不知有此事否？尊处仍录有副本否？便中望示知。

……

敬礼！

夏鼐

1982 年 5 月 27 日

四
1982 年 6 月 30 日

幼和学长：

大作早已于 6 月 26 日挂号寄还，刻下谅已收到无误。

顷接 6 月 27 日来信，敬悉一切。按我所地点，原名王府大街，南接八面槽（有天主教东堂），再南为王府井（即东安市场所在）。"文革"中改名为人民路，即您的通信录所写的，"文革"后，将王府井、八面槽、王府大街三者统名为王府井大街，我所门牌为 27 号。

所以前次来信并不误。今后来信可以仍寄王府井大街 27 号。至于人民路，已成为历史地理上之名辞矣。最近各地搞地名调查，颇有此必要也。一笑。

关于授予博士学位，国务院学位委员会订有条例，并于去年召开评议组，审定何校有哪一专业现有导师中谁人够资格指导博士研究生，该校的图书（理科有实验室问题）够博士研究生利用否？本校不够，是否本地有其他图书馆可予解决否？去年评议后有一单子，由国务院批准后函告各有关单位及学校。文科方面亦有此名，请就近向贵校查询。第二批名单，闻明年再召开评议组定之。

前次来函中，谈及国学研究院的两批学员。当王、梁二大师先后去世后，闻有先师王静安与先师梁任公二派。此外，王力从赵元任先生，吴金鼎从李济先生。另有一怪人卫大法师（卫聚贤），后来以考古学家自居，但亦口称先师王先生、梁先生。不知此人原来学校指定导师为谁？他当时做古史研究，现在台湾。有暇望示知。

此覆，顺致

敬礼！

夏鼐

1982 年 6 月 30 日

五

1983 年 3 月 16 日

又启者：

来函中所说当时瑞安城内有陈、项两党，项党推项苕甫为首，按民国时财政次长项骧（微尘），清末留学美国回国，钦赐进士出身

（法科），犹之丁文江由英国留学归来，钦赐（工科）进士出身。项次长当为项党中后辈，不知与项苕甫亲属关系如何？陈党的后人陈谧（穆庵），为介石先生之侄孙，孟冲先生（陈怀）之子，解放前在南京国史馆工作，解放后闻返家乡居，不久逝世。《五黄先生年谱》，闻即陈谧所撰写，曾陆续刊登瑞安出版之《青鹤》杂志①，似后来又出单行本。苏渊雷乡兄近在贵校执教，可以就近一询也。

关于苏慧廉②的英文本事，这是五十年代我在北京旧书铺中遇到的，一本是 William Soothill（1861-1935）的 *A Mission in China*，另一本为苏夫人 Lucy Soothill 的 *A Passport to China*，皆记述在温州传教事，还附有温州城市、教堂、街道的照片。我买得后寄赠籀园图书馆，那时梅冷生先生当馆长，正搜集温州先哲遗著，拟续编《温州经籍志》，此种书亦可列入"外编"中，与孙同元《永嘉闻见录》、劳大舆《瓯江逸志》并列。梅老曾动员叶云帆等代为移译。叶公以事忙而书颇不易译，故搁置至今。去冬张宪文君（为内弟双屿山李守元之妻舅）来京参加夏瞿老之纪念会，亦曾谈及此事。令嫒如愿意翻译，自可一试，恐亦未暇及此也。小女素琴已由内蒙调来北京，任职轻工业部，为高级工程师，有时亦谈及瓯中同窗，嘱向您及令嫒问候。

大作《金文大字典序》，末尾谈及故旧零落，以向达与刘盼遂③并举，谓于"文革"中被害。实则刘公当时被斥为畏罪自杀，

---

① 《青鹤》系由瑞安人士编辑，而在上海出版。

② 苏慧廉（William Soothill）及其夫人（Lucy Soothill）为早年旅居温州的基督教传教士。

③ 刘盼遂（1896~1966），著名古文献学家。早年就读于清华国学研究院，师从王国维、梁启超、陈寅恪等大师。后执教于清华大学、燕京大学、辅仁大学，1946年起任北京师范大学教授。

今已查明为被被害后倒栽大水缸中。向公则以在南口劳动，得病后迟迟送来北京，已不可治，乃尿中毒而死。卒前尚向其夫人遗嘱，要声明乃固（痼）疾寿终正寝，不要被误传为自杀，则畏罪自杀，罪加一等矣。悲夫！

此致
敬礼！

夏鼐

83. 3. 16

六
1985 年 3 月 15 日

幼和学兄：

接读三月十一日来信，娓娓述乡先辈旧事，恍如接膝交谈，甚为感动。我前在董朴垞处，未曾听说"茶山媛"书扇事。

关于古文字学，我完全外行。犹记得"四人帮"塌台后，曾承询问容老《金文编》增订事，当即奉告台湾周法高编《金文诂林》出来后，《金文编》已被取而代之，非增补所能补救，除非改弦更张。今知大作《金文大字典》① 杀青有日，甚为欣喜。我前曾为我所资料室所编之《殷周金文集成》写一序言（见《考古》1984 年 4 期），《集成》将取代《三代吉金文存》，所收器将及万器以上，尤其是解放以后各地所出之已发表者皆择精拓收入。第一册闻已印就，不日当可出版（中华书局出版），全书约十四、五册左右，五年内出

---

① 戴家祥主编《金文大字典》，学林出版社，1999。

齐，不知能办得到否？嘱为《金文大字典》写序言，实不敢当。我对于此道，完全外行，乱写序言，将为有识者所哂笑，难免遭"佛头着粪"之讥，尚望原宥！

《光明日报》3月10日所刊之拙作，本不准〔备〕上报，有领导同志看到油印本讲话，以为可针砭时下学术界不正之风，故加编者按语，嘱《光明日报》刊登。适在最近中央申令纠正不正之风，要"讲理想，讲道德"的转机时，否则也不会发表。前一时期各报皆提倡"一切向钱看"，要"高消费"，拙文将被视为是唱反调、反潮流，承誉为有普遍性的意义，加以嘉奖，益增惭愧！

胡厚宣尚在沪，未返京。闻三月九日在沪开一遗体告别会①，未悉吾兄曾去参加否！

敬礼！

夏鼐

85. 3. 15

---

① 胡厚宣续妻在上海病逝。

致　《晋阳学刊》编辑部　2通[*]

（1982 年 1 月，1985 年 1 月）

一

1982 年 1 月 10 日

《晋阳学刊》编辑部同志：

十二月廿八日来信，敬悉一切。

从一九八〇年四月你们约写传略的来信，至承蒙按期赠寄贵刊，甚为感谢。

关于撰写传略事，得前次来信后，我也曾考虑过。一来由于事忙，二来由于我自己□□"一事无成人已老"，没有什么治学经验或方法，可以给青年人□□，所以也便懒于动笔。你们能组织传略稿子并加以出版，……，我也从其中受了教育和鞭策，希能长期办下去。

读到最近一期的《李济传略》，不知道作者"冯人"是何人？似是笔名，你们也许不便透露真名，不知他在那一单位？我可以通过你

---

　　* 致《晋阳学刊》编辑部的这些信，均系从北京某旧书网下载获得。虽然部分
　　　文字不明，但清楚地表明夏鼐从 1980 年到 1985 年至少四次致函该编辑部，婉
　　　拒撰写自传的态度，理由是生平"没有什么治学的经验或方法"值得介绍。
　　　这位学术大师如此谦逊，令人更加崇敬。

们与他联系吗？因为他的文中有几处与我所知道的不符合，本着"实事求是"，想向他请教。

专此奉复，顺致

敬礼！

夏鼐

1982 年 1 月 10 日

二

1985 年 1 月 28 日

《晋阳学刊》编辑部同志：

一月五日来信收到。

前于 1980 年 4 月间确……稿约，要我写一篇自传。我当时便曾回信奉告，

我因为生平没有值得介绍的经验，……曾婉拒。后来贵刊编辑部曾再度来函，我由于同样理由，没有答应。这次……，仍无意写自传。方命之处，尚乞原谅。

专此奉复，此致

敬礼！

夏鼐

1985 年 1 月 28 日

致　魏忠或校庆筹委会　2通[*]

（1982 年 1 月、7 月）

一

1982 年 1 月 31 日

魏忠同志：

接到一月十五日来信，敬悉一切。

关于筹备校庆的事，我曾回信辞谢筹委会名誉会长一职，未蒙俯允。实则有苏步青先生前辈担任此职，已足够了。

前不久，《人民日报》发表一篇文章批评近来一股"校庆风"，不知道已看到否？如果没有看到，应该检出一读，可能对于筹备工作有好处。来信说，筹备方面，已注意到一切活动要有教育意义，要节约费用，要珍惜时间。那很好。不过，有一点我还想说一说。

有人说，校庆在有些学校实际上成为"三头会议"，一是校友们碰碰头，二是有人出风头，三是有人当冤大头。后一点是指"乐助基金"。名义上是"自愿乐助"，实际上像从前寺庙做道场，和尚请了一班有钱的善男信女，"随缘乐助"香金。名为自愿乐助，但来的

---

* 魏忠，时任温州中学副校长、温州中学八十周年校庆筹委会负责人。

人好像不好意思不掏腰包。

当然，私立学校经费靠私人施舍，有时不得不如此"化缘"。但是作为一个公立学校，我以为不必成立什么基金会。有人愿意捐款一大笔作为奖金基金，像美国的罗氏基金或福特基金，也是可以接受的。但不必凑在校庆时，更不必向出席的校友伸手"化缘"。这一条是否可以取消？我对于奖金的作用，也很怀疑。八十年来温一中都没有奖金，也培养出一些好学生出来。是否将来学校可以对于好学生颁发奖状？不要学时髦，一切向钱看，掀起一股奖金风。

我今年的工作，尚未完全定下来。十月十一日前后是否另有任务，我自己现下也不知道。如果我能够请假脱身前来，我是会来的。已经二十六年没有返里了，也想回去看一看。但不是为来"出风头"的，一笑。

关于撰文的事，我因公私琐事猬集，恐没有工夫写了。至于基本情况，我是 1924 年至 1927 年在初中学习的，其他没有什么可说的了。近照一帧，不知道要放大到多少。视将近照底片一张奉上，以便放大，用后请寄还。顺致
敬礼！

夏鼐

1982 年 1 月 31 日

二

1982 年 7 月 10 日

校庆筹委会同志：

7 月 6 日来信已收到。关于母校校史馆题字之事，前函已陈述未

能遵嘱书写之缘故，当蒙亮察。方命之处，尚乞原谅。

苏步青校友出国，现下当已返国，可就近托人去请其题字。如果苏先生迟迟未能返国，恐有误悬匾之时间，或可请李锐夫校友题字。李先生虽为数学专家，但在当年十中求学时，即已以书法有声于师友间，现在上海担任华东师范大学副校长，与母校当有联系，不必待介绍也。专此奉复，顺致

敬礼！

夏鼐

1982 年 7 月 10 日

致 《社会科学战线》编辑*

（1982 年 3 月）

1982 年 3 月 1 日

编辑同志：

读了贵刊今年一期吴悦同志的《"茹毛饮血"辨》一文（三〇七页），使我想起我在一九二九年一篇文章中标题为"'茹毛，是否指禽兽之毛？"一节的结论。我的结论是"茹毛"的"毛"指草木，不指禽兽之毛羽。这和吴同志的结论，引证虽不完全相同，但是不约而同地取得完全相同的结论。我的文章发表在一九三〇年一月一日出版的上海光华大学附属中学学生会编的《光华大学附中周刊》第一期上。那时我正在该校的高中部念书，这刊物是非卖品，印数不多；但是我怀着"敝帚自珍"的感情，仍保留有一份，也许是海内孤本了。现在复制一份送给贵刊。①

---

* 《社会科学战线》系吉林省社会科学院主办大型人文社会科学刊物。此信据夏鼐自存信稿录入。

① 《社会科学战线》1982 年第 3 期，曾以《夏鼐同志论"茹毛"的正解》为题，刊发此信及夏鼐早年发表的《吕思勉〈饮食进化之序〉商榷》的第二节《"茹毛"是否指食鸟兽之毛？》，全文见《夏鼐文集》第五册。

此致

敬礼！

夏鼐

一九八二年三月一日

致　陈宣崇[*]

（1982 年 11 月）

1982 年 11 月

宣崇同志：

返京后，陆续收到温州的《地名通讯》，谢谢！

最近几期的《地名通讯》中（第 11 期）《杨简与慈湖》一文 19～20 行，有"嘉泰（公元 1201～1204 年）昭阳大渊，献筑室董孝君祠之西，下有湖焉"，似乎由于不知岁阳、岁阴，以致标点错误，年份亦欠精确。按《尔雅·释天》岁阳太岁在癸曰昭阳，岁阴太岁在亥曰大渊献，故原文应改为"嘉泰昭阳大渊献（即嘉泰癸亥年，相当于 1203 年），筑室董孝君祠之西，下有湖焉"。未知尊意如何？

第十四期《五马街名称由来辩》，将"王逸少出守永嘉"标点为"王逸，少出守永嘉"，虽然是别出心裁，不从一般的理解，但只能显出笔者的无知。

《风俗通义校释》一书，所收入佚文"五马坊"一条，是已经许多专家考证过的，看来也毋需怀疑。《辞源》"温州"条，以为汉永

---

* 收信人应为温州地名普查领导小组负责人陈宣崇同志。此信据夏鼐自存信稿录入，写信时间丢失，推测当在 1982 年 10 月底返乡回京后不久。

嘉郡是经过许多专家的考证后所得的结论，实际上这是错误的。《辞海》旧本从之。《辞海》（1947 年版）"温州"条也误从之。但新版《辞海》（1979 年版）已改正，"温州"条称"晋为永嘉郡治"；但"永嘉"条作为晋置，"东晋太守元年（公元 323 年）分临海郡置"。光绪《永嘉县志》卷一，"东晋明帝太守元年（公元 323 年）分临海至永嘉郡"是也，见《晋书》卷十五《地理志》（百衲袖珍本 4944 页）。

　　最近张天明同志来北京，送其公子张剑上飞机去法国，曾来舍下晤谈，得知温市地名委员会在台驾领导之下，成绩斐然，殊为可喜也。专此奉达，顺致

敬礼

夏鼐

致　杨仁恺　2通[*]

（1982 年 12 月，1983 年 1 月）

一

1982 年 12 月 17 日

仁恺同志：

来函敬悉。

前次文旆惠临敝所，适以开会不在所中，有失迎候，甚为抱歉！关于贵馆展出利玛窦文物，并于明年一月内办一小规模学术座谈会，甚为赞成！弟对于利氏在中国引入泰西科学方面之贡献，素来认为应加肯定。前年赴意大利出席学术会议，遇及其故乡 Macerata 大学之汉学教授，闻其正在整理利氏原本日记全文，曾鼓励之早日杀青问世。返国后，又尽绵力设法恢复利氏坟墓，获得领导批准，交北京市文物局办理，掘出断碑，恢复古墓，现已于去年开放。^① 但自知对于利氏事迹，并无研究，在学术座谈会上实无发言权，更说不上主持会议。

---

* 杨仁恺（1915～2008），时任辽宁省博物馆馆长。二信据《沐雨楼来鸿集》
　（北京图书馆出版社，2007）录入。

① 恢复后的利玛窦、南怀仁、汤若望三墓，在北京市委党校院内。

方命之处，尚乞　原宥！专此奉复，顺颂

著安

夏鼐

一九八二年十二月十七日

二

1983 年 1 月 3 日

仁恺同志大鉴：

　　来示敬悉。一月下旬之学术座谈会，因所中有事，无法前来参加盛会，有负雅意，尚乞鉴原之幸！此方面之学者可请中国科学史（院）自然科学史所及社科院历史所推荐一二位。专此奉覆，顺祝

新禧！

夏鼐　一九八三年一月三日

致 罗慧生[*]

（1983 年 3 月）

1983 年 3 月 31 日

慧生同志：

　　来函及所附大作《鲁迅与许寿裳》一册，均已收到。承惠赠大作，谢谢。我与许世瑛^①先生，确系清华同班同学，钱伟良^②较我们低一班。但是因为我读历史系，他读中国语言系，故交往不多。去年在美国檀香山开会，遇及台湾史语所故交，知世瑛学长已殁于台湾，不禁慨然。读来函，知道你是许家亲戚，近年来研究西方哲学科学，已有成果，甚为钦佩！

---

　* 罗慧生，时为中国科学院哲学研究所研究员，曾在该所自然辩法研究室工作，著有《世界电影美学思潮史纲》（山西人民出版社，1987 年）。此信系从北京某旧书网下载获得。

　① 查台湾"中研院"近代史所出版的苏云峰编撰《清华大学师生名录资料汇1027—1949》（2004）一书，许世瑛，1934 年毕业于清华大学中文系，后去台湾。曾任台湾师范大学、辅仁大学教授，淡江文理学院中文系主任，"长于声韵学和文法"，并非夏鼐就读的历史系。钱伟良则未载其名，可能就读清华大学未至毕业，所学专业不详。

　② 指 1982 年 9 月参加在檀香山举行的中国商文化国际研讨会时，与史语所研究员高去寻会晤。

此覆，顺致

敬礼

夏鼐

一九八三年三月卅一日

致 李德清 2通*

（1983 年 5 月、12 月）

一

1983 年 5 月 1 日

德清同志：

来信及大作，均已收到。

读大作后，对于考证占腊一名何时始见于中国古籍，所论极是，惟题目中"占腊始见考"一语，似应于"占腊"二字加引号，或改为"占腊一名始见考"，以便更为明白清楚，未悉尊意以为如何？我擅自作主，将大作推荐给中华书局谢方同志，请其设法在刊物上发表，并请其直接与尊处联系。

我对于宋元史及东南［亚］史，皆非专长。《［真腊风土记］校注》乃旧作加以整理，或许能供学者之参考。我未曾利用《续资治通鉴长编》，您能代为补阙，甚为欣喜。颇疑《宋会要》当亦有关于

---

* 李德清，女，曾任华东师范大学历史系中国古代及中世纪史教研室副主任，后调该校古籍研究所，参与《新唐书》《新五代史》《续资治通鉴长编》等古籍整理工作。她寄给夏鼐的两篇文章，《中国古籍中"占腊"一名始见考》发表于《华东师范大学学报》（哲学社会科学版）1983 年第 4 期，《宋代女口考辨》发表于《历史研究》1983 年第 5 期。二信据李德清本人提供的复印件整理。

真腊、占腊之史料，惜亦以事忙无暇检阅。您整理《长编》之时，何不利用《宋会要》有关材料，以校《长编》？

匆复，顺致

敬礼！

夏鼐

一九八三年五一节

二

1983 年 12 月 1 日

德清同志：

11 月 21 日来信及大作两篇，均已收到，谢谢！

两文都能广泛搜集资料，以订正前人旧说，立论谨严，甚为钦佩。

关于占腊一名考证，所论极是。《续资治通鉴长编》所载大中祥符元年（1008 年）事，占腊一名根据原来公牒中用语，至于《宋大诏令集》之熙宁三年（1070 年）诏令，乃直录诏令全文，占腊一名更应为诏令中原有之名，似不容置疑。此种直引公文中语，与一般史籍中泛泛记载中所提及之国名不同，可以信赖。至于后一种场合，史家常用史家所在时代之通行名称，经常改更原名。所以占腊一名所出现之古籍，虽以南宋绍兴时之《宋大诏令集》为最早，而不必拘泥于此，以为可能不早于绍兴年间。未悉尊意以为如何？

我下星期将有香港之行，月底以前返京。余容后叙，此致

敬礼！

夏鼐

83 年 12 月 1 日

致　罗荣渠　7通[*]

（1983 年 5 月~1984 年 5 月）

一

1983 年 5 月 31 日

荣渠同志：

顷在《历史研究》二期上获读大作《扶桑国猜想与美洲的发现》一文，结论是"扶桑国的记载的疑点甚多。这段史料本身足以否定扶桑国即墨西哥的假设，但不足以确证扶桑国的具体所在"。所论极是。我对这问题也很感兴趣。去年《中国建设》杂志社要组织一篇关于这问题的文章，我便推荐你在《北大学报》1964 年第 4 期上的大作，并认为这篇文中的立论是谨严的、正确的，并请他们直接找你写一篇。这事你大概是知道的。

但是你这次大作中无端添上了"对于扶桑国的方位探测"一节，说什么"扶桑国猜想在印度以东通往中国的某处地方"（《历史研究》第 56 页）。还自以为"也能言之成理"，未免使人失望。这是画蛇添

---

　*　罗荣渠（1927~1996），时任北京大学历史系教授，夏鼐从未与其见面。此 7
　　通信据其所著《中国发现美洲之谜——中国与美洲历史联系论集》（重庆出版
　　社，1988）一书附录收入。

足，多此一举。反而降低了全篇的科学性。古代记载地理方位，其中里程远近常有误记、夸大或（后世）误抄之处，但是方位不会大错的（一般不会错达90度以上）。《梁书》中的"扶桑国"也许是慧深捏造出来的，不过，如果它确存在，记载有夸张而不完全失实，则一个当时人都理解为"东夷"之一的"扶桑国"（慧深说它在倭国东北的文身国之东大汉国的东边），是不能把它解释成在中国的西边或西北边的"由印度通往中国的某处地方"。所以《山海经》中将印度误作为中国东北之一国，这是郭璞（大作误作郭瑛，由于误排）作注时望文生义，只顾到对音而不顾方位，以致造成荒唐的错误。《山海经》原书中的"天毒"，（像朝鲜一样）当是中国东北的另一国。并不是在中国西南的天竺或身毒（印度）。所引《梁书》"游行至其国"一语，说什么"哪有海外之国可游行而至之理"（51页）。古人所说"游行"，只是"旅行"之意，并不一定带有"步行"或"游泳"之意。康有为游行十几国，也多在海外。

今日的旅游局或旅行社，也都办理游行海外的事。扶桑国虽有可能在东北亚的大陆上，但是据说慧深来华的旅程似乎是由扶桑国而大汉国而文身国而倭国，最后才达中国。这只能理解为渡海而来。我希望你试作为一个批评者，将这"方位探测"的一节重读过一遍，还可以找出许多漏洞。如果将来你这篇大作收入某种论文集中时，最好把这一节"方位探测"的论证完全删去。我的话或许太直爽了。君子爱人以德。我做过推荐你的人，不得不写这长信给你。你不会生气吧！

此外，47页上的海尔达尔是挪威学者，不是"瑞典学者"。49页中说石锚的石头还没有进行过碳十四的测定。这是外行语。一般石头不含"有机碳"，是无法进行碳十四的年代测定的。这两点也希望将来加以改正。

此致

敬礼

夏鼐　1983 年 5 月 31 日

二
1983 年 6 月 6 日

荣渠同志：

6 月 3 日来信已收到了。

我知道您也会承认关于扶桑国的方位问题，您的推论，是很勉强的，很不严谨。在您这篇立论严谨的大作中，忽然添入这一节，在我看来是未免"白圭之玷"。读来信后，知道您仍未肯割爱，那也只好由您自己决定。

我记得从前顾颉刚先生否定唐尧虞舜和夏禹的传说的可靠性和历史性，震动中国文学界，得到了很高的评价。但是他后来提出了"大禹是一条虫"的创见，便遭到有识者的批驳。鲁迅先生后来还把他写进《故事新编》中《洪（理）水》一篇中去，加以嘲笑。实则顾先生这个创见，未免"蛇足"，多此一举，反而使"古史辨"派遭到很大的打击。对于您的创见，我也有此感，对于"反美洲说"不利。如果有人攻击您这推论的弱点，那便要打防御战，很是被动。如果有些妄人附会您的推论而加以发挥和引申，那更糟了。顾先生自己后来也不再提他的创见了。

我认为扶桑国的方位依现在的资料，只有两种可能性：（1）根本没有这个国家（不相信记载）；（2）在中国之东，即东北亚某地，离倭国不太远之处（相信记载，但可能慧深有夸张失实）。我同意您的意

445

见，绝对不可能在美洲，至于推测它不在中国之东（包括东北）而在西域来中国的途中某处，这与现有史料"南辕北辙"，似乎不大可能。

今天六届人大已开幕，今后还要开大会小会，预定 6 月 11 日才闭幕，会忙无暇多写，余容后叙。

此致

敬礼

夏鼐　1983 年 6 月 6 日

三

1983 年 6 月 22 日

荣渠同志：

6 月 19 日来信及大作打印本。都已收到，谢谢！

您改写的那一段，我阅后觉得远胜初稿，您能"割爱"，殊为可佩。（板屋、佛教来自荆州，皆可作为日本及其邻地解释，亦无不可。扶桑纸不知为何物，仅蒲桃一项，似西域较出名。）

顷收到云南大学出版的《思想战线》1983 年一期。有《古代中国船只到达美洲的文物证据——石锚及有段石锛》。作者曾有一简文投稿，我审稿认为还是不要发表为好。作者不服，又加以扩充，洋洋万余言，说得越来越玄。不知道你曾见到否？不知您读后感想如何？

我在人大开会结束后，又将于下星期（6 月 27 日）赴西德访问，下月 17 日左右返京。一切容返京后再谈。此复。

顺祝

研安！

夏鼐　1983 年 6 月 22 日

四
1983 年 11 月 9 日

荣渠同志:

11 月 5 日来信已收到。

关于中国新石器时代的花生问题,江西修水的发掘,见《考古》1962 年 7 期 365 页。浙江钱山漾的,见《考古学报》1960 年 2 期 85、88 页,图版柒、2(右)。后来的《考古文物工作三十年》(1979 年)也有叙述,见 217、241 页。

我所安志敏同志,对于我国新石器时代的农业生产,很有兴趣。对于这花生问题,也有他的看法。你可以写信向他请教此事。

至于四川茂汶汉魏板岩石墓的情况。上引的《考古文物工作三十年》中也有叙述,见 352~353 页。但是没有提到玉米棒的发现。听说自 1978 年冬以来,曾有新发掘,但似未发表过。新发掘的资料藏在四川省博物馆,何不去信给四川大学童恩正同志询问一下?(你可以直接写信去。信中可以提到经我介绍去信查询。)我曾在考古所问过几位同志,他们也只在《北京晚报》上看到。

关于这事,你也可以就近向贵校考古专业(现已独立成系)的开过新石器时代考古学及汉魏时代(边区)考古学课程的先生们请教。

此复,顺致

敬礼!

夏鼐 1983 年 11 月 9 日

五

1984 年 1 月 21 日

荣渠同志：

来信及大作，均已收到。谢谢！

读大作后，知较前作又有所提高，甚为钦佩！其中尚有几点似可商榷。又打印稿中有错字数处，现在另纸写出，以供修改时参考。

大作①不知拟在何处发表？我所《考古》杂志将于 5 月号出纪念200 期的特辑，现将发稿。10 月号又将出国庆 35 周年纪念号，已征集一部分稿件。拟借重大作，以光篇幅，不知能得惠允否？当然我所《考古》发表后，别种刊物或论文集亦可转载。仅需声明原载《考古》某期即可。大作似可加入插图（如中美交通路线示意图，加州沿海近海出土石锚等）此事只需你指出材料所在的书刊，或另作草图，《考古》编辑室可以代为描绘制版。但是一般需要比文稿早一个多月交印刷厂制版，以便排文字部分时可以插入适当地方。

此事请决定后早日示知。以便通知《考古》编辑室。

此致

敬礼

夏鼐　1984 年 1 月 21 日

［附笺］

我以为以下各处可以商榷：

---

① 指《扶桑国猜想与美洲的发现》一文修订后的打印稿，即《中国发现美洲之谜——中国与美洲历史联系论集》（重庆出版社，1988）所收定稿。

1. 5 页，6~7 行：（2）"初生如笋"；（3）"实如梨而赤"，"国人食之"。今按《梁书》原文为："而初生如笋，国人食之。实如梨而赤"则所食的是笋形物，可能为嫩茎，而非笋壳（箨）。竹箨不可食。扶桑叶如棚叶，如竹箨则亦不可食。至于扶桑实是否可食，文中未提及。如果这样，则 5~6 页的一段。应照改。"之"字是代名词。只能指前面已出现过的名词，不能指前面尚未出现过的名词。

2. 17 页 14 行，"而且我认为它似在大路而不在海上"一语，似可删去，因为这里没有说明理由。我是知道你这句话的根据，但是根据很薄弱。

3. 34 页 9 行，说刘敦励的文章"独辟蹊径"。既未见到原著，何以知道这文章"独辟蹊径"。这四字可删。

4. 34 页倒 2 行，注 [46] 晋人嵇含《南方草木状》的"簜竹"条。按这书现在一般认为是宋代所撰的伪书，不能早到晋代。"簜竹"一条抄自古籍。见 Toung Pao，64 卷（1978 年）pp. 216-252，马泰来的辨伪的文章。

5. 37 页 1~2 行，注 [65]，按这条注应注明李书系转引 R. D. Dixon，*Building of Culture*，London，1928，p. 223。Dixon 的这部书，我在英国时也买到一部。他是李济在哈佛读博士学位时的导师，这部书中讨论文化传播问题，很是中肯，值得细读。

六
1984 年 1 月 27 日

荣渠同志：

1 月 24 日来信已收到。

我已将手头的您的大作打印稿交给《考古》编辑室卢兆荫同志，请他设法与您联系。

注〔60〕"比较重要的著作"似可删去"比较重要的"五字。这些著作，并不重要。Van Sertima 一书，据 *Antiquity* 的主编说，是一片胡说。（*Antiquity*，No. 220，July，1983，p. 85"编者的话"Editorial，关于批评一些美洲发现史的胡说，pp. 84-85 可以一读）。Meggers 的文章，主要是根据 Ecuador 发现的绳纹陶有点像日本的 Jomon Culture（绳纹文化）的陶片。她倒是严肃的考古学者，曾来过北京找我谈过。最后一本书。我不知道他的论据如何，但是书名便不像一本科学性的书。不知尊意以为如何？

敬礼！

夏鼐　1984 年 1 月 27 日

七
1984 年 5 月 24 日

荣渠同志：

4 月 20 日来函早已收到。关于大作改稿一事。可以依尊函意见办理，以将来另撰新文为更佳。《历史研究》上发表大作，甚得各方好评，被列为"优秀论文"之一，甚为公允，敬伸贺忱！

我最近收到美国华裔学者 Paul Shao 寄来一本关于美洲与中国上古交通的书，以为殷代亡国后殷人曾连续渡海来美洲。书名为 *The Origin of Ancient American Cultures*。不知已读过否？Shao 当为"邵"姓，但素不相识，虽然他说曾向我请教过。不知台驾在美国讲学时亦曾晤面否？如果贵校尚无此书，贵校邹衡教授处可能有此书。而吾兄欲先一读请进城有便来取，否则亦可托人奉上。

因为 4 月 23 日由法国巴黎开会归来后，又参加全国文物工作会议，接着赴洛阳视察我所发掘工地，现下又出席六届二次人大会议，以致久稽裁答，甚为抱歉！

连日开会，抽暇作此函，余容后叙。

此致

敬礼

夏鼐　1984 年 5 月 24 日

致　叶常青[*]

（1983 年 5 月）

1983 年 5 月 31 日

常青同志：

　　顷由祥第同志转来大作一篇，阅后已退回给他，请他转交给你。

　　你自学奋发，其志可嘉！我对于图书馆学是外行，你文中不要提到贱名。因为你文中说理已够清楚，足以服人。添入贱名，反而发生副作用。故将文中提到贱名的一句删去。

　　此外第 6 页对于"文物事业"的解释，仍嫌未妥，故更改几字。有计划的发掘是考古学工作，不是文物管理工作，但发掘要上报文物局审批，审批是一种行政工作。鉴定和整理古物是考古学工作，也是博物馆工作。至于征集、陈列，乃是博物馆工作。这些工作，文物机构也可以代做，但不能算是文物管理事业的本身工作。在文物局中，文物处和博物馆处是分开的。后一处也只是管理、指导，不是做具体

---

　　* 叶常青，女，退休前供职于温州大学图书馆，民进会员。此信据温州市图书馆卢礼阳通过民进温州市委办公室向收信人取得的复印件录入。

陈列等事。

　　此致

敬礼

　　　　　　　　　　　　　　　　　　夏鼐

　　　　　　　　　　　　　83 年 5 月 31 日

致 黄兴龙[*]

（1983 年 8 月）

1983 年 8 月 5 日

兴龙同志：

　　七月廿一日来函，已经收到。

　　最近赴西德及瑞士访问，七月十八日始返京。此次除考察博物馆及考古发掘工地以外，也参观一些名胜古迹，尤其是瑞士，湖光山色，令人流连忘返。实则我国的名胜古迹，即就温州而言，并不逊色。惜乎近年一切"向钱看"，破坏情况，触目惊心。去年返里时雁荡揽（览）胜，则以山水清秀闻名之雁荡，有山石而缺水，大龙湫仅有一线细流。据云山顶树木大片被伐，以致不能蓄水，故稍干旱即断流。游山时常见农民肩挑柴木下山，而沿途树木亦有被伐仅余树根者，殊可浩叹！尚望介绍名胜时，顺便呼吁一下，保护名胜古迹，人人有责也。未悉尊意以为如何？

　　匆此，顺致

敬礼！

夏鼐

八三年八月五日

---

　　* 黄兴龙，温州邮政局退休人员。此信据其本人提供的复印件录入，据云原有 5　通，其余在搬家时丢失。

致　王尧　2通[*]

（1983 年 11 月）

一

1983 年 11 月 10 日

王尧同志：

　　前次晤面时未能畅谈，殊为怅然。收到 11 月 9 日信后，知在奥地利教学一年，收获谅多。关于乌尔班教授希望与中国考古学界建立联系事，我不知道所谓"建立联系"是什么联系？如果有问题要与私人互相交易意见，当然可以通信联系，如果要建立正式的机关之间的关系，则要通过正式途径，向有关机关（如考古研究所、中国考古学会、北大考古学系等）正式提出建议，要建立何种关系（如互相交换刊物、互相派遣专家访问等）。我们［要］收到对方来信及具体要求后，有些还要请示上级领导，才能决定。所以我［就］很少在与外国同行接触时谈这类问题（除了通信交换对于学术问题的意见），未悉尊意以为如何？

---

*　王尧（1928~2015），藏学家，就读中央民族学院，师从著名语言学家于道泉，后留校任教，曾任中央民族大学藏学研究院名誉院长，著有《藏学概论》《吐蕃金石录》等。二信据北京某旧书网下载照片整理。

我读了大作《吐鲁番文献概述》后，很是钦佩。不过第 1 页说"西藏学"与"汉学"、"蒙古学"、"突厥学"、"敦煌学"、"满学"等一起，组成了"中国学"。按我的了解，全世界一般使用 Sinology 一字，即指"汉学"，或译"中国学"，没有以 Sinology 包括西藏学、蒙古学等，并且汉学、蒙古学、突厥学、满学都是指一个民族的，至于"敦煌学"，近日这名词成为热门货，实则国内原来都是指敦煌写本学，英文中 Studies of Tunhuang manuscripts，还没有加上 -logy，其性质与西藏学、汉学、蒙古学等以某一民族为对象者不同，不能混为一谈。敦煌写本中藏文写本归西藏学，而汉文部分归汉学。我也知道现下有些大人物，信口发表关于这些专门学科方面的意见，高谈阔论，基本不知道自己所谈的什么学、什么学是什么东西。我希望像足下这样专攻冷门学问的专家，不要凑热闹，以免把学术研究引入歧路。憨直之意，望勿为怪！

敬礼

夏鼐

83 年 11 月 10 日

二

1983 年 11 月 14 日

王尧同志：

11 月 12 日来信已收到。关于奥托-乌尔班博士的事，你可以依照来信的意思给他去信，请他直接向考古所来信联系，所中收到来信，会加以考虑的。我虽已退第二线，但是作为名誉所长，有时王仲殊所长难以决定的事，还是找我商量的。

你的大作将"中国学"（Sinology）与"汉学"分开来，所以我前函指出不妥。名词都是约成俗定，大家互相理解是什么一回事。国际上通用的名辞，尤其是如此。Sinology都是指汉学，不能以语源来定义。有位朋友讥笑西洋的汉学家，说sin一词源于拉丁文sine（空洞无物），汉学家（Sinology）乃空洞无物之学者也，一笑。包括汉学、蒙古学、西藏学在内的"中国学"，目前根本尚无此学，实则亦不能成一门学科，试问外国人有称英吉利学、法兰西学的吗？欧美人从前将亚洲北非各国合用一起，称为东方学。经东方人抗议后，现在改称东方学会议为亚洲及北非研究会议。我不赞成于汉学、西藏学、蒙古学之外，再成立一个什么"中国学"，包括中国境内一切民族或一切方言，如果有这种学科的话，也不能称为Sinology，以免与通用的汉学（Sinology）相混淆。

至于敦煌学一名，实始于陈寅恪先生1930年《敦煌劫余录》序文，是指敦煌写本的研究。后来向达先生大为欣赏这一名词，也就叫开了。我是强调重视敦煌写本的研究，但是叫做敦煌学不叫做敦煌学，关系不大。我以为叫做"敦煌写本的研究"为妥。至于有人又提倡要成吐鲁番学，似乎大可不必。

匆复，顺致

敬礼

夏鼐　1983年11月14日

（因我扁桃腺炎住医院，前天才出来，此信乃12月2日所发）

致　郑德坤*

（1984 年 1 月）

1984 年 1 月 5 日

德坤学长大鉴：

　　此次辱承宠招至　贵校访问一周，无任欣幸。在港时更蒙贤伉俪殷勤招待，盛情厚谊更令人感谢之至。在贵校得与有关诸先生晤谈，交流治学经验，获益良多。承赐大作多种，有为前所未读者，诵读后敬佩学识渊博。又承嫂夫人黄文宗女史赠大作《流浪》一书，散文自成一家，文笔流畅，内容生动、风趣，愚夫妇读之不忍释手，敬佩，敬佩！愚夫妇离港后，当日即抵广州。

　　返京后琐事猬集，但香港之游，令人永不忘怀，此皆吾兄之赐也。马临校长处，望代为致谢，因不能一一作谢函也。

　　专此致谢，顺颂

俪安！

夏鼐　1984 年 1 月 5 日

---

* 郑德坤（1907~2001），考古学家，曾长期在英国剑桥大学主讲中国考古学，对西方世界认识中国考古卓有贡献。1979 年回归香港，与林寿晋创办香港中文大学中国考古艺术研究中心。此信据夏鼐自存信稿录入。

致 何丙郁[*]

（1984 年 1 月）

1984 年 1 月 5 日

丙郁教授大鉴：

此次辱承蒙邀约来港参加第二届国际中国科技史研讨会，得与各国代表欢聚一堂，交流心得，获益良多。研讨会获得如此成功，皆应归功于台驾及秘书处各先生组织有方也。开会期间，又承蒙多方照拂，盛情令人铭感之至，敬伸谢忱。黄丽松校长亲自莅会，主持开幕式，设宴招待与会代表，尤足以鼓励参加会议各代表之士气。敝人承其殷勤接待，无任欣幸，望代为致谢。拙作《中国考古学和中国科技史》讲稿，会后曾稍加改订，如果收入这次研讨会论文集中，请依附纸所列加以修改，再行付排。离贵校后，又在中文大学访问一星期，返广州后承广州市文化局招待赴番禺县参观名胜古迹，十二月廿八日始返北京。沿途一切顺利，堪以告慰。

专此奉达，顺颂

研安！

夏鼐　1984 年 1 月 5 日

---

[*] 何丙郁（1926～2014），自然科学史专家，时任香港大学中文系讲座教授兼系主任，后任英国剑桥大学李约瑟研究所所长。著有《中国的科学与文明》等。此信据夏鼐自存信稿录入。

致　林寿晋[*]

（1984 年 1 月）

1984 年 1 月 5 日

寿晋仁棣如晤：

此次来贵校访问期间，承蒙贤伉俪多方照拂，深情厚谊，愚夫妇甚为感谢。返国途经广州时，承姚志忠局长、麦英豪馆长来车站迎接，当将尊处拟请黄淼章同志作报告事转达。据云翌天利荣森先生即来穗，姚局长负责接待，一切当与利先生面商。事前已与番禺县联系好，愚夫妇次日清晨即赴番禺县，住番禺宾馆两天，承当地招待参观游览后胜古迹。廿八日返广州市，即飞返北京，竟不能在广州与利先生再度晤谈。途中一切顺利，堪以告慰。在港合影，冲印尚未取来，容后奉寄。

此次在港，得与港大和中大有关诸先生晤谈，交流治学经验，获

---

* 林寿晋（1929~1988），考古学家，1954 年毕业于北京大学考古专业，原在中国科学院考古研究所工作，参与洛阳中州路（西工段）、上村岭虢国墓地等项发掘与研究。1974 年移居香港，协助郑德坤创立香港中文大学中国考古艺术研究中心。此信据夏鼐自存信稿录入。

益匪浅。附上致郑德坤教授一函，乞代为转达。

余容后叙，专此顺颂

俪安！

夏鼐 1984 年 1 月 5 日

致 吴德铎[*]

（1984 年 1 月）

1984 年 1 月 13 日

×××一文，来函谓"值得注意"，不知尊意何指？此文的结论，以为番薯［由］美洲输入中国以前，中国古籍中的"甘薯"，即今日的 Ipomoea batatas，以为我们二人（及其他作者）否定 I. batatas 在我国古已有之的说法，是站不住脚的。我细读后，觉得站不住脚的是他的说法，而不是我们的说法。

我们古籍中的所谓"甘薯"是何物，现仍难确定。可能不同的古籍中所谓"甘薯"也不都是同指一物，我以为最可能是指有甜味的薯蓣植物的块茎（或块根）。像×氏所说，有的古籍中"甘薯"决不是指山药。但是以为可能有的是指甜薯（D. eseulenta）一类，但决

---

* 吴德铎（1925~1992），中国农史学家，时任上海社会科学院历史研究所研究员。此信据《文汇报》1987 年 6 月 23 日第 3 版吴德铎《求实、踏实、朴实——纪念夏鼐先生》一文录入，吴德铎在文中补注："夏鼐同志之所以写这封信，是因为 1983 年《中国农史》有一篇议论甘薯的文章，其中认为所有主张甘薯是外国引入的人，都是错误的，其中有我，也有夏鼐同志。夏鼐同志看了这篇文章后，给我寄来一信，再次阐明他对这个问题的看法，今天公布这一私人信件，一方面是想再次证明夏鼐同志的诲人不倦，同时，他的这些意见，也许对读者有一定的参考价值。"

不是指 I. batatas（番薯）。明末番薯传入我国后，有的书中将"甘薯""番薯"同指一物，分别指番薯的两个品种。至于番薯由美洲输入以前，我国古籍的"甘薯"决不是指 I. batatas（番薯）。墨西哥野生植物中各种异生的 I. Pomoea sp.，可以驯化成 I. batatas。据×氏之说，我国南方有野生的所谓"甘薯"近缘植物，如野生番薯、南番。但是我以为它们似乎不会驯化为 I. batatas 的，并且也无法证明它是否古代即原生该地，也不能证明曾驯化过。

至于×氏屡次引及的嵇含《南方草木状》，他认为是公元三零四年的作品，而不知这实是一部伪书……

致　王利器*

（1984 年 7 月）

1984 年 7 月

利器同志：

来示及大作《郑康成年谱》和《文镜秘府论校注》，均已收到，谢谢！

《文镜秘府论》一书，前星期中国社会科学出版社亦赠送一册，故现将有吾兄署名赠送［者］留下，作为纪念，将出版社送来一册奉还给尊处，以便改赠其他友人。其书校注，用力甚勤，具见功力，而前言亦多所阐发。惟前言谓"中日文化交流最初阶段主要是通过流传佛教这个渠道而发展起来的"，则未免上了佛僧居士之当。中日文化交流最初阶段，实在佛教传入中国以前，即就《文镜秘府论》一书而言，其价值在文学修辞方面，与佛学无关。未知尊意以为如何？

去年应日本 NHK 之邀，在日本作过三次讲演，将讲稿译成日文，又加上注解，印成一本。现奉上一册，尚望不吝指教。

---

* 王利器（1912~1998），古典文献专家，时为北京大学历史系兼职教授。此信据夏鼐自存信稿录入。

　　前次关于黄文弼藏唐写本事①，解放初期"三反运动"中曾为此
斗过他。但据我所知，黄老所拿出展览的是《文选序》，并非《文心
雕龙》，当时是听书估说黄氏自吹有《文心雕龙》写本，梁思永曾问
过赵万里，他亦未在展览会上见过。所谓"参加华北水灾赈济会展
目"，我记不清了，不知现下能否搞到这会展目复查一下，展目上如
何措辞？能否示知！

敬礼！

① 关于讹传黄文弼藏有唐写本《文心雕龙》事，参看王世民《所谓黄文弼先
生藏唐写本〈文心雕龙·隐秀篇〉究竟是怎么回事》，见所著《考古学史与
商周铜器研究》，社会科学文献出版社，2017。

致　张宪文　2通[*]

（1984 年 11 月，1985 年 1 月）

一

1984 年 11 月 8 日

宪文姻兄惠鉴：

接奉十月十五日华翰，据悉一是。孟晋先生^①解放初期曾在杭州晤谈数次，离杭来京后亦曾通讯。其珍藏善本《尹文子》一书，即由瘿禅先生代为嘱托与北图联系，后由北图派专人赴杭联系，捐赠国家。今悉先生已归道山，老成凋谢，殊可叹息。瘿禅丈将于下月五日举行八五大庆，中国韵文学会将在京为之举行从事学术与教育工作六十五周年庆祝会，届时当有一番热闹也。知注附闻，余容后叙。

敬礼

夏鼐

一九八四年十一月八日

---

* 张宪文（1920~2004），夏鼐内弟的妻舅，曾任温州市图书馆古籍部主任。据张纯沵、张纯浙编《张宪文先生诞辰九十周年纪念集》录入。

① 孙孟晋（1893~1983），国学大师孙诒让之子，原名延钊，以字行。曾任浙江省立图书馆馆长、浙江省通志馆总纂。1949 年后任浙江省文物管理委员会委员、浙江省文史研究馆馆员。毕生致力于地方文献的搜集和整理。

二
1985 年 1 月 10 日

宪文姻兄惠鉴：

接奉十一月三十一日来信，欣悉文旆已安返故里，甚慰下怀。此次惠临舍下，招待不周，尚望原宥。地名通讯办公室已有信来，此事有烦清神，甚为不安！《小豆棚》一书，可俟用后再赐还。此为坊刊本，校对欠佳，错字不少。此间一切如常，乏善足述。专此奉复，顺祝

新年愉快！

夏鼐

一九八五年一月十日

图书在版编目（CIP）数据

夏鼐书信集／夏鼐著；王世民，汤超编 . —北京：
社会科学文献出版社，2022.8
（夏鼐全集）
ISBN 978-7-5228-0170-4

Ⅰ.①夏… Ⅱ.①夏… ②王… ③汤… Ⅲ.①夏鼐（
1910-1985）-书信集 Ⅳ.①K825.81

中国版本图书馆 CIP 数据核字（2022）第 090366 号

夏鼐全集
夏鼐书信集

著　者／夏　鼐
编　者／王世民　汤　超

出 版 人／王利民
组稿编辑／周　丽
责任编辑／李　淼
责任印制／王京美

出　　版／社会科学文献出版社·城市和绿色发展分社（010）59367143
　　　　　地址：北京市北三环中路甲 29 号院华龙大厦　邮编：100029
　　　　　网址：www.ssap.com.cn
发　　行／社会科学文献出版社（010）59367028
印　　装／北京盛通印刷股份有限公司

规　　格／开　本：787mm×1092mm　1/16
　　　　　印　张：30.75　插　页：0.75　字　数：374 千字
版　　次／2022 年 8 月第 1 版　2022 年 8 月第 1 次印刷
书　　号／ISBN 978-7-5228-0170-4
定　　价／168.00 元

读者服务电话：4008918866